DER SALZBURGER JAHRESKREIS

© 2001 Jung und Jung Verlag, Salzburg und Wien
Alle Rechte vorbehalten
Satz: Fotosatz Rizner
Druck: Samson Druck, St. Margarethen
ISBN 3-902144-18-1

BERTL GÖTTL
Der Salzburger Jahreskreis

Lostage, Kräuter und Heilige

JUNG UND JUNG

Dreistimmig # Der Dahoam schåd is

Vorderwies-
b. Altenmarkt

Langsam

Hål-jå - i, hål-jå - i, hål-jå i ri-di ri-å hå-i ri-å hå-i ri-å,

hål-jå i ri-di ri-å hå-i 1+3.ri-å hå. Hå-i-å i-å, 1+3.i ri-å i-å
2.i-ba di Ålm. 2.hå-i-å i-å

hå-i ri-å i-å, hå-i ri-å i-å 1+3.i ri-å iba 1. di Ålm
2.hå-i-å 2.+3. d'Ålm.

Mit ungefähr 5 Jahren hab' ich von der Mutter diesen Jodler gelernt, allerdings zweistimmig und so hab' ich ihn auch von ihren Geschwistern, wie
Rosl, Uicktl und Heinrich immer gehört · Ab 1932, dem Jahr, in dem ich durch
das Vorbild unsrer bayrischen Volksliedfreunde (Kiem Pauli mit Sontheim,
Burda, Vögele und Treichl) auf die dritte Stimme aufmerksam wurde,
sang ich mit Mutter und Bruder den Jodler dreistimmig.- Der „Zwoara"
blieb unberührt; die 3.Stimme nach anserer Singart.
AUFGEZEICHNET IN N....., JULI 1943 · S. W.

Da Teifö und da Toud kriachn auf üba d'Schrout, laß na auffikriachn, dö zwe Non de Schiachn.

Der Alltag macht 's Jahr

Mit dieser Weisheit möchte ich unseren Salzburger Jahreskreis beginnen, altes Wissen aufschlagen, Heilige um ihre Fürsprache bitten und aus überlieferten Erfahrungen und Lostagen Ratschläge anbieten. Dazu sollen lebendige Bräuche unseren Lebensgang begleiten und im Jahreslauf zum sinnvollen Verweilen und empfindsamen Begreifen festlicher Höhepunkte verweisen.

Jeder ist eingeladen, sich sein eigenes „Körnchen" Wahrheit herauszusuchen und auf verborgene Wunder der Natur zu stoßen. Ohne Anspruch auf Wahrhaftigkeit und wissenschaftliche Begründung. Seit Jahrhunderten werden heilkundige Menschen, Ärzte und Bader in den Himmel gelobt, andererseits wissen wir aus dunklen Zeiten unserer Geschichte, daß Aberglaube und wundertätiges Wirken Menschen auf den Scheiterhaufen brachten.

So steht es jedem frei, heilsame Kräuter anzuwenden, Wettersprüche in die Tagesplanung einzubeziehen und an den Einfluß von Tierkreiszeichen und Mondrhythmen zu glauben; so nach dem Motto unseres Salzburger Mundartdichters Erwin Rutzinger:

„... glaubm hoaßt nix wissen, und wissen nix glaubm; drum glaubm s' ah, an Glaubm därfn s' nimmer erlaubm.
Denn der Mensch hat koan Seel, sagn s', aber des, derfts ma's glaubm, kinnan s' zerscht net beweisen.
Und drum müaß' mar eahn's glaubm ..."

In alten Kalendern habe ich nun verborgenen Schätzen nachgespürt, in der reichen Verlassenschaft mancher Mundartdichter geblättert und „Alltägliches" aus der Verwandtschaft niedergeschrieben. Diese reicht mütterlicherseits in das Pongauer Zauchtal bei Altenmarkt, in die „Vorderwies".

Um die Wende zum 20. Jahrhundert lebte hier eine kinderreiche Bauernfamilie, in die am 15. März des Jahres 1886 als 26. Kind meine Großmutter Rosina Walchhofer hineingeboren wurde. Vier Jahre später kam als letztes Kind der „Wies Heinrich" auf die Welt, dem wir die Überlieferung besonderer Jodler verdanken. Dieser Volkslied- und Jodlerschatz fand durch die „Wies Sefa", die als 24. Kind der Elisabeth und des Bartholomäus Walchhofer am 26. Oktober 1882 geboren wurde, Eingang in die Familie Windhofer aus St. Johann. Am 13. September 1910 heiratete sie den legendären Pon-

Die Familie der Vorderwieser um 1890

Ferdl, Sefa und Schorsch Windhofer I.

gauer Tanzlmusikanten, Armbrusterzeuger und Vereinsgründer Georg Windhofer.

Dem aus dieser Ehe stammenden Sohn „Schorsch" Windhofer verdanken wir nun die weite Verbreitung des kostbaren Liedgutes und die kunstvolle Niederschrift der Vorderwiesjodler und Lieder, die in unserem Buch monatlich abgebildet sind. Sein Liedschatz ist stets eine Fundgrube für begeisterte Sänger, und sein Wirken im Pongauer Viergesang fand (mit der Verleihung des Tobi-Reiser-Preises im Jahre 1993 die entsprechende) vielfältige Anerkennung. Mir persönlich öffnete er Herz, Ohr und Augen für die Kostbarkeiten unserer Volkskultur, die wir gemeinsam seit über 25 Jahren im Anifer Viergesang mit Lisl Hager und Franz Leitner im Familienkreis erleben.

Nun aber noch ein Nachsatz zum alten „Vorderwieser". Drei Frauen schenkten ihm diese große Kinderschar, wobei der „letzte Wurf", wie meine Großmutter scherzhaft sagte, dem „Schönleit Lisei" zu verdanken ist. Schon hoch über Fünfzig, schickte er einen seiner älteren Söhne nach Filzmoos, um nach dem Tod seiner zweiten Frau eine Mutter für die vielköpfige Familie zu suchen. Elisabeth Huber vom Schönleitgut in Neuberg übernahm 28-jährig diese große Aufgabe und schenkte dem „Bascht" noch neun gesunde Kinder und der Familie wohl auch die verstärkte sängerische Ader.

Bei den seltenen Gelegenheiten im Jahr, an denen der „Bascht" mit seinen Kindern nach der Kirche ein Wirtshaus besuchte, sagte er mit Stolz: „Dirndl, singt's den, der dahoam schad is!" Und so klingt dieser Jodler bis in unsere Zeit als Gütesiegel der „Vorderwieser".

Die größte volkskulturelle Kostbarkeit, die durch die „Vorderwieser" überliefert wurde, ist zweifellos der „Küahsuacha". „... dieser prachtvolle Almruf ist musikalisch reichhaltig in seiner seltsamen Tonfolge und Bewegung, wie er in Österreich noch nicht gefunden wurde." So schrieb der Volkskundler Dr. Curt Rotter beim Pongauer Volksliedwettsingen 1932, nachdem Heinrich Walchhofer mit dem „Küahsuacha" unter den Preisrichtern die größte Begeisterung auslöste und mit dem 1. Preis belohnt wurde.

Kurze Zeit später war der Heinrich mit dem Fahrrad Richtung München unterwegs und traf in Salzburg seinen Neffen Matthias Schwarz, den späteren Buchhaltungsdirektor im Amt der Salzburger Landesregierung. Auf die Frage „Wohin?", antwortete der Heinrich verschmitzt: „Nach München zum Bayerischen Rundfunk. Jodler soll ich vorsingen, bekomme für einen 50 Mark, und zweihundert kann ich!"

Wies Heinrich

Ja, der Wies Heinrich glaubte mit einem Schlag reich zu werden, doch den Herren im Bayerischen Rundfunk ging es nur um den berühmten Almschrei, den „Küahsuacha". Anscheinend hat er ihn dann gar nicht gesungen, und so verdanken wir dem Schorsch Windhofer neben der handwerklichen Niederschrift auch die erste Tonaufnahme dieser raren Kostbarkeit.

Die Windhofer Mutter mit Sohn Schorsch, dem wir die Aufzeichnung der Jodler verdanken.

Einstimmig · **Da Küahsuacha** · **Vorderwies b. Altenmarkt**

Almschrei

Langsam, ganz ungebunden

I.
Ju ju ju hun! // Hä i ri-å i ri-å i ri-å u ri-u-u ri-å i ri-ä! Hä di ri å i ri-å i ri-å u ri-u-u ri! [Di ri-å u ri-u-u ri-å u ri-å-] Hä i ri-å i ri-å u ri-u-u ri!

II.
J-ri-dl di hui-hå, i ri hui hå å! Hol-di-u-u å-i hu å di-i hå å! Hol-di-u-u å-i hu å di-i hå å! J-ri-dl di hui-hå, i ri hui hå å! Hol-di-u-u å-i-å!

III.
Hä, Rickhl'! Hi, Rickhl! Hä, Rickhl! Hi, Rickhl, falch! // Ju ju ju hun!

Dr. Curt Rotter hat den Schrei aufgezeichnet. Er schreibt dazu: „...die Niederschrift war äußerst schwierig, er macht auf den Hörer zuerst den Eindruck völliger Ungebundenheit und Unregelmäßigkeit; später erkennt man sowohl seine einfache Durtonalität als den Triolenschwung seines rhythmischen Verlaufes - dieser letztere freilich verschleiert durch vielerlei Dehnungen und Beschleunigungen, während die Tonalität dadurch in ein geheimnisvolles Zwielicht gerückt wird, daß der Sänger den vorletzten Ton des einleitenden und abschließenden Juchezers merklich tief nimmt (in der Niederschrift angedeutet durch das übergezeichnete b), wodurch der Eindruck eines Ausweichens in die Moll-Dominante der Parallel-Tonart entsteht. - Die Niederschrift verwendet einfache, doppelte und dreifache Fermaten, womit kürzere, längere und längste Dehnungen gemeint sind. Beschleunigungen sind durch eine Schlangenlinie angedeutet. - Taktverzeichnung ist vermieden; wohl aber konnten die tonalen Schwerpunkte durch Taktstriche angedeutet werden; überdies sind Triolen- und Duolen-Zeichen angewendet und durchwegs Atemzeichen gesetzt. Der Schrei, eingeleitet und abgeschlossen durch einen Juchezer, wird in der höchsten erreichbaren Höhe und mit Anwendung der Fistelstimme gesungen; er besteht aus drei Teilen, die durch lange Pausen getrennt sind. Der eigentliche Kühruf ist der dritte Teil mit den Kuhnamen Rickhl und Falch, er wird nach Angabe „viel höher, ganz anders" geschrien, d.h. ohne tonalen Zusammenhang mit dem Vorhergehenden. Um das Tonhöhenverhältnis der Teile anzudeuten, wählt die Niederschrift A-Dur."

Soweit ich mich erinnern kann, war der tonale Zusammenhang der 3 Teile bei meinem Onkel, wie bei meiner Mutter immer vorhanden, ich ließ aber Dr. Rotters Niederschrift unberührt. ...Nov. 43. · S.W.

„Das neue Jahr", Original-Holzschnitt von Waltraud Weißenbach

Ein neues Jahr tritt uns herein

Mit einem herzlichen Glückwunsch wollen wir das neue Jahr begrüßen und in Gottes Namen hoffen, daß es ein gutes wird. Von den Gestirnen her stehen die Jahre unter der Regentschaft unserer Planeten. So unterschied man in alter Zeit die scheinbar am Himmel feststehenden Fixsterne und sieben durch ihre Bewegung auffallende Himmelskörper, die Planeten. Man nannte sie Saturn, Jupiter, Mars, Sonne, Venus, Merkur und Mond. Nach diesen Vorstellungen stand unsere Erde im Mittelpunkt des Weltbildes, und die sogenannten „Jahresherrscher" waren Grundlage für viele Aufzeichnungen und Kalender. Der von 1613 bis 1664 lebende Abt Dr. Mauritius Knauer beobachtete sieben Jahre hindurch Wettererscheinungen und Planetenzyklus und schuf als praktische Handhabe für die bäuerliche Arbeitswelt einen „immerwährenden Wirtschaftskalender", den wir heute als „Hundertjährigen Kalender" bezeichnen und augenzwinkernd für gar manche Wetterprognosen verwenden.

Dabei müssen wir aber bedenken, daß der geistliche Herr Mauritius Knauer wie viele seiner Zeitgenossen der Meinung war, daß Gott die Welt im Frühling zur Tagundnachtgleiche erschaffen hat. Daher wechselt die Regentschaft eines Jahres jeweils am 21. März.

JAHRESREGENTEN IM ERSTEN DEZENNIUM UNSERES JAHRHUNDERTS

Symbol	Planet	Jahr	Wetterneigung
♄	Saturn	2000	feucht und kalt
♃	Jupiter	2001	warm und trocken
♂	Mars	2002	trocken und heiß
☉	Sonne	2003	ausgeglichen warm, trocken
♀	Venus	2004	warm und feucht
☿	Merkur	2005	trocken und kalt
☾	Mond	2006	feucht und kalt
♄	Saturn	2007	feucht und kalt
♃	Jupiter	2008	warm und trocken
♂	Mars	2009	trocken und heiß
☉	Sonne	2010	mittelwarm, trocken

SONNENZEICHEN

Sternbilder und Mondrhythmen bestimmen nun mit den zugeordneten Elementen Feuer, Erde, Luft und Wasser den Jahreslauf, und der Tag unserer Geburt verbindet uns mit den Sonnenzeichen, und beide zusammen schaffen damit unseren persönlichen Lostag.

Dem Januar wurde das Sonnenzeichen (♑) Steinbock zugeordnet, der Februar dem Wassermann (♒), das Sonnenzeichen Fische (♓) verband man mit dem März, bald trüb, bald rauh steht der April für den Widder (♈), der holde Mai wird vom kräftigen Stier (♉) beschützt, doppelt gut geht es dem Juni mit dem Sonnenzeichen Zwillinge (♊), golden erstrahlt die Sonne im Krebsmond Juli (♋), des Sommers Mittagsrast wird im August vom feurigen Löwen (♌) bewacht, der Obst- und Herbstmond September trägt mit seinen 30 Tagen das Sonnenzeichen (♍) Jungfrau, ehe die Waage (♎) den Welkmonat Oktober bestimmt. Windig und nebelig führt der Skorpion (♏) durch den November, und das Sonnenzeichen Schütze (♐) ist dem Winter- und Christmonat Dezember zugeordnet.

STERNBILDER UND TIERKREISZEICHEN

Von den Tierkreiszeichen, die schon im Altertum geläufig waren, sind die gleichnamigen Sternbilder zu unterscheiden, die wohl ursprünglich mit jenen ungefähr zusammenfielen, gegenwärtig aber infolge einer langsamen Bewegung des Frühlingspunktes um etwa eine Sternbildbreite gegenüber den Zeichen verschoben sind.

Im Einfluß des Mondes auf unseren Körper sind ihm verschiedene Regionen zugeordnet, und diese können daher positiv oder negativ beeinflußt werden.

Der Mond im *Widder* bezieht sich auf Kopf und Gesicht und kann verstärkt Kopfschmerzen auslösen. Verbunden mit dem Element Feuer, betrifft er den Pflanzenteil Frucht. Besonders anfällige Menschen sollten an Widdertagen viel klares Wasser trinken und auf Kaffee verzichten. Hildegard von Bingen hält vom Wasser jedoch nicht sehr viel und zählt auch die Migräne – den halbseitigen Kopfschmerz – zu den schwer heilbaren Krankheiten. Ein Breimus aus Birnen, Bärwurz und Galgant soll aber Linderung versprechen.

Mond im Zeichen *Stier* kann Ursache für plötzliche Halsschmerzen sein. Der Stier wirkt aber auch auf Stimmbänder, Zähne, Nacken und Ohren. Dem Element Erde zugehörig, betrifft der Stiermond die Wurzeln unserer Pflanzen.

Tritt er in das Luft-Zeichen *Zwilling*, bringt der Mond einen Blütentag und kann rheumatische Beschwerden im Schulterbereich verstärken. Der Kräutergarten hält dagegen den Salbeitee bereit. Dieser hilft auch gegen Urinbeschwerden, Bettnässen und Harndrang.

Mit dem *Krebs* verlagert sich der Einfluß des Mondes auf Magen, Leber, Lunge und Galle. Wir haben Blatt-Tage im Element Wasser, die günstig für den Anbau aller Salatarten sind.

Einen Fruchttag im Element Feuer beschert uns der *Löwe*mond. Eine Kombination, die meine Großmutter dazu veranlaßte, ihre männlichen Anvertrauten zum Friseur zu schicken. Der „aufwachsate Löb" hilft mit, daß das Haar kräftig wird und gut wächst. Fettiges und schuppiges Haar erholt sich, der Haarausfall geht zurück.

Der Mond im Zeichen *Jungfrau* bedeutet uns, daß alles, was den Körper aufbaut und stärkt, in diesen Tagen doppelt so gut wirkt. Jungfrautage sind Gartentage und unterstützen alle Pflanzarbeiten. „D'Jungfraun und Oar derf ma net z'lang aufhebn", meint dazu eine alte Bauernweisheit.

*Waage*tage sind Blütentage mit absteigender Kraft. So wie in der zweiten Jahreshälfte die Sonne die Zeichen Zwilling bis Schütze durchwandert und dabei ihre Kraft abnimmt, so macht sich diese auf- und absteigende Kraft auch bei der 28-tägigen Reise des Mondes bemerkbar. Zwillinge, Krebs, Löwe, Jungfrau, Waage und Skorpion bezeichnen dabei den „absteigenden" Mond, bei dem die Pflanzensäfte mehr nach unten ziehen und die Wurzelbildung fördern. In der Wirkung auf den Menschen ist das Waagezeichen eher neutral und wirkt besonders auf Hüfte, Niere und Blase.

Ein Wasser-Zeichen, das die Harn- und Geschlechtsorgane besonders betrifft, ist der *Skorpion*. Alte Kalender empfehlen vorbeugende Sitzbäder mit Schafgarbe und meinen: „Schafgarb im Leib, tut wohl jedem Weib."

Feuer und Frucht sind mit dem *Schütze*mond verbunden. Dieser wirkt auf Oberschenkel und Venen und bringt oft einen Wetterumschwung.

Der Mond im *Steinbock* bringt die idealen Tage für die Haut- und Nagelpflege; am besten bei abnehmendem Mond. Dazu nennt uns das Büchlein „Egyptische Geheimnisse" aus dem 17. Jahrhundert ein Sympathiemittel gegen Rotlauf, wozu die einzelnen Bestandteile erbettelt werden mußten: „Drei Bröckchen rotes Wachs werden zusammen mit einer Kupfermünze und drei Bröckchen Brot in ein rotes Fleckchen genäht, auf den Rücken gebunden und nach 9 Tagen weggeworfen!" Wie bei jeder „Anwendung" mußte diese Prozedur mit einigen Vaterunser für die armen Seelen begleitet werden.

Mit seinem Einfluß auf Unterschenkel und Venen verstärkt der Mond im *Wassermann* die Beschwerden durch Krampfadern. Man sollte daher langes Stehen vermeiden. Das Zeichen Wassermann bedeutet uns einen „Ruhetag" in Acker und Garten. Man soll daher an Wassermanntagen weder säen noch pflanzen.

Die *Fische* beschließen den Kreislauf des Mondes durch den Tierkreis und können Füße und Zehen belasten. So machen sich vor allem „Hühneraugen" bemerkbar. Es ist dies ein „nasses Zeichen", das sich schlecht zum Einlagern von Obst und Gemüse eignet. Vor allem Wurzelknollen faulen leicht. Dieses Tierkreiszeichen soll alle Wohltaten und Belastungen für den Körper verdoppeln; so auch die Folgen des Alkohols! Ein alter „Stammtischler" meinte dazu: „An Schnaps, sagt er, mag er – und an Wein und a Bier, nur an Alkohol, moant er, den trinkat er nia!"

JÄNNER

Jänner warm – daß Gott erbarm

Der Monat Jänner oder Januar, von Karl dem Großen Wintermonat genannt, hat seinen Namen von der römischen Gottheit *Janus,* der als Beschützer der Türen und Tore (Janua heißt im Lateinischen die Tür), als Gott aller Eingänge und Anfänge verehrt wurde und sein Hauptfest am Neujahrstag hatte.

Ih lad dih ein

Kimm einer, neus Jahr! Es is ma net bang,
ih han mih drauf eingstellt. Was grüblt ih lang.
A Sach, wird s' frisch anpackt, de is schon halb gwunga,
a Liadl, frisch angstimmt, dös is schon halb gsunga.

Kimm einer, neus Jahr! Und bleibm ma beinand.
A Sach, auf de gschaut wird, de hat schon an Bstand.
Und was amal zsaummghört, des wird sih schon finden,
und was amal zsaummwill, des werd sih schon bindn.

Kimm einer, neus Jahr! Mir werdn ins vertragn.
In Glück net z'houh außi, in Load net verzagn.
Wia's sein will, wia's sein muaß, soi's wern und soi's kemma,
du werst mar viel gebm, und du werst ma was nehma!

August Rettenbacher

1. Jänner „Neujahr"   „Neujahrsnacht still und klar deutet an ein gutes Jahr, doch Morgenrot am ersten Tag Unwetter bringt und große Plag!"
Mit dem bürgerlichen Neujahrstag verbinden wir die Erinnerung an den staatlichen Ämterwechsel im alten Rom, wie er im Jahre 153 vor Christi eingeführt wurde. Ab dem 13. Jh. bezeichnet der Kalender den Tag als „Beschneidung des Herrn" und als Oktavtag von Weihnachten. Seit der Neuordnung der Liturgie wird das Hochfest der Gottesmutter Maria gefeiert und auch an die Namensgebung Jesu gedacht.

2. Jänner   In alten Kalendern steht am 2. Jänner der Name Makarius. Damit ist ein Spruch verbunden, der eine Vorschau für das Septemberwetter betrifft: „Wie das Wetter an Makarius war, so wird der September, trüb oder klar, und wenn das Gras wächst im Januar, wächst es schlecht das ganze Jahr." So haben alte Bauern den „Hartung" beurteilt und dazu gesagt: „Tanzen im Januar die Mucken, muß der Bauer nach dem Futter gucken."
Somit hat mildes, regnerisches Wetter die Menschen seit jeher beunruhigt, denn vielfach bewahrheitet sich der Spruch: „So viel Tropfen im Jänner, so viel Schnee im Mai."

Sternsinger

Schnabelperchten

3. Jänner	Wir gedenken der Äbtissin Irmina und der Genoveva von Paris. Sie lebte um 500 und galt als große Helferin der Armen. Trübe Tage mit Schnee versprechen durchaus gute Aussichten, denn die Januarsonne hat weder Kraft noch Wonne!
5. Jänner	„Gwa! Gwa! Gwa!" so ertönt es im Rauriser Tal, wenn die „Schnabelperchten" in der großen Rauhnacht vor Dreikönig in die Häuser treten. Im Volksglauben ist uns die Frau Percht in zwiefacher Gestalt bekannt: als schönes und freundliches Wesen, als „Schönpercht", oder häßlich und strafend als „Schiachpercht". Mystisch und geheimnisvoll ziehen in einigen Pinzgauer Gemeinden die Treserer in die Bauernstuben und versuchen mit alten Tanzschritten das Unheil zu bannen. Angekündigt werden sie von einem „Hanswurst", der mit einer langen Lederwurst das Kreuzzeichen auf den Stubenboden schlägt.

Mit Einbruch der Dunkelheit beginnt auch in Golling wiederum ein besonderes Treiben. Seit einigen Jahren bemüht sich der Trachtenverein „D'Rabenstoana" um die Wiederbelebung eines alten Gollinger Perchtenspieles, das sich um den naturbezogenen Streit zwischen Sommer und Winter rankt. Der Sommer in hellem Gewand und blumengeschmücktem Strohhut besiegt dabei natürlich in einem Streitgespräch den in Pelz gekleideten Winter. Mit im Spiel ist die Frau Percht, die als Anführerin der Perchtengruppe in die Stube tritt. Sie kehrt mit ihrem Reisigbesen den Unreim aus dem Haus und ist somit Glück- und Segensbringerin. Der tiefe Sinn dieser winterlichen Maskenbräuche liegt in überlieferten Ordnungen begründet, die das Leben in der Dorfgemeinschaft bestimmten.
Sinnvolle Rügebräuche mahnen daher zu Sauberkeit, und schlampigen Personen wird bildhaft der Bauch aufgeschnitten und der gefundene Unrat eingefüllt. Ähnlich verhält es sich mit der Wäsche, die in den Rauhnächten nicht hängen darf, und auch der Weihnachtsputz dürfte darin seinen Ursprung haben. An die zwanzig Personen sind in Golling mit Fackeln und Spielmusik zu den Bauernhäusern unterwegs, wobei der Besuch als Auszeichnung und Ehre gilt. Da man aber das Glück nicht kaufen kann, ist es seit jeher verpönt, Geld anzunehmen. Auch die Gollinger Perchten halten sich an diese Sitte und verschwinden nach ihrem Spiel wieder in der Winternacht. Im Kreis der Glücksbringer finden wir neben Hobagoaß und Vogelpercht auch Fetzenperchten, die schon in der Kuenburgsammlung von 1790 abgebildet sind. „Glück hinein, Unglück heraus, die Percht' kimmt ins Haus!"
Das Namensfest erinnert an den heiligen Simeon, dem das Patronat über die Hirten zugeschrieben wird.

Sommer- und Winterspiel der „Rabenstoana" in Golling

Glückssymbole der Glöckler

Rauhnachtnudl von da Lienbacher Liesl in da „Ploak":
Ein süßer Germteig mit Rosinen wird nach dem Gehenlassen auf einem bemehlten Nudelbrett zu einer Rolle geformt und in gleich große „Buchteln" geteilt. Sodann in eine befettete Pfanne geben und rundherum mit Fett bestreichen, damit sie nicht zusammenkleben. Noch einmal aufgehen lassen und bei mittlerer Hitze im Rohr goldbraun backen und noch heiß stürzen. Zerlassene Butter mit Honig vermischt darübergießen. Diese herrliche Speise schätzen vor allem die willkommenen „Rauhnachtler", die vermummt und unkenntlich die Dürrnberger Familien aufsuchen.

Rund um das Dreikönigsfest gibt es im Salzburger Flachgau ein besonderes volksmusikalisches Ereignis: das „Flachgauer Dreikönigssingen", das vor gut zwanzig Jahren vom Henndorfer Felix Reinhard Leitner begründet wurde. In verschiedenen Orten und Kirchen wird so das Wunder der Heiligen Nacht besungen und mit den Drei Königen das Kind in der Krippe besucht.

6. Jänner
„Dreikönig"

Mit dem Dreikönigstag hat sich der Weihnachtsfestkreis geschlossen, Glöckler und Perchten haben im ewigen Streit zwischen Licht und Dunkel das neue Jahr einbegleitet, und frohe Unterhaltungen prägen die Gemeinschaften in Stadt und Land. Das Mystische wurde vom neuen Licht verdrängt, und mancher Zauber hat seinen schreckhaften Glanz verloren. „Hokuspokus" sagt man heute und betrachtet augenzwinkernd alte Talismane und Amulette.
Vielfach wird es so auch unseren Bräuchen gegangen sein, die, ungewollt oder mißbräuchlich verändert, heute als „echt" behütet werden. Die großen Perchtenumzüge sind im vorigen Jahrhundert gewollt in die großen Märkte verlegt worden, um sie einem großen Publikum zu zeigen, die Glöckler bringen ihr Licht bis in die Stadt, und die Flachgauer Aperschnalzer schnalzen unermüdlich, um beim großen Rupertigau-Aperschnalzen im Februar siegreich zu sein.
Seit dem 9. Jahrhundert kennen wir nun die drei „Könige" beim Namen: den persischen Schatzmeister Kaspar, Melchior, den hebräischen König des Lichtes, und Balthasar als babylonisch-assyrischen Beschützer des Lebens des Königs.
Nach der letzten „Rauhnacht" schließt sich zu „Dreikönig" mit dem Hochfest der „Erscheinung des Herrn" der Weihnachtsfestkreis. „Sind die Heilig-Drei-König sonnig und still, der Winter vor Ostern nicht weichen will, ist Dreikönig hell und klar, gibt's viel Wein in diesem Jahr." Die Drei Könige schreiben uns die Buchstaben K + M + B an die Tür, was seinerzeit scherzhaft mit „Katholisch

Herreiter beim Pongauer Perchtenzug

Pongauer Tafelperchten und Glöckler wünschen „an Fried', an G'sund' und an Reim"

Muaßt Bleib'n" umschrieben wurde. Sternsinger und Könige wollen aber mit den Buchstaben C + M + B den christlichen Haussegen – „Christus Mansionem Benedicat" (= Christus möge dieses Haus segnen) – weitertragen und die gläubige Hoffnung auf ein gutes Jahr unterstreichen. „Ist Dreikönig kein Winter, folgt keiner mehr dahinter, und vom Licht her wächst der Tag, so weit ein Hirschlein springen mag!"

Der große Pongauer Perchtenlauf, der zu Dreikönig Tausende Schaulustige und Freunde des Brauchtums abwechselnd in Altenmarkt, Badgastein, Bischofshofen und St. Johann vereint, gibt einen prächtigen Überblick über das vielfältige Brauchtum dieser Zeit. Neben den großartigen Tafelperchten, den lustigen Begleitern, Schiachperchten und Gesellinnen erregen die „Herreiter", „Klöcker" oder „Schnalzer" großes Aufsehen. Durch das Verständnis der Bauernschaft und die Liebe zum edlen Noriker kann dieser Brauch „hoch zu Roß" auch in unserer Zeit bestehen, wobei unsere Noriker den Knall der Peitsche mit besonderem Gleichmut hinnehmen. Kommt das Pferd aber einmal mit der Goaßl in Berührung, das heißt „verschlagen", so ist dieses für das Klöcken kaum mehr zu gebrauchen. Aus diesem Grund steht der Reiter in den Steigbügeln, damit die Goaßl hoch genug über den Kopf des Pferdes geschwungen werden kann.

Im Wort „Klöcken" verbirgt sich der Begriff „wecken", „tönend schlagen" sowie die Vorstellung, daß man damit Böses vertreiben kann, die schlummernde Natur und die guten Lebensgeister geweckt werden.

7. Jänner

Raimund von Pennafort und Valentin von Passau stehen im Kalender und beschließen mit der sonntäglichen Taufe des Herrn die Feiertage. „St. Valentin nimmt die Feiertag' hin", heißt es somit, und das Kirchenjahr nennt uns in dieser Zeit das Fest der Taufe Jesu.

Dieses wurde nach dem Zweiten Vatikanischen Konzil neu geordnet und auf den Sonntag nach dem 6. Jänner festgesetzt. Damit beginnen die 33 bis 34 „Grünen Sonntage" der allgemeinen Kirchenjahreszeit. Diese dauert bis zum Faschingsdienstag und geht vom Montag nach Pfingsten bis zur Vesper vor dem ersten Adventsonntag. Den Namen leiten sie von der grünen Farbe der liturgischen Kleidung ab.

Im bäuerlichen Arbeitsjahr ist es nun ruhig, lediglich in Liedern und Erzählungen tragen wir die Erinnerung an ein besonderes Handwerk weiter.

„Sitzt am Spinnstuhl voller Eifer, tuat sih d' Spindl fleißig drahn, ganze Strehn aus Flachs werdn gspunna, so viel rar sand halt die

„Tresterer"-Schönperchten aus dem Pinzgau

Fad'n." So beschreibt Tobi Reiser, der Begründer des Salzburger Adventsingens, in einem Volkslied die Jännertage vergangener Zeiten, wo in den bäuerlichen Spinnstuben die Spinnräder surrten. Als freudige Abwechslung kam der Weber auf die Stör und mit ihm eine der ersten Maschinen, die viele Funktionen in einem Arbeitsgang vereinigte. Von der Antike und dem Mittelalter kennen wir den Vertikalwebstuhl, der später vom Horizontalwebstuhl abgelöst worden ist. Beim einen wurde von oben nach unten, beim anderen in umgekehrter Reihenfolge gewebt. Im Alpenland war das Weberhandwerk frühzeitig in Osttirol zur Blüte gekommen. So wissen wir, daß die Deferegger Golter (Decken) und Teppiche wirkten und sie nach einem beschwerlichen Weg über den Tauern im Pinzgau zum Verkauf anboten. Oft waren auch Leinenweber dabei, die im Pustertal zu wenig Arbeit fanden. Darum gingen sie über den Tauern und hießen in der Pusterer Sprache „die Übergieaner". Ende Jänner oder zu Lichtmeß kamen ihrer 30 bis 40 in Matrei zusammen, gingen dort zur Messe und traten ihre Reise „ge Tauer" an.

Eine besondere Webe finden wir heute noch im Lungau, die wir dem „Sauerfelder Weber" Sebastian Pirkner verdanken. Am 18. Jänner 1888 geboren, wirkte er als selbständiger Leinenweber, der mit seinem Webstuhl auf dem Buckel auch als Störweber von einem Bauern zum anderen wanderte.

G'wand und Stand

Harmonie in den Farben, die drei Grundstoffe Loden, Leinen und Leder, verbunden mit dem handwerklichen Geschick unserer Schneiderinnen und Schneider, gestalten unser Gewand und damit unsere heimische Lebensart und Tracht.

Mit einigem Stolz können wir im Alpenland auf eine bodenständige Kleidung verweisen, die Generationen verbindet und uns aus dem Einheitsbild der weltweiten Modekleidung heraushebt. So wie Gehöfte und Häuser unsere Landschaft prägen, unterstreicht unser „G'wand" gewachsene Strukturen, die gerade in dem viel zitierten Europa der Regionen von besonderem Wert sein können.

„Kimmt da Weber, macht die Kett'n – muaß sih 's Schiffal durchefrett'n, oanmal unt' und oanmal ob'n, bis a fertig is, da Lod'n!"

Einer Legende zufolge ist Loden durch einen Zufall entstanden. Eine Jägersfrau soll die Gewandung ihres Mannes allzu kräftig gereinigt haben und dadurch auf den Walkprozeß gestoßen sein. Die Herstellung von Loden auf gewerblicher Basis hat im oberen Ennstal, vor allem in der Ramsau und in Mandling, lange Tradition, und schon im Mittelalter zählte der Loden zu jenen Gütern, die als

Zehent an die Grundherren abzuliefern waren. Eine Spezialität ist der nur mehr im Hause „Loden-Steiner" in Mandling erzeugte Perlloden nach dem ursprünglichen Verfahren der Hammerwalke. Aus diesem original Schladminger Loden werden die bekannten Schladminger Überröcke genäht, die sich nach wie vor bei Jägern und Forstleuten – und neuerdings auch bei der traditionsbewußten Jugend größter Beliebtheit erfreuen. Der Loden basiert auf einem undicht gewebten Schurwollstoff aus Streichgarn, der nach dem Weben durch das Walken – das ist die Behandlung mit gleichzeitigem Einwirken von Nässe, Reibung und Wärme – zu einem dichten Gewebe verfilzt wird. Das ca. 220 cm breite Rohgewebe wird auf eine Breite von 140 bis 150 cm zusammengewalkt und der Stoff noch mehrmals geraucht, geschert und gebürstet.

„Ein Jahr, das fängt mit Regen an, bringt nicht viel Gutes auf den *10. Jänner*
Plan; denn der Januar muß krachen, soll uns der Frühling holde
lachen!"
So verweisen alte Sprüche auf die nun notwendige Kälte im Hartung. Zum Wetter heißt es auch: „St. Paulus klar, gutes Jahr. Bringt er Wind, regnet's g'schwind!"

Scheint da Herr Mond so schön…
Während der Wanderschaft des Mondes durch den Tierkreis wechselt sein Einfluß auf unsere Körperregionen, sozusagen von Kopf bis Fuß! Dabei beschließen die Fische den Kreislauf des Mondes durch den Tierkreis und können Füße und Zehen belasten. So machen sich vor allem „Hühneraugen" bemerkbar … Meine Großmutter litt an diesen störenden Gewächsen und verwendete ein Hühneraugenpflaster, das sie bei abnehmendem Mond im Wassermann auflegte und bis zu den folgenden Fischetagen trug. Der Großvater meinte dazu: „Gehst wieder wia a Antn so waglat daher, vor lauter Wehdam und Hehnaaugn-Gschea!" Laut Meinung meiner Großmutter waren diese Tage auch der ideale Zeitpunkt für eine Warzenbehandlung. Für das Pflaster nahm sie Zweige unserer alten Gartenzypresse, setzte diese vierzehn Tage in Brennspiritus an und ließ sie am Aufsatz des Küchenofens stehen. Sodann tränkte sie eine Watte in diesem Spiritus, legte sie auf das Hühnerauge auf und dichtete die schmerzhafte Stelle mit einem Heftpflaster ab. Das lästige „Auge" löste sich samt der Wurzel.
Hildegard von Bingen rät bei schmerzenden Füßen: „Mach Dir aus Walfischleder Schuhe und trage sie, und Du wirst gesunde Füße und Beine haben!" Hier ist guter Rat teuer! Leichter geht es mit dem

zweiten Ratschlag: „Mache Dir Schuhe und Stiefel aus dem Fell eines Dachses und ziehe sie an, und Du wirst Gesundheit haben in Beinen und Füßen!" Wir jedoch setzen aber lieber auf bequemes Schuhwerk mit passenden Einlagen und auf heilsame Massagen.

14. Jänner   Felix von Nola ist unser Namensgeber. Er gilt als Patron gegen den Meineid und starb im Jahr 260 als Märtyrer. Für verkühlte Zeitgenossen empfiehlt der Kräutergarten der Natur einen Hustentee aus Hollerblüten, ein wenig Johanniskraut und Schlüsselblumen. Mit Honig oder Kandiszucker gesüßt, tagsüber schluckweise getrunken, lindert er den lästigen Hustenreiz, der in diesen Tagen viele Menschen betrifft. Als beste Vorbeugung gegen Erkältungen und Schnupfen eignet sich aber unser Sauerkraut. Roh gegessen und gut gekaut ist es der beste Vitaminspender, entschlackt und reinigt den Darm. Ein paar Tropfen Olivenöl und ein geriebener Apfel machen das Kraut noch bekömmlicher.

15. Jänner   „Zu Sankt Pauli Sonnenschein, bringt viel Korn und guten Wein." Alte Kalender nennen uns neben Konrad und Gabriel auch noch den Namen Paul. Gemeint ist damit Paul der Einsiedler. Er lebte im dritten Jahrhundert und zog sich während der Verfolgung unter Kaiser Decius ins Gebirge zurück, wo er 90 Jahre lang in einer Felsenhöhle lebte. Angeblich starb er mit 113 Lebensjahren um 341. Seine Gebeine kamen über Konstantinopel nach Venedig und durch ungarische Pauliner im Jahre 1381 nach Buda.

17. Jänner   „Wenn zu Antoni die Luft ist klar, so kriegen wir ein trocknes Jahr" – diesen Spruch verbinden wir mit St. Anton dem Einsiedler. Er soll in seinem heiligen Wüstenleben den Anfechtungen des Teufels widerstanden haben und 356 im hohen Alter von 105 Jahren gestorben sein. Die Legende berichtet von erfolgreichen Kämpfen mit Dämonen. Mit Kaiser Konstantin und seinen Söhnen stand er in einem engen Briefwechsel. Seit alters her wird er als Viehpatron in Ehren gehalten und gilt vor allem als Patron der Kleintiere, vor allem der Schweine. Dies hängt mit einem Privileg des Antoniterordens zusammen, das die freie Schweinehaltung für die Armenpflege einschloß. Als Vorsteher der Einsiedler wird er meist mit einem T-förmigen Stab, an dem zwei Glocken hängen, abgebildet.
Im Mondkalender unterscheiden wir zwischen auf- und absteigender Kraft. Die dem Sonnenlauf angepaßten Kräfte von Frühling, Sommer, Herbst und Winter finden wir auch im monatlichen Lauf des

Mondes. Bei aufsteigendem Mond steigen die Säfte auf, bei absteigendem Mond sind z. B. in der Pflanzenwelt die Wurzeln betroffen. Aber auch in der Heilkunde haben sich die Menschen den Mondlauf und seine Kräfte zunutze gemacht. Die absteigende Kraft der Tierkreiszeichen Zwillinge bis Schütze betrifft unsere inneren Organe, vor allem Brust, Lunge, Leber und Nieren, die aufsteigende Kraft von Widder, Steinbock und Wassermann bis Stier Kopf, Nacken und die Extremitäten. Im Schützemond kann es des öfteren heißen: „Da Schütz' hat mi dawischt, es is ma ei(n)g'schossn!" Damit sind Kreuzschmerzen gemeint, die an Schützetagen verstärkt auftreten können. Diesen Spruch hörte ich oft vom „Jäger Hansei", einem alten Knecht aus dem Ennstal, der bei uns zu Hause seinen Lebensabend mit „Spanmachen", „Schindlkliabm" und „Wetterbeobachtungen" verbrachte. Der „Hansei", der mir eine besondere Uhrkette mit Hirschgrandln, Mausgebiß und anderem Abwehrzauber vermachte, teilte auch die Wochentage wettermäßig ein. So meinte er: „Der Freitag hält es nicht mit der Woche", und bezog sich dabei auf eine alte bäuerliche Beobachtung, nach der sich das Wetter am Freitag vielfach ändert. Der Freitag hat zwei Wetter, ergänzte er, und meinte auf die Frage, wie denn das Wetter am Sonntag sei: „Was Sonntag soll für Wetter sein, das trifft des Freitags Mittag ein!"

„Fängt Fabian, Sebastian noch einmal streng der Winter an, so ist er zu Pauli Bekehr wohl ganz gewiß halb hin, halb her." Die beiden Heiligen treiben aber nach alten Erfahrungen den Saft in die Bäume. Bezogen auf seinen Märtyrertod soll man am Sebastianitag keine spitzen Gegenstände verwenden, und es heißt: „An Fabian und Sebastian greif keine Nadel an!"

20. Jänner

Sebastianischnapsl

An einen Baum gefesselt, von Pfeilen durchbohrt, wurde der hl. Sebastian besonders in Pestzeiten um Hilfe angerufen. Damit verbinden wir auch den Brauch, rund um seinen Festtag mit einem „Selbstgebrannten" auf die Gesundheit anzustoßen: in der Familie, im Freundeskreis und wohl auch beim Besuch bäuerlicher Familien. Meist wird dabei ein ganz besonderer Tropfen kredenzt, der nur hohen Festtagen vorbehalten ist: Holler, Schwarzbeer, Vogelbeer oder Enzian. Ein Selbstgebrannter, bei dem man ganz besonders auf Herstellung und Qualität achtete.

„Nur nit hudln", heißt die Devise beim Schnapsbrennen, und wichtige Grundregeln sind zu beachten. Das erste Gärprodukt ist der sogenannte Rauhbrand. Er enthält flüchtige Alkohole, Aromastoffe,

St. Sebastian, der Pestpatron

Fruchtsäuren und Fuselöle. Dieser Vor- oder Rauhbrand wird nun ein zweites Mal gebrannt oder „geläutert", wie die Bauern sagen. Der Fachmann spricht vom Feinbrand, der ganz dünn und gleichmäßig rinnen soll. Nun muß aber noch der „Vorglanggl", der als Vorlauf das giftige Methanol, den Holzgeist, enthält, vom Mittellauf getrennt werden, da schon geringste Spuren Kopfschmerzen bewirken. Durch Schmecken und Kosten wird der Übergang festgestellt und damit die gute Qualität des Schnapses begründet. Dann gilt der Spruch: „Ein guter Tropfen treibt alle Plagen aus dem Herzen, aus dem Magen!"

Dies gilt besonders für den „Enzian", der in geringen Mengen auf Magen, Galle und Darm anregend wirkt. Der Enzian ist eine „Bitterstoffdroge", und schon Sebastian Kneipp meinte, daß derjenige, der Enzian, Wermut und Salbei im Garten hat, gleich über die Apotheke verfüge.

Fälschlicherweise zeigen Enzianflaschen meist den blauen, kurzstieligen Enzian als Aufdruck. Bevorzugt verwendet werden aber die Wurzeln des Gelben Enzian, der vornehmlich auf Kalkböden der Alpen wächst. Der Volksmund nennt ihn auch Bitterwurzel, Sauwurz oder Bergfieberheil.

Destilliergerät, Straßburg 1507

Die Sonne befindet sich nun seit Fabian und Sebastian im Zeichen des Wassermannes: „Und wenn Agnes und Vinzentius kommen, wird neuer Saft im Baum vernommen." Trotzdem können wir uns auf die Erfahrungen vieler Generationen verlassen und meinen: „Werden die Tage länger, wird der Winter strenger!" Meteorologen wissen den Grund. Seit der Wintersonnenwende werden zwar die Tage wieder länger, doch hat sich in der Polarregion infolge der Polarnacht die Luft so stark abgekühlt, daß bei Kaltluftvorstößen in unsere Gegend meist die niedrigsten Temperaturen auftreten.

22. Jänner
„Vinzenzitag"

„Wie das Wetter um Vinzenz war, wird es sein das ganze Jahr." Der heilige Vinzenz ist Schutzpatron der Holzarbeiter und wird bei Gottesdiensten und Vinzenzifeiern um den Beistand bei der gefahrvollen Holzarbeit angerufen. Vinzenz von Saragossa war ein spanischer Märtyrer um das Jahr 300. Sein Name bedeutet „der Siegende".

„Vinzenz mit Sonnenschein bringt Fruchtbarkeit dem Korn und Wein, und kommt Sankt Vinzenz tief im Schnee, bringt das Jahr viel Heu und Klee!"

Franz von Sales – am 21. August 1567 auf Schloß Sales bei Thorens in Savoyen geboren – steht für den weitum gebräuchlichen Namen Franz im Kalender. Er war Bischof von Genf und wurde 1665 heiliggesprochen. Franz ist die lateinische Form des germanischen „Franko", was soviel wie der „Freie" bedeutet. Der Spruch „frank und frei" für ungebunden ist uns auch heute noch geläufig. Für manchen Junggesellen ergibt sich damit aber ein Problem mit den Frauen, denn: „Oane is z'vü und koane is z'wenig!"

24. Jänner

„Hat Paulus weder Schnee noch Regen, bringt das Jahr gar manchen Segen; hat er Wind, regnet's gschwind!" Dieser Spruch erinnert an den heiligen Paulus und seine Bekehrung und die Wandlung vom Saulus zum Paulus. Saul war ein Pharisäer in den Jahren um 30 nach Christi. Im Auftrag des Hohen Rates ging er nach Damaskus, um die dortige Christengemeinschaft auszurotten. Vor der Stadt schleuderte ihn aber eine Christusvision zu Boden, und aus Saulus wurde der getaufte Paulus. Nun sollte eigentlich der halbe Winter vorbei sein und mit „Pauli Bekehr" ein schöner Tag von einem guten Sommer künden.

25. Jänner

So meint es ein alter Wetterspruch: „Pauli, bekehr dich, halb Winter, scher dich!"

„Vereinigten-Bischöfe" aus dem Lungau

Die Vereinigten von Tamsweg

„Gott schütze das ehrsame Handwerk" – so oder ähnlich wurden in vielen Handwerkszünften und Bruderschaften Zusammenkünfte geschlossen. Der Spruch diente aber auch als Gruß und Bindeglied innerhalb eines Gewerbes und öffnete manch gastliche Tür für wandernde Handwerker. Die Handwerker und Gewerbetreibenden eines Ortes schlossen sich zu Zünften zusammen, und in Bruderschaften wurden in Not geratene „Brüder" unterstützt. Schon um 1440 existierte in Hallein eine „Bruderlade" zur Unterstützung armer Schiffer. Die Bezeichnung „Lade" bedeutet sowohl das gesamte, in einer Handwerksordnung organisierte Handwerk als auch die Zunfttruhe (Lade), in der wichtige Urkunden und auch Geld aufbewahrt wurden.

Eine der letzten großen Bruderschaften des Landes begeht im Jänner ihre „Vereinigtenoktav": Die „Vereinigten von Tamsweg". Diese Bruderschaft wurde im Jahre 1738 von drei Tamsweger Bürgern gegründet und sollte diejenigen Gewerbetreibenden vereinen, die keiner Handwerkerinnung angehörten. Die Brüder mußten beim Eintritt 30 Kreuzer Einverleibungsgebühr und jedes weitere Jahr sechs Kreuzer Auflagegeld zahlen. Außerdem waren alle Brüder verpflichtet, bei Beerdigung eines Bruders mit brennenden Kerzen zu erscheinen. Als nach einem Gelübde einer reichen Gönnerin das bisher zu Weihnachten abgehaltene Stundgebet auf die Faschingstage zu verschieben war, trat zur religiösen Gemeinschaft die Geselligkeit, wobei Frohsinn, Tanz und Humor die Tage mitbestimmen. Am Vorabend des Vereinigten, das ist gewöhnlich der zweite oder dritte Montag im Jänner, treffen sich die Mitglieder zur Vesper in der Herberge. Der nächste Tag, der eigentliche Vereinigtenjahrtag, mahnt an den religiösen Ursprung, und so wird in der barocken Pfarrkirche von Tamsweg ein festlicher Gottesdienst abgehalten. Während die verheirateten Mitglieder der Vereinigten eine rote Nelke angeheftet haben, tragen die Junggesellen eine weiße Nelke. Der auf drei Jahre gewählte Kommissär und seine Vorgänger tragen als Zeichen der Würde Zylinder. Nach der Kirche geht es unter den Klängen der Tamsweger Bürgermusik zum festlichen Mahl und anschließend mit Musik von Gasthaus zu Gasthaus zum sogenannten „Hausieren". Abends ist dann der große Ball, bei dem alles zugegen ist. Für die Heiterkeit sorgt der Bischof mit seinen Leviten, wobei Neulinge unter dem Gelächter der Zuschauer recht feucht „eingeweiht" werden. Mit dem „Geldbeutelwaschen" und dem „Abroaten" am ersten Samstag in der Fastenzeit schließt sich der denkwürdige Brauchtumskreis der Tamsweger Vereinigten, auf die das Land Salzburg mit Recht stolz sein kann.

„Möchst as net glaub'n", hat der Wirt zum Schandarm g'sagt, „mitt'n unterm Raff'n hab'n die zwoa Saubuam 's Streit'n ang'fangt!"
So weisen alte Sprüche auf die „Geselligkeit" vergangener Zeiten hin, die übrigens auch manch eigenartige Mittel für die Schönheitspflege anzubieten hatten.

Haarwuchsmittel
Man nehme Klettenwurzel, Brennessel und Frauenhaar, koche diese Kräuter ab und wasche sich damit den Kopf. Noch besser wirkt dieses Mittel, wenn die Heilkräuter in Alkohol angesetzt werden. Auch Zweiglein von Buchs kann man dieser Mischung beigeben.

Haarfärbemittel
Für Blonde: Man zerkleinert das Holz vom Buchsbaum ganz fein und läßt dieses Holz ungefähr eine halbe Stunde in Wasser sieden. Mit dieser Lauge wäscht man dann den Kopf.

Da Kohlmoaßa

Der Jodler ist nach meinem Onkel, dem ältesten Walchhofersohn benannt, der nach Großvaters erstem Hof, Roßbichl-Ruapl genannt wurde. Als späterer Kohlmoaßbauer in Flachau wurde er nurmehr Kohlmoaßa oder „Meaßal" genannt. Wie dem „Roßbichl-Ruapl seina" und der „Kuahsuacha", so hat sich auch der vorliegende Jodler vom „Meaßal" auf die 27 Geschwister übertragen. Von wem mein Onkel die Jodler gelernt hatte, konnte ich nicht mehr feststellen. - Ich hab' den Jodler von meiner Mutter gelernt.

AUFGEZEICHNET IN . . . . , AUGUST 1943 · Schorsch Windhofer

„Pongauer Viergesang"
Schorsch Windhofer II., Herta Dengg, SchorschWindhofer III., Reinfried Dengg

Für Schwarze: 1 kg grüne Walnüsse, Eichen- und Weinrebenasche, Eichengalläpfel, Lorbeerblätter, Färberröte, Salbeiblätter, Zypressenzweige, dies alles in Weinessig sieden. Hernach reibe man mit dem Essigabsud die Haare zweimal wöchentlich ein. Den Absud soll man im Keller aufbewahren.

Die engelhafte Botin „Angela" führt uns in die letzten Jännertage. **27. Jänner** Sie wurde 1474 in Desenzano am Gardasee geboren und widmete sich der religiösen Unterweisung der weiblichen Jugend. Auf einer Pilgerreise nach Jerusalem im Jahre 1524 erblindete sie und wurde nach einem Gebet vor einem Kruzifix im Hafen von Candia wieder sehend. 1535 erwirkte sie von Papst Clemens VII. die Bestätigung ihres Frauenordens von der hl. Ursula, dessen Oberin sie 1537 wurde. Am Beginn des 19. Jahrhunderts wurde sie heiliggesprochen.

„Im Januar sieht man lieber einen Wolf als einen Bauern ohne **28. Jänner** Jacke", und „Ist's im Januar nur warm, wird der reichste Bauer arm!" Damit werden milde Temperaturen innerhalb und außer Gebirg mit Sorge betrachtet. Sonnseitig und in niederen Lagen rührt sich schon die Vegetation, und die „Aperschnalzer" können von „ersten Erfolgen" berichten. Im Bauernjahr wird die Unterbrechung der Winterruhe nicht geschätzt. Man fürchtet ein zu frühes Austreiben der Saaten und damit verbundene Kahlfröste. Viele Sprüche weisen darauf hin. „Januar ohne Schnee, tut Wiesen und Feldern weh."

Neben dem Kirchenlehrer Thomas von Aquin erinnert der Kalender auch an Karl den Großen, der von 747 bis 814 lebte. In der Beschreibung seines Aussehens wird von einem wilden Angesicht und kräftiger, großer Gestalt berichtet. Nach der Überlieferung soll er einen gewappneten Ritter zu Roß mit einem Schwerthieb gespalten haben; und zwar vom Scheitel mitsamt dem Roß!

Karl der Große, Volksheiliger

29. Jänner

Valerius, ein Bischof von Trier, feiert sein Namensfest. Einige Tage noch, dann werden auch die letzten Krippen abgebaut und die Christbäume in den bäuerlichen Stuben entfernt. Erst mit „Mariä Lichtmeß" schließt sich ja der große bäuerliche Weihnachtsfestkreis, und ein neues Arbeitsjahr beginnt.

„Wenn's schneit und es kommt noch Regen dazu, dann gibt's im Jänner nasse Schuh!" Solche und ähnliche „Scherzregeln" lassen uns verschmitzt die „Lostage" betrachten. Viele überlieferte Sprüche gelten nur als Redewendungen, andere decken sich mit alten Wettererfahrungen, die ihre Ursachen in jährlich wiederkehrenden meteorologischen Besonderheiten haben.

Allzeit galt aber auch der Spruch „Kopf kalt – Füaß warm", und etliche Heilkräuteranwendungen beziehen sich auf kalte Füße. Bei diesem Übel nehme man Senfmehlbäder oder Lehmbäder. Als gutes

Mittel gegen kalte Füße werden auch Bäder mit Gartenrautenabsud empfohlen. Das Salzburger Mundartoriginal der zwanziger Jahre des vorigen Jahrhunderts – Otto Pflanzl – nannte ein besonders probates Mittel und schrieb über „Dö kaltn Füaß":

Da Simerl is zum Dokta kemma,
hat'n bitt schö um an Rat,
ob a eahm denn net kann helfn,
weil a a alts Leidn hat.
„Ja, wo fehlt's denn?" fragt da Dokta.
„Wie lang leiden Sie daran?"
„Mei Gott", moant aft drauf da Simerl,
„'s fangt scho in da Kindheit an,
daß i allweil so viel kalte
Füaß hon ghabt in ganzn Leben.
Sagn S' ma do', soll's für des Übl
denn koa oanzigs Mittl gebn?"
„Ja, mein Lieber", sagt da Dokta,
„i hab selbst so kalte Füß,
doch da gibt's für mich ein Mittl
und das hilft mir ganz gewiß.
Wenn ich schlafen geh, da steck' ich
meine Füß zur Frau hinein,
und da bleiben sie schön warm dann,
sehn S', dies Mittl ist doch fein!"
„Sakra", moant voll Freud da Simerl.
„Ja, da war i glei bereit,
sagn S' ma do', Herr Dokta, wann hätt
Ihna Frau für mi aft Zeit?"

„Bringt Martina Sonnenschein, erhofft man sich viel Korn und Wein!" *30. Jänner*
Hildegard von Bingen empfiehlt dazu einen Lavendelwein, der für einen klaren Kopf sorgt. „Wer ihn oft lauwarm trinkt, dem mildert er aber auch die Schmerzen der Leber und Lunge und die Dämpfigkeit in der Brust und macht rein sein Wissen und klar seine Gedanken."
„Wann da Kopf schmerzt, hat da Bauch was verscherzt!" – so lautet dazu eine alte Bauernweisheit.
Für unser körperliches Wohlbefinden sollte man in den kalten Jännertagen für eine gute Durchwärmung des Beckens und der Hüfte sorgen, um Verkühlungen von Nieren und Blase vorzubeugen.

„Das stärkste Element", hat der Bua zum Lehrer g'sagt, „is 's Wasser. Net amoi mei Vater kann's haltn!"

Kraut des Monats: Salbei

Echter Salbei
(*Salvia officinalis*)

„Wenn die Grippe kursiert, trinke fleißig Salbeitee." So ist es mir aus Kindertagen in Erinnerung. Bei Halsentzündungen, bei Husten und Katarrh, aber auch bei Durchfall und Magenverschleimung gilt der Salbei als linderndes Hausmittel. Wir finden ihn wildwachsend an felsigen, mageren Stellen, häufig wird er jedoch im Garten gezogen. Gesammelt werden die Blätter und jungen Triebe in der Zeit vor der Blüte. Der Strauch ist etwa 30–60 cm hoch, die würzig und etwas bitter riechenden Blätter sind filzig und grünlich-weiß. Der Salbei duftet aber nur bei Sonnenlicht. Während schöner Tage steigert sich der Ölgehalt der Pflanze, die nur bei strahlendem Wetter gepflückt werden soll. Am besten an einem Skorpiontag.

Pfarrer Kneipp empfiehlt den Salbeitee auch zur Reinigung von Leber und Niere und als gutes Unterstützungsmittel bei fehlender Körperwärme. Eine gute, stärkende Wirkung auf den ganzen Organismus erzielt man durch den Salbei-Kräuter-Wein. Dazu nehme man eine Handvoll frischer Blätter auf 1 Liter Wasser. Eine starke Salbeiabkochung bildet einen ausgezeichneten Zusatz zu Bädern bei Hauterkrankungen.

Beim Salbeitee ist besonders auf die Dosierung zu achten: Schwacher Salbeitee wirkt schweißtreibend, starker schweißhemmend! Auch kann der Salbei den Nachtschweiß vertreiben, der junge Menschen in den Entwicklungsjahren plagt oder Frauen in den Wechseljahren.

Adam Lonicero schreibt in seinem Kräuterbuch von 1679: „Salbei mit den Stengeln gesotten und also gegessen macht wohl harnen, bringt den Frauen ihre Zeit und stillet den Husten. In Wein gesotten und damit gegurgelt, benimmt er alle Versehrungen des Halses und der Kehle!"

Schwendtage

Schwendtag heißt soviel wie „Schwundtag" oder „Wendetag"; es schwindet die Kraft, und alles, was man anfängt, ist glücklos. Daher sollte man an diesen verworfenen Tagen keine neue Arbeit, keine Liebschaften und keine Reisen beginnen. Auch der seinerzeit gebräuchliche Aderlaß mußte an Schwendtagen ausbleiben. Als „dies atri" waren diese Tage auch den Römern bekannt.

Der Jänner nennt uns den 2., 3., 4. und 18. Tag des Monats als verworfene Tage.

FEBRUAR

Februar Schnee und Regen
deuten an den Gottessegen

Johannes Bosco beschließt den „Hartung" und übergibt dem „Hornung" die monatliche Jahresregentschaft. Bei den Römern war der Februar bis zur Einführung des Julianischen Kalenders im Jahre 46 vor Christi Geburt der letzte Monat des Jahres, weshalb ihm auch der Schalttag zufiel. Mit einer großen *februa*, einem Reinigungsfest, wurde das Jahr abgeschlossen. Davon hat auch der ganze Monat seinen Namen erhalten. Der Februar gebärdet sich wettermäßig oft wie ein zorniger Bock, weshalb er eben bei unseren deutschen Nachbarn auch Hornung genannt wurde. Mit Johannes Bosco nennt der Kalender auch Hemma und Virgil und meint: „Friert es auf Virgilius, im Märzen Kälte kommen muß!"

Die Bauern hofften im „Taumonat" Februar auf den ersten Regen und meinten: „Ist's im Februar regnerisch, hilft's so viel wie guter Mist!"

1. Februar

Das Namensfest Brigitta ziert den ersten Tag des „Taumonats" Februar. Alte Kalender nennen an diesem Tag die Erinnerung an den hl. Ignatius, einen Bischof von Antiochien. Von ihm stammt der Ausspruch, daß er sich lieber gleich einem Weizenkorn zwischen zwei Mühlsteinen zermalmen ließe, als vor Christo fahnenflüchtig zu werden. Die Legende berichtet, daß er anno 107 von Löwen zerrissen wurde.

2. Februar
„Mariä Lichtmeß"

Nun hat sich der Weihnachtsfestkreis endgültig geschlossen und ein neues Bauernjahr seinen Anfang genommen.

In manchen bäuerlichen Gehöften bleiben auch heute noch bis zu diesem Termin die Krippen aufgestellt, und manch Christbaum verliert erst in diesen Tagen seine letzten Nadeln. Als „Lichtmeßmonat" bestimmte der Februar durch viele Jahrhunderte das Bauernjahr, das vor allem für die Dienstboten oftmals einschneidende Änderungen brachte. Beschämende und unmenschliche Begebenheiten sind uns davon überliefert, die in der Erinnerung alter Bauern noch lebendig sind.

Der im März 2001 im Alter von 96 Jahren verstorbene Mesnerbauer Matthias Öschlberger aus Siezenheim erzählte mir vom „Knechtmarkt" im Gablerbräu, den er als Schulbub noch erlebt hatte: „An einem Lichtmeßtag in den Jahren des Ersten Weltkrieges nahm mich mein Vater mit in die Stadt. Wir brauchten einen Knecht und begaben uns in das alte *Gablerbräu* in der Linzer Gasse in Salzburg. Hier trafen sich Bauern und arbeitsuchende Knechte. Ein rotes Mascherl am Rockkragen wies die noch freien Knechte aus, und nach einer augenfälligen Beurteilung wurde mit dem Drangeld der Handel besiegelt.

Nachdem in den Kriegsjahren junge Knechte rar waren, wurde mein Vater auf ein jüngeres Mannsbild aufmerksam, das an einem der Tische saß. Nach einem Gespräch über woher und wohin fand mein Vater Gefallen an dem jungen Burschen und händigte ihm das vereinbarte Drangeld aus. Nach kurzer Zeit kam ein Bauer an unseren Tisch und flüsterte meinem Vater ins Ohr, daß der junge Bursche ein Holzbein habe und somit als Knecht wohl nicht tauglich sei."
Solche und ähnliche Schicksale soll man nicht vergessen, wenn man von der guten alten Zeit spricht. Bis 1918 gab es im Gablerbräu diesen „Knechtmarkt", der den „Schlenkeltag" am 2. Februar in ein eher beschämendes Licht rückt. Die kräftigen und fleißigen Dienstboten wurden meist schon um Weihnachten für das kommende Jahr gedingt und traten am Lichtmeßtag ihre neue Stelle an.

Einleger
Kranke und Alte zogen als „Einleger" von Hof zu Hof oder wurden in ihre Heimatgemeinde abgeschoben. Diese mußten bis 1921 sogenannte Dienstbücher ausstellen, die allgemein nur „Büchl" genannt wurden. Die Dienstbücher galten seit 1857 als öffentliche Urkunde und sind mit dem heutigen Reisepaß vergleichbar. Ohne „Büchl" war nach einem Wechsel ein weiterer Dienstantritt unmöglich. Peter Rosegger, der Seelsorger des einfachen Bauernvolkes, schrieb dazu: „Ih bin, ih bin da Neamt auf da Welt, ih hab koa Feld und koa Geld, koa Hütterl, koa Kammerl, koa Fensterl g'hört mir, ih bin, ih bin auf da Weit im Quartier!"
„Sonnt sich der Dachs in der Lichtmeßwoch, eilt auf vier Wochen er wieder ins Loch!" So lautet eine alte Bauernregel, die um Lichtmeß einen Blick in das kommende Frühjahr verspricht. So verrückt nun das Wetter oft auch im Jänner war, so verspricht ein trüber Lichtmeßtag ein sonniges Frühjahr. „Lichtmeß im Klee verheißt Ostern im Schnee" und „Wenn's um Lichtmeß stürmt und schneit, ist's zum Frühling nicht mehr weit."
Generationen vor uns haben so den Jahreslauf bedacht und zu Lichtmeß Wachsstöcke und Wetterkerzen weihen lassen. Im Berchtesgadener Land sind eigene „Lichtmeßkerzlein" gebräuchlich, ca. 15 cm lang und 0,5 cm dünn. Diese wurden beim abendlichen Rosenkranz angezündet, und zwar für jedes Familienmitglied eines. Manchmal wurde dabei auch das Orakel befragt. Wessen Kerze als erste in der Runde ausgeht und verlischt, dessen Leben geht als erstes zu Ende. Die von den Kerzen übriggebliebene Dochtasche wurde eingenommen und sollte gegen Halsweh schützen.

3. Februar
„Blasiustag"

In Erinnerung an den Märtyrer Blasius – dessen Name soviel heißt wie der „Lispelnde" oder „Stammelnde" – wird in den Kirchen der „Blasiussegen" über zwei geweihte, schräg gekreuzt vor den Hals gehaltene Kerzen erteilt. St. Blasius gilt daher als Patron gegen Halsleiden und zählt zu den 14 Nothelfern.

„St. Blasius stößt dem Winter die Hörner ab!" Trotzdem: „Soll es im Februar stürmen und blasen, soll das Vieh im Frühjahr grasen."

4. Februar
„Veronika"

Der Kalender erinnert an Veronika von Jerusalem, eine legendäre Frau, die in Verbindung mit einem viel verehrten Christusbild zu einer vom Volk verehrten Heiligen wurde. Die Legende mit dem Schweißtuch wird in verschiedenen Formen erzählt. Nach jüngerer

Veronika mit dem Schweißtuch

Version sei ihr, als sie mit dem Tuch zum Bemalen unterwegs war, Christus begegnet, habe es an sein Gesicht gedrückt und seine Züge ihm eingeprägt. Nach anderer Überlieferung habe Christus, als er ermüdet bei Veronika einkehrte, ein Tuch zum Abtrocknen erbeten und darauf sein Bild hinterlassen. Auch mit dem Kreuzweg wird das Tuch in Verbindung gebracht und Veronika als eine der weinenden Frauen beschrieben, die dem Herrn ihr Tuch reichte um das vom Blutschweiß gezeichnete Gesicht abzutrocknen. Im Mittelalter besaß fast jede Kirche ein derartiges Bild, gestickt oder als Tafel- und Wandmalerei.

Weiberroas

Im Gebiet der größeren Bauerngehöfte im Alpenvorland ist die Zeit um Lichtmeß mit allerlei Lustbarkeiten verbunden, die heute noch in mancher „Weiberroas" lebendig sind. Vergnügliche Unterhaltungen, bei denen die Männer ausgeschlossen sind. Verirrt sich ein Mannsbild in so eine Runde, ist er jedoch ein willkommenes Opfer allgemeiner Spötteleien.

Manchmal verhilft auch die „Habergoaß" zu lustiger Unterhaltung, wenn sie hin und wieder in einer Wirts- oder Bauernstube für Aufregung sorgt. Die Habergoaß ist ihrer Sinngebung nach ein Tier, dessen Bedeutung in mythologische Zeiten zurückreicht. Sie ist immer zu Späßen aufgelegt und bei verschiedensten Brauchtumsereignissen anzutreffen. So neckt sie die Besucher beim Aperschnalzen, erheitert manchen Gast beim Erntetanz und fürchtet sich auch nicht vor den Perchten der Wilden Jagd. Ihre Darstellung ist vielfach gleich, besteht aus einem geschnitzten Geißkopf und einem braungefärbten groben Tuch, unter dem sich meist zwei oder drei Burschen befinden. Begleitet wird die Habergoaß von einem Treiber, der vielfach mit dem Tier seine blauen Wunder erlebt.

„Habergoaß" – eine Brauchtumsgestalt für alle Jahreszeiten

Faschingskrapfen
$^1/_2$ kg Mehl, $^1/_4$ l Milch, 4 Dotter, 50 g Butter, 60 g Zucker, 30 g Germ, Salz, 2 Eßlöffel Rum, abgeriebene Zitronenschale, Vanillezucker und zum Füllen Marillenmarmelade.

Erwärmtes und gesiebtes Mehl mit der zerlassenen Butter, der lauwarmen Milch, dem aufgegangenen Dampfl und den übrigen Zutaten zu einem weichen Teig verarbeiten und gut abarbeiten. Nach dem Aufgehen den Teig auf einem bemehlten Brett 1 cm dick ausrollen und kreisrunde, 6 bis 7 cm große Scheiben ausstechen. Je eine Scheibe mit einem kleinen Löffel Marillenmarmelade belegen und mit einer zweiten Teigscheibe so überdecken, daß die unbemehlten Seiten aufeinander zu liegen kommen. Die Ränder mit der Hand leicht niederdrücken und mit einem kleineren Ausstecher nochmals ausstechen. Nun werden die Krapfen umgedreht und auf einem vorgewärmten Tuch noch einmal gehen gelassen. Sodann werden sie in nicht zu heißem Fett schwimmend ausgebacken. Die untere Seite soll dabei wieder nach oben kommen. Die erste Seite im zugedeckten Gefäß backen, nach dem Umdrehen soll die Pfanne offen bleiben. Zuckern und am besten warm genießen!

5. Februar

Für die Natur sollte es jetzt noch einmal stürmen und schneien, denn es gilt der alte Spruch: „Weißer Hornung stärkt die Felder, und rauher Nordwind im Februar meldet an ein fruchtbar Jahr!" Andererseits heißt es auch: „St. Agatha, die Gottesbraut, macht, daß Schnee und Eis gern taut!"
Agatha, an deren Todestag erinnert wird, war eine Märtyrerin in Sizilien. Ihr Name bedeutet die „Gute", und ihr Bildnis in Kalendern und Kirchen erinnert vielfach an ihren grausamen Kerkertod. Sie trägt zwei Brüste auf einem Teller, die ihr beim Martyrium abgeschnitten wurden. So ist sie Helferin bei Brustkrankheiten. Mit ihr feiern auch Ingenuin und Albuin, die Bischöfe von Säben und Brixen, ihr Namensfest.

6. Februar

„Nimmt sich der Hornung Eis und Schnee, jubelt laut die Dorothee." Dieser Spruch deutet auf gute Jahresaussichten bei einem kalten, schneereichen Februar hin. So meinen auch alte Bauern: „St. Dorothee watet gerne im Schnee!"
Wie bei Agatha berichtet die Legende von einer „heiligen Jungfrau und tapferen Märtyrerin", die ihrem Peiniger ein Körblein mit Rosen und Äpfeln aus dem Paradiese gesandt hat. Dieser soll sich darauf zum Christentum bekehrt haben. Um 300 gestorben, wird sie von den Gärtnern als Patronin verehrt.

„Februar Schnee und Regen deuten an den Gottessegen, wenn's aber der Hornung gnädig macht, bringt der Lenz den Frost bei Nacht!"

7. Februar

Das Namensfest erinnert an Richard, einen König von England, der um 750 gestorben ist. Er war der Vater der hl. Geschwister Willibald, Wunibald und Walburga von Eichstätt.
Die letzten Tage vor der Fastenzeit werden nun ausgiebig genützt, und schon früher galt der Spruch: „Liaber an Mag'n verrenkt, als der Bäuerin was g'schenkt!"

8. Februar

Die Ordensgründer Hieronymus Aemiliani und Johannes v. Matha begehen ihr Namensfest. Hieronymus Aemiliani gilt als Patron der Waisen und der verlassenen Jugend und starb 1537.

9. Februar

„Ist's an Apollonia feucht, der Winter nur sehr spät entweicht."
Dieser Wetterspruch ist mit dem Namen der hl. Apollonia verbunden, die im Jahr 249 gestorben ist. Abgebildet mit einer Kette und einer Zange, soll sie Helferin bei allen Zahngebrechen sein. Die Geschichte erzählt, daß sie sich um Christi willen die Zähne einschlagen hat lassen und daß sie auf dem Scheiterhaufen verbrannt wurde.
Der Februar ist auch die Zeit der Bälle. Für Ballgeschädigte noch ein Mittel gegen Falten im Gesicht: „Die grünen Zapfen der Edeltanne in etwas Wasser auskochen, durch ein Leinentuch oder haarfeines Sieb drücken und abends damit das Gesicht waschen!"
Auch die Buttermilch wurde früher gerne als Schönheitsmittel verwendet; die Haut wird rosig und frisch, kleine Fältchen verschwinden!
„Der Februar hat seine Mucken, baut von Eis oft feste Brucken!"
Mit diesem Spruch wollen wir uns winterlichen Wetteraussichten nicht verschließen, wenngleich eine allgemein gültige Wettererfahrung meint, daß ein zu kalter Februar mit großer Wahrscheinlichkeit einen kalten März und April bedingt.
Eine Lebensweisheit für das allgemeine Wohlbefinden meint dazu: „Gott im Herzen, die Lieb' im Arm lindert Schmerzen und hält fein warm!"

10. Februar

Scholastika steht an diesem Tag in unseren Kalendern, dazu noch Bruno. Scholastica heißt soviel wie „die Lernende"; sie war eine Schwester des hl. Benedikt. Als sie ihr geliebter Bruder einmal im Kloster besuchte, wollte sie seinen Abschied hinauszögern und betete um einen Gewitterregen, der seinen Aufbruch verhinderte. Sie wird seither als Patronin für erwünschten Regen und gegen Blitzgefahr angerufen.

„Wenn's donnert überm kahlen Baum, wird wenig Obst man später schaun!"

11. Februar

In der katholischen Kirche wird an diesem Tag das Mariengedenken in Lourdes gefeiert. (Erscheinung am 11. Februar 1858.)
Im heimischen Brauchtum wird aber zu Bällen und Faschingsveranstaltungen geladen, und in vielen Häusern duftet es nach frischen Faschingskrapfen. Aus Germteig geformt, in heißem Fett herausgebacken, erinnern sie an eine Köstlichkeit, die nach einer Legende 1615 von einer gewissen Cäcilia Krapf in Wien erfunden worden sein soll.
Aber schon 1540 reimte der Meistersinger Hans Sachs: „Ich hab zu Fastnacht euch hierher geladen, daß ihr euch Krapfen holt und Fladen, und heut mit mir wollt Fastnacht halten, dem Brauche nach, dem guten alten."

Langer oder kurzer Fasching
Für alle, die an den Einfluß des Mondes glauben, finden sich in alten Kalendern einige sinnvolle und durchaus beachtenswerte Beobachtungen. Der Mensch vergangener Tage hat nicht nur seine Sä-, Pflanz- und Erntezeiten nach den Mondphasen gerichtet, er hat auch ganz persönliche Entscheidungen mit dem Mondzeichen verbunden: den Arztbesuch, das Schneiden der Haare, das Waschen der Wäsche. 29 Tage, 12 Stunden, 44 Minuten und 3 Sekunden dauert der Umlauf des Mondes um die Erde, der sich dabei manchmal in Erdferne oder in Erdnähe befindet. So zeigt er uns den Vollmond als helle Scheibe, der die Hälfte seiner Reise um die Erde vollendet hat. Der Mondlauf bestimmt aber auch unseren Jahrescharakter und damit die beweglichen Feste im Jahreskreis. So wird Ostern stets am Sonntag nach dem ersten Vollmond im Frühling gefeiert. Der früheste Zeitpunkt ist dabei der 22. März, der späteste der 25. April. Rechnen wir nun die 40-tägige Fastenzeit zurück (ohne die fünf dazwischenliegenden Fastensonntage und den Palmsonntag mitzuzählen), so finden wir im Kalender den Aschermittwoch! Wenn wir nun davon ausgehen, daß bei uns der Fasching nach dem Dreikönigsfest beginnt, so können wir genau die Länge des jeweiligen Faschings bestimmen.

„Wann da Fasching regiert, nacha scheibt si' was z'samm. Is nur schad, daß ma de Regierung nit des ganze Joahr ham!"

Die sieben hl. Väter der Serviten stehen mit Eulalia im Kalender. Dazu heißt es: „St. Eulalia Sonnenschein bringt viel Obst und guten Wein!"

Die sieben Stifter des Servitenordens stammten aus vornehmem Geschlecht, verließen die geschäftige Welt und lebten in brüderlicher Eintracht zusammen. Zur Pflege der Bußgesinnung, der Betrachtung der Leiden Christi und der sieben Schmerzen Mariä gründeten sie 1233 den Servitenorden.

Gerlinde und die heilige Katharina von Ricci feiern ihr Namensfest. Alexandrina von Ricci, geboren im Jahre 1522, war die Tochter eines edlen Florentiners. Im Alter von dreizehn Jahren trat sie in ein Dominikanerinnen-Kloster ein und erhielt bei dieser Gelegenheit den Namen Katharina. Die Legende schreibt ihr die Gaben zu, künftige Dinge vorherzusagen, entfernte und verborgene Sachen zu erkennen und Kranken zur Gesundheit zu verhelfen. Im Umgang mit Leiden und Schmerzen wird sie auch heute noch um Linderung angerufen.

Hildegard von Bingen empfiehlt uns dazu: „Wenn jemand Stechen im Herzen oder an einer anderen Stelle spürt oder in einem seiner Glieder Schmerzen hat, nehme er Mariendistel und etwas weniger Salbei und mache daraus in etwas Wasser einen Saft. Er trinke davon, und es wird ihm besser gehen!"

Auch ein Kristall kann Schmerzen lindern, meint die heilkundige Klosterfrau! Wer im Herzen, im Magen oder im Bauch Schmerzen leidet, erwärme den Kristall an der Sonne und gieße Wasser darüber. Dann lege er den Kristall für eine knappe Stunde in dieses Wasser und nehme ihn danach wieder heraus. Sodann trinke er oft von diesem Wasser, und es wird ihm besser gehen.

Valentin, der Patron der Bienenzüchter, der Reisenden, der Jugend, der Verlobten, der Fallsüchtigen und Gichtbrüchigen, weist uns in die Monatsmitte. Die Sense im Kalender deutet leider nicht auf den heute gebräuchlichen „Blumenschnitt" hin, sondern auf seine Enthauptung unter Claudius Goticus in Rom. Als bekannt wurde, daß Bischof Valentin mehrere Pestkranke geheilt hatte, wurde er nach Rom eingeladen, um einem Verkrüppelten Hilfe zu bringen. Nachdem Valentin auch dieses Wunder zustande brachte, ließ sich die gesamte Familie des Geheilten taufen. Als auch noch der Sohn des Präfekten und andere Edle zum Christentum übertraten, wurde Valentin festgenommen und nach kurzem Prozeß im Jahre 273 enthauptet.

Fahnenabordnungen der Salzburger Schützen

15. Februar

Der 15. Februar ist der Todestag des Salzburger Freiheitskämpfers Anton Wallner. Über sein Geburtsjahr gibt es unterschiedliche Auffassungen, die das Jahr 1758 und das Jahr 1768 benennen.

Volkmar Zobl, der Volksschuldirektor und Kulturvereinsobmann von Krimml, versuchte nun Meinungsverschiedenheiten über das genaue Geburtsdatum dieses Pinzgauers auszuräumen. Aus der Sterbe- und Totenurkunde aus der Pfarre Wien-Alsergrund geht hervor, daß Wallner 1810 im 54. Lebensjahr verstorben ist. Demnach müßte Wallner 1756 geboren sein. In den kirchlichen Matrikeln von Krimml scheint kein Anton als Sohn des Johann Wallner auf, während die anderen Geschwister mit unfehlbarer Regelmäßigkeit alle zwei Jahre aufeinander folgen. Wahrscheinlich war die Mutter bei Verwandten im Pustertal oder auf einer Alm. In Matrei in Osttirol, wo Anton Wallner mit seiner Frau das Aichberggut bewirtschaftete, wird als Geburtsort das Hinterlehen in Oberkrimml angegeben und dazu das Jahr 1768. Dies kann jedoch nicht recht stimmen, da Anton Wallner am 25. Oktober 1785 die Walderwirtstochter Theresia Egger heiratete, und zwar als Besitzer des Hinterlehens in Krimml. Umso mehr ist uns sein tragisches Ende bekannt, das mit einem Wiener Totenschein aus dem Jahre 1810 belegt ist. In den Kriegswirren des Jahres 1809 wurde Anton Wallner von Andreas Hofer mit der Organisation der Salzburger Landesverteidigung betraut und floh nach dem Kapitulationsbeschluß mit einem Hausiererpaß des Wiener Teppichhändlers Ranacher über den Felbertauern nach Mühlbach und weiter nach Wien. Er wurde nämlich vom französischen Divisionsgeneral für vogelfrei erklärt, wobei ein Preis von tausend Gulden auf seinen Kopf ausgesetzt war. Erbost über seine Flucht, verwüsteten die Franzosen Wallners Haus, legten es in Schutt und Asche und zogen am 30. Dezember 1809 aus dem Iseltal ab. Am 13. Februar 1810 erreichte Anton Wallner endlich Wien und wurde von Kaiser Franz für seine Treue mit einem Landgut und mit einer Pension beschenkt. Nach dieser Begegnung mit dem Kaiser kehrte er im Gasthaus „Zur seeligen Dreifaltigkeit" ein. Dort traf er durch Zufall Tiroler Landsleute, die vom Gerücht erzählten, daß Wallners Frau und seine Kinder von den fremden Soldaten ermordet worden seien. Diese falsche Nachricht traf Wallner so schwer, daß er zwei Tage später, am 15. Februar 1810, im Allgemeinen Krankenhaus an Nervenfieber verstarb.

Schützen – Heil!
Die Struktur der Salzburger Schützenvereinigungen ergibt eine dreifache Gliederung in „Garden", bäuerliche „Wehrschützen" und „Festschützen".
Zu den historisch ältesten Schützenformationen des ehemaligen Fürsterzbistums und jetzigen Bundeslandes Salzburg gehören nachweislich die Bürgerwehren. Diese entstanden vor allem in größeren und befestigten Siedlungsanlagen. Neben Repräsentationsaufgaben bei verschiedenen kirchlichen und weltlichen Festlichkeiten sowie bei Empfängen hoher Persönlichkeiten hatten sie auch den wehrhaften Schutz ihres Marktes oder ihrer Stadt zu gewährleisten.
Eine weitere Entwicklungsgruppe bilden die sogenannten „Historischen Wehrschützen", zu denen im Land Salzburg vornehmlich die „Bauernschützen" zählen. Diese entstanden zu Zeiten, in denen eine dringliche Landeswehr gegen anstürmende Truppen notwendig war. Die historischen Ereignisse um 1809 seien hier genannt. In Erinnerung an diese Zeit und im besonderen an die „Vergessene Schlacht am Walserfeld" wurden im Jahr 2000 in der Gemeinde Wals-Siezenheim als 100. Schützenkompanie des Landes die „Walser Landwehrschützen" unter Schützenhauptmann Georg Reiter gegründet.
So entstand auch ein Großteil der heute bestehenden „Historischen Schützenkompanien" erst in unseren Jahrzehnten, in Erinnerung an berühmte Namen und geschichtliche Ereignisse wie z. B. die Historischen Struberschützen in Golling, die Stegerschützen in Flachau,

Auszeichnung verdienter Schützenkommandanten bei der Anton-Wallner-Feier 1987

die Peter-Sieberer-Schützen in Pfarrwerfen oder die Wallnerschützen in Taxenbach. Dazu kommt noch die große Zahl der „Historischen Bauernschützen", die wir vor allem im Pongau, Pinzgau und im Tennengau vorfinden.

Eine dritte Gruppe bilden die Prangerstutzen- und Handböllerschützen. Wir finden sie vor allem im Flachgau, in der Stadt Salzburg und im Tennengau. Dieses festliche Lärmbrauchtum läßt sich ohne Unterbrechung bis in das Jahr 1628 zurück nachweisen.

Bis zum Jahr 1890 waren im Bundesland Salzburg 44 Schützeneinheiten gemeldet. Da eine vereinsmäßige Erfassung erst um die Mitte des 19. Jahrhunderts erfolgte, berufen sich einzelne Schützenkompanien auf ein „landesfürstliches Privileg" und nennen sich daher heute noch „privilegierte, uniformierte" Schützen.

Ab 1970 erleben wir in Salzburg eine überaus große Zahl an Neugründungen; innerhalb von 20 Jahren kamen viele Schützeneinheiten neu dazu, so daß derzeit 101 Schützenformationen mit Stolz ihren Jahrestag feiern können. Sollen aber diese Gemeinschaften mit Sinn erfüllt werden, so muß der Bergriff „Schützen" einen neuen Stellenwert bekommen.

Vieles ist bedroht in unserer Zeit, natürliche Kreisläufe sind unterbrochen, und immer neue Belastungen verändern unsere Lebensgrundlagen. Diese zu erhalten, müßte aber die vornehmste Aufgabe unserer Schützen sein, die damit den wahren Sinn einer Dorferneuerung bewußt machen könnten. Dann wären unsere Salutschüsse und Salven nicht nur Künder festlicher Freude, sondern auch lautstarke Mahner im dringend notwendigen Kampf gegen die Zerstörung unserer Umwelt.

„Nordwinde im Februar melden an ein fruchtbar Jahr." Damit feiern wir das Gedenken an den hl. Siegfried, einen Glaubensboten und Bischof von Schweden. *16. Februar*

Der Kalender erinnert aber auch an Juliana und Philippa und an eine damit verbundene Märtyrergeschichte. Juliana, aus dem Geschlecht der Julier stammend, wurde der Legende nach unter dem oströmischen Kaiser Maximinos hingerichtet. Ihr eigener Vater und ihr Bräutigam hatten sie als Christin angezeigt. Ihre Reliquien befinden sich seit 1207 in Neapel.

Sollte nun der Mond zufällig abnehmen und durch das Schützenzeichen gehen, begünstigt er alles, was mit Entgiftung und Entschlackung zu tun hat. Eine alte Regel meint: „Wenn der Mond im Schützen abnimmt, tun Sie es auch!" Menschen mit Gewichtsproblemen sollten sich diese Tage im Kalender rot anstreichen und

Lebhaft

D' Flachau'a Schütz'n

flachau
b. Altenmarkt

1. d'flachaua Schütz'n san alli kreuzbrave Leit ju-he, valla - rai-tul-jo, valla -djo, tragn dö
Hüatl allglod auf da Seit ju-he, valla - rai-tul-jo valla -djo; Laß mas Stoabier sei, trink maa Seidl Wein, weil in
unsan Landl alls ko frei herei, jo drum dra-dia-vi-dra-la rai-tul-jo - valla rai-tul-jo, valla djo.

2. Heut' an Sunntag geh'n ma in's Schiaßn aus juha, valla rai...., brave Schütz'n bleiman nia zuhaus juhe,r...
s'Herz im Laib hat glacht wia da Böller kracht und da Ziela seine Komplamenta macht, jo drum.

3. Feit' oft a Schütz dö ganze Schaib'n juha, valla rai...., tuet da Ziela seinan Fuchsschwanz traibn juhe,
Schütz'n nur Geduld, s'is glei s'Pulva schuld, trink ma a Seidl Wei, oft wirds glei bessa sei, jo drum....

4. Hiaz is dös Schiaßn wiedrum aus juha, valla rai....., toet (tat) da Ziela seine Lasta aus juhe, valla...,
Schütznkompania geht's nit hoam so früah, weil ma banonda san, lauta guate Freind, jo drum.....

•

Kurz nach dem 1. Volksliedersingen im Jahr 1932, fuhr ich mit Herrn Dr. Curt Rotter, Wien,
zum „Kohlmoaß", meinen Verwandten nach Flachau. Der „Garnhofer", ein Nachkomme
des ältesten Walchhofer-Sohnes, sang uns dieses Liedl vor. - Ich habe es aber erst
später von den Schwestern Mayer, jetzt in Wagrain wohnhaft, aufgeschrieben. Meine
Mutter wußte außer der Melodie nur mehr Bruchstücke davon. Im aufgezeichneten
Volkssatz haben wir das Liedl wieder weiterverbreitet. Tw. n......., 4. Juli 1943.

natürlich auf üppiges Essen verzichten. „Macht nix, wann's koa Fleisch gibt", hat der Knecht zur Bäuerin g'sagt, „Hendln san a guat!" Ein anderer meinte: „Was Guat's zum Ess'n wann i kriag, dann kann i auf dö größt'n Strapaz'n verzicht'n!"

Rupertigau-Aperschnalzen

In den Ortschaften entlang der Grenzflüsse Saalach und Salzach schafft ein Winterbrauch einen besonderen Übergang vom alten in das neue Jahr. Seit dem Stefanitag ist wiederum ein lautes Schnalzen zu vernehmen, wenn Schnalzerpassen von „herent und drent" für das große Rupertigau-Aperschnalzen trainieren, das abwechselnd in Bayern und Salzburg stattfindet.

Über die Entstehung gibt es recht unterschiedliche Auffassungen, wobei das Vertreiben des Winters im Vordergrund steht. Durch Lärm sollen die bösen Mächte der Finsternis und Kälte vertrieben und die schlummernde Saat zu neuem Leben erweckt werden. Im bayrischen Teil des Rupertigaues reichen Geschichten bis in die Pestzeit, und es geht die Mär, daß sich Überlebende des Schwarzen Todes durch lautes Schnalzen bemerkbar machten. Erste Hinweise über das Aperschnalzen findet man um 1730 in Gois, und urkundlich ist dieser Brauch ab dem Jahre 1810 belegt. 1829 wurde in Bayern wegen Ruhestörung sogar ein richterliches Schnalzverbot erlassen, das im Stadtarchiv zu Laufen unter der Zahl 8294 abgelegt ist. Darin richtet Landrichter Kuttner folgendes Schreiben an alle Landgemeinden:

Das sogenannte Faschingsschnalzen artet in verschiedene Mißbräuche aus. Es wird daher folgendes verfügt:

1. Das Schnalzen darf nicht in Ortschaften, nicht an der Straße und nicht in einer Nähe von 500 Schritten an denselben geschehen.

2. Nach dem Gebetläuten abends und während der Gottesdienste ist das Schnalzen gänzlich verboten.

3. Übertretungen dieser Verfügung werden mit Arrest bestraft und Schnalzer nach dem Gebetläuten als Nachtschwärmer und Ruhestörer behandelt.

Bestätigt ist auch, daß 1911 zu Ehren des Erzherzogs Ludwig Viktor je eine Bauern-, Burschen- und Schulknabenpasse aus Siezenheim auf der Schloßwiese in Kleßheim und 1924 Viehhauser Schnalzer beim Festzug in Reichenhall geschnalzt haben. Paul Öschlberger – eine Siezenheimer Schnalzerlegende – erinnert sich:

Beim „Ehrenschnalzen" für Erzherzog Ludwig Viktor am 12. Februar 1911 wurde sein Großvater, der 77 Jahre alte Hörmannbauer, als Vorschnalzer erwähnt. „Der Edei, mein Großvater, hat damals als

Siegerpasse aus Siezenheim, 2001

ältester Schnalzer jedesmal vom Erzherzog einen Golddukaten bekommen!"
Geschnalzt wird mit der sogenannten Goaßl. Diese besteht aus einem
Holzstiel und einem Hanfseil, das sich nach außen verjüngt und mit
schwarzem Pech eingelassen wird. Sie mißt im Regelfall 3½ Meter.
Eine Schnalzerpasse besteht meist aus neun Mann (immer eine un-
gerade Zahl), die zwei Durchgänge schnalzen. Meist ist der kleinste
Mann jeder Passe der sogenannte „Aufdreher". Mit dem Ruf: „Auf-
draht, oani, zwoa, drei, dahin geht's", leitet er das Schnalzen ein. Als
letzter wird stets der kräftigste Bursche zum „Draufschnalzen" eingeteilt.
Beim großen „Rupertigau-Preisschnalzen", das stets mit einem Festzug beginnt, beteiligen sich mehr als 1000 aktive Schnalzer aus Salzburg und Bayern. Sieben Preisrichter beurteilen nach einem Punkte-
system die Leistung jeder Passe. Sie hören die Schnalzer, dürfen sie
aber nicht sehen, um niemanden bevorzugen oder benachteiligen zu
können. Bewertet wird der gleichmäßige Takt und die Lautstärke,
die Höchstpunktezahl beträgt 200. Ein großartiges Erlebnis bieten
„Generalpasch" und „Durcheinander", die den Abschluß eines jeden Preisschnalzens bilden. Als Preis gibt es Urkunden und Bier-
krüge, die in Gaststuben an gut sichtbarer Stelle verwahrt werden.
Der Siegerpasse wird darüber hinaus für ein Jahr die begehrte Wan-

dergoaßl übergeben. So ist es nicht verwunderlich, daß in diesen Tagen und Wochen in jeder freien Minute geschnalzt wird und auch ohne Schnee die Begeisterung in den Schnalzergemeinden groß ist. Im Flachgau und in der Stadt Salzburg gibt es Schnalzergruppen in Anthering, Bergheim, Gois, Liefering, Loig, Maxglan, Muntigl, Siezenheim, Steindorf, Viehhausen und Wals.

„Hiatz is's wieder amoi aus mit'n Fasching sei'm Treibn, hiatz werdn d' Larvna wieda wegto', aber d' Narrn werdn uns bleibn!"

Aschenkreuz und Buße bestimmen nun die Fastenzeit, die von unseren Vorfahren viel strenger gehalten wurde. Im Mittelalter gab es zum Beispiel etwa 100 Sonn- und Feiertage, jedoch 160 Fast- und Abstinenztage. Der Freitag und Samstag waren in der Vorbereitung auf den Sonntag ein Fasttag, und mancherorts galt die Regel, daß drei Bissen Brot und drei Schluck Wasser oder Bier als Tagesration genügten.

Mit Simeon und Konstantia wollen wir einen Blick in den winterlichen Sternenhimmel tun. Auch ihnen wird ein Einfluß auf unser Wetter zugeschrieben. „Flimmernde Sterne bringen Wind sehr gerne", und „Sternschnuppen im Winter in heller Masse melden uns Sturm und fallen ins Nasse". *18. Februar*

„Asche, Pfingsten, Kreuz, Luzei, die Woch danach Quatember sei!" – so prägte man sich früher die Quatembertage ein, die mit der ersten Fastenwoche, der Woche vor Pfingsten, der ersten Oktoberwoche und ersten Adventwoche festgelegt wurden. Mittwoch, Freitag und Samstag sind Quatembertage, die vom Bußcharakter bestimmt werden. „Quatuor tempera" nannte man in Rom diesen Brauch am Beginn der Jahreszeiten. Zu Buße und Fasten paßt auch der heutige Namenspatron Konrad von Piacenza. Nach einem überaus strengen Leben als Einsiedler starb er am 19. 2. 1351. *19. Februar*

„Petrus Damianus" nennt uns der Kalender und die Wetterregel: „Peterstag und Damian, hängt der ganze Frühling dran!" Demnach soll das Wetter an diesem Tag für 40 weitere bestimmend sein. „Läßt der Februar Wasser fallen, so läßt's der März gefrieren!" *21. Februar*

„Petri Stuhlfeier" oder das Fest „Cathedra Petri" erinnert uns an den Apostel Petrus, den Patron der Schiffer und Fischer. Er gilt in der Volksmeinung als besonderer Wettermacher und Himmelspfört- *22. Februar* ner. Von Geburt an hieß er Simon und war wie sein Bruder Andreas Fischer. Jesus Christus hat ihn als Apostel durch den Beinamen Kephas, das hebräisch Fels bedeutet, ausgezeichnet. Im Griechischen wiederum heißt Fels „Petros".

„Weht's kalt und rauh um Petri Stuhl, dann bleibt's noch vierzig Tage kuhl! Hat aber St. Peter das Wetter schön, soll man schon Kohl und Erbsen sän!" Der Termin bezieht sich auf die „Petri Stuhlfeier" in Antiochien, wo Petrus eine Weile residiert hat. Das Fest wurde in Rom im 4. Jahrhundert eingeführt.

„Ist's an Petri Stuhlfeier kalt, weicht der Frost noch nicht so bald!"

Da Salzachfischer

Liaba Petrus, hör mi an: Hilf an schwa hoamgsuachtn Mann!
Laß mi denna da ban Fischn hie und da an Fisch dawischn!
Mir wa' gholfn, i wa' froh, und dir gang er gwiß net oh.
Mach, daß endli oana beißt, der mi wegs in d' Salzach reißt!
Bittschön, schick ma so an Lackl wiar a Wasserbauschinakl,
daß da obn den bledn Affn d' Augn stecknbleibn ban Gaffn
und daß i – dös wa' mei Tram – ahramal in d' Zeitung kam
mit an Fisch, mit an großmächtign, daß mi koana kunnt verdächtign,
daß i 's Fischn net versteh, ja, und daß i lauter Schmäh,
lauter Lüagarein vazähl – is hiaz nachher wiadawöll:
Petrus, alter Fischerknecht, schau, heut geht's ma bsunders schlecht!
D' Leut dort obn wern allweil mehra und die Salzach allweil leera.
Laß oan beißn, mach ma d' Freud, hiatz und in der Ewigkeit.
Amen!

Pert Peternell

24. Februar

„Taut es vor und auf Mattheis, geht kein Fuchs mehr übers Eis" – so weist ein alter Wetterspruch auf das Winterende hin. „Tritt Matthäus aber stürmisch ein, wird bis Ostern Winter sein."
Matthäus galt nach der Apostelgeschichte als Ersatzmann für Judas, predigte in Äthiopien und wurde um 63 von Heiden gesteinigt und mit einem Beil erschlagen. Seine Gebeine sollen durch den Bischof Agricius nach Trier gebracht worden sein und werden in der Abtei St. Matthias verehrt: „Mattheis bricht's Eis; findet er keins, so macht er eins."

St. Matthias, Patron der Zimmerleute, Tischler und Schmiede

25. Februar	Walpurga und Adeltrud feiern ihr Namensfest. Walpurga wird auch die „waltende Schirmerin" genannt und wurde um 710 als Tochter Richards des Angelsachsen geboren. Die Verwandte des hl. Bonifatius wurde vermutlich im Kloster Wimborn in Südengland erzogen und als Missionshelferin nach Germanien berufen. Nach einem wohltätigen Klosterleben verstarb sie am 25. Februar 779 in Heidenheim. Die Walpurgisnacht aus Goethes „Faust" hat mit dieser Heiligen jedoch nichts zu tun!
27. Februar	„Alexander und Leander bringen Märzluft miteinander" – dies ist wohl zweifach zu deuten, denn neben den ersten Frühlingsboten geht nun auch der Hornung zu Ende. Der Namenspatron Leander wird mit der Bekehrung der arianischen Westgoten in Verbindung gebracht und wurde 578 Erzbischof von Sevilla.
28. Februar	Romanus und Lupicin beenden nun den Februar. Die beiden Brüder waren zwei Klostergründer im 5. Jahrhundert. Mit ihrem Tag verbindet sich der hoffnungsvolle Spruch: „Ist St. Roman hell und klar, deutet's auf ein gutes Jahr!"

„Was der Hornung nicht will, das nimmt der April!"
Eigentlich könnte es noch stürmen und winden, denn heftige Nordwinde Ende Februar vermelden uns ein fruchtbar Jahr. Die oft herrlichen Vorfrühlingstage mit Sonnenschein und Vogelgezwitscher können uns aber auch noch winterliche Grüße bedeuten, denn es heißt: „Früher Vogelsang macht den Winter lang."

Zum Schaltjahr
Als im Jahre 46 vor Christus Julius Cäsar seinen „Julianischen Kalender" einführte, legte er das Jahr mit 365 Tagen fest. Dazu fügte er alle vier Jahre einen Schalttag ein. Dies stimmte aber mit der astronomischen Jahreslänge auf Dauer nicht ganz überein, so daß Papst Gregor XIII. im Jahre 1582 eine neuerliche Kalenderreform durchführte. So haben nun nach dem „Gregorianischen Kalender", der bis in unsere Zeit gilt, alle die Jahre einen Schalttag, deren letzte beide Ziffern ohne Rest durch vier geteilt werden können. Die Jahrhundertjahre wiederum sind nur dann Schaltjahre, wenn bei der Division der ersten beiden Ziffern durch vier ein Rest zurückbleibt.

Kraut des Monats: Lindenblütentee
Diesen berühmten krampfstillenden und schweißtreibenden Gesundheitstee verdanken wir den Blüten der großblättrigen Sommerlinde oder der kleinblättrigen Winterlinde. Die Sommerlinde – auch

Frühlinde genannt – blüht in der zweiten Junihälfte, die Winterlinde in der ersten Julihälfte. Neben den Blüten liefert die Linde aber auch gute Anwendungsmöglichkeiten von Blättern, Samen, Rinde, Saft und Kohle. Der aus den schleimhaltigen Blüten gekochte Tee ist stark urintreibend. Mit dem Blattabsud spülte man früher den Mund, da er ein gutes Mittel gegen die Mundfäule bei Kindern ist. Die gekochte Rinde wirkt bei schmerzhaftem Urinieren, und der Saft der im Frühjahr angebohrten Linde reinigt das Blut und „vertreibet Stein und Grind und alle gelben Flecken im Gesicht"! Die Lindenkohle wiederum wirkt fäulnishemmend und zieht Gase und Riechstoffe an sich, fördert die Eßlust und Verdauung. Eine kleine Messerspitze voll Lindenkohlepulver alle drei Stunden genommen, ist appetitanregend und wirkt gegen Sodbrennen.

Lonicero meint im alten Kräuterbuch von 1679: „Die glühende Kohle von Lindenholz in Essig gelöscht und mit Krebsaugen eingenommen, treibt aus das gestockte Blut und ist auch denen, die Blut husten, sehr bequem!"

Schwendtage
3., 6., 8. und 16.

Kleinblättrige Winterlinde
(Tilia cordata)

MÄRZ

Märzenstaub und Märzenwind
guten Sommers Vorbot sind

Nach alter Meinung gilt der März als Wetterverkünder für das ganze Jahr. Er wurde von Karl dem Großen als „Lenzmonat" bezeichnet, war im alten Kalender der Römer der erste Monat des Jahres und dem Kriegsgott Mars geweiht. In diesem Monat beginnt auf der nördlichen Halbkugel der Erde mit der Frühlings-Tagundnachtgleiche am 21. März der astronomische Frühling, der bis zur Sommersonnenwende am 21. Juni dauert.

„Was ein richtiger März ist, soll eingehen wie ein Löwe und ausgehen wie ein Lamm!"

1. März

„Regnet's stark an Albinius, macht's dem Bauern viel Verdruß!" So könnten wir zu Monatsbeginn auch stürmisches Wetter vertragen, uns aber mit dem „edlen Freund Alwin" über einige Sonnenstrahlen freuen.

Der Namenspatron Albin, was soviel heißt wie der Reine oder der Weiße, war ein hoch verehrter Mönch, der um das Jahr 550 starb.

Eine alte Holzregel meint, daß Hölzer, die am 1. März nach Sonnenuntergang geschlagen werden, dem Feuer widerstehen. Jahrhundertealte Gebäude, wie alte Bauernhäuser, Almhütten und Rauchkuchln, weisen oft beständige, rauchgeschwärzte Hölzer auf, die das Feuer ausgehalten haben. Holzkamine überstanden sogar Brandkatastrophen, und viele alte Brotschaufeln zum Einschießen des Brotes in den Backofen haben Generationen überdauert und untermauern diese alte Holzschlagregel.

Vom schon erwähnten „Wies Heinrich" erzählt meine Mutter gerne eine „unheimliche" Geschichte. So soll er gemeinsam mit einem Freund des öfteren bei einer Bauerntochter in der Zauch gefensterlt haben. Nachdem sie aber nicht recht Gehör fanden und außerdem von den Bauersleuten vertrieben wurden, sägten sie zur mitternächtlichen Stunde den hölzernen Kamin an. Dieses geisterhafte Sägegeräusch übertrug sich im ganzen Haus und setzte die Bewohner in Angst und Schrecken.

2. März

Agnes von Böhmen nennt uns der Kalender und verweist mit Karl auf einen alten Wetterspruch: „So wie der 1. März, so der Frühling; wie der 2. März, so der Sommer; wie der 3. so der Herbst!"

Für das Bauernjahr soll der März eher staubig und trocken sein, denn man sagt: „Dem Golde gleich ist Märzenstaub, er bringt uns Kraut und Gras und Laub!"

„Hoch lebe das edle Handwerk der Fleischer und Selcher" –
Dem im August 2001 verstorbenen Erwin Markl, unermüdlicher Motor im Beleben
und Aufspüren alter Traditionen und Bräuche, verdanken wir auch den am Höhepunkt des Faschings abgehaltenen „Metzger-Jahrtag" mit dem berühmten „Metz-
gersprung" als eine Art Mutprobe der Gesellen und freigesagten Lehrlinge.

Astronomisch betrachtet fallen die ersten zwei Drittel des März
noch in den Winter, da ja die Frühlings-Tagundnachtgleiche auf den
21. März fällt. Trotzdem wird er schon als Frühlings- oder Lenzmonat bezeichnet und in Liedern als „Lassing" besungen. Für den
3. März heißt es: „Kunigund macht warm von unt'!" oder „Ist
Kunigunde tränenschwer, dann bleibt gar oft die Scheune leer!" Dieser bedeutende Spruch für das Bauernjahr wurde früher noch mit
der Hoffnung auf einen trockenen März ergänzt: „Läßt der März
sich trocken an, bringt er Brot für jedermann." Kunigunde war mit
Kaiser Heinrich II. vermählt und soll der Legende nach über zwölf
glühende Pflugscharen geschritten sein, um ihre eheliche Treue zu
beweisen. „Wenn es Kunigunde friert, man's noch vierzig Tage
spürt!"
Der Kunigundentag war früher der Tag der Brezenspende, wo man
sich gegenseitig Brezen schenkte. In diesem Zusammenhang wird
auch auf die „Brezensuppe" verwiesen, die mit ungesalzenen Brezen
hergestellt wurde.
Alte Salzburger erinnern sich heute noch, daß in ihrer Kinderzeit
der „Brezenmann" durch die Straßen zog und seine Fastenbrezen
anbot. Schon der Name „Bracelum" weist auf antikes Backwerk hin.

3. März

Die Mönche deuteten die Form als Gestalt des Oberkörpers mit gekreuzten Armen. Das Angebot an Brezen reicht vom Aschermittwoch bis zum Samstag vor dem Palmsonntag.

Eine Besonderheit stellen dabei die „Lungauer Fastenbrezen" dar, die als vorösterliche Gebildbrote durch den Tamsweger Bauern und Bäckermeister Georg Hochleitner eine neue Bedeutung erhielten. Lange Zeit kaum beachtet, werden sie nun auch in der Stadt Salzburg wieder von verschiedenen Bäckereien angeboten.

4. März

Bei kaltem Wetter kann es im März ruhig windig sein, denn die Erfahrung lehrt: „Wenn im März viel Winde wehn, wird's im Maien warm und schön." Der Kalender erinnert an Kasimir von Polen, einen Königssohn, der 1484 gestorben ist. Er gilt als Patron der Jugend und der Keuschheit.

„Essen und Trinken hält Leib und Seele zusammen", und viele überlieferte Weisheiten beziehen sich auf die gesunde Ernährung. Auch der Mondlauf beeinflußt in Verbindung mit den Tierkreiszeichen unseren Speiseplan. Die Aussagen beruhen auf alten Erfahrungen, nach denen unser Körper zu bestimmten Zeiten auf bestimmte Nahrungsmittel in besonderer Weise reagiert. Krebstage im Element Wasser fördern z. B. die Verwertung der Kohlenhydrate, was wir vor allem bei der Trennkost beachten sollten. Wir zählen dazu alle Getreidesorten, Brot, Gebäck und Teigwaren, alle mehlhaltigen Speisen, Trockenobst, Bananen, Rosinen und – Bier!

Zu den Wasserzeichen zählen wir neben dem Krebs auch den Skorpion und die Fische.

Eine beleibte Bäuerin meinte dazu: „Zwoa Sachen muaß ma kinna: ess'n und vergess'n!"

Eine besondere Beachtung verdienen die Erdzeichen Stier, Jungfrau und Steinbock, die im Körper die Salzaufnahme verstärken. Damit steigt natürlich der Durst, mit dem gar manches Übel verbunden ist. „Wenn i dös g'wußt hätt'", hat der Bauer g'sagt, „daß ma 's Wasser a trink'n ko, dann hätt' i mein Hof no!"

Unser Speiseplan sollte an Wurzel- und Erdtagen vor allem vom Wurzelgemüse bestimmt sein, z. B. Kartoffel, Zwiebel und Lauch.

Alle „Linienbewußten" achten besonders bei den Luftzeichen Zwillinge, Waage und Wassermann auf eine magere Kost, da sie die Aufnahme der Nahrungsfette unterstützen. Vergangene Generationen hatten damit aber kaum Probleme, denn es galt oft der Spruch: „Unserna Bäuerin ihr Supp'n is so fett, daß mehr Aug'n einischau'n als wia außer!"

Günstig für unseren Körper wirken sich die Feuerzeichen Widder, Löwe und Schütze aus, denn sie begünstigen in unserer Ernährung die Eiweißaufnahme. Wenn nun der Mond in einem dieser Tierkreise steht, fördert eine eiweißreiche Kost den Zellaufbau und stärkt unsere physische Kraft und geistige Energie.

Viele schwören neben der Ausgewogenheit in der Ernährung auch auf eine entsprechende Abwechslung in Küche und Keller. Dies kann aber manchmal auch zu Enttäuschungen führen: „Da hätt' ma genauso guat dahoam ess'n kinna!" hat der Lehrer zu seiner Frau g'sagt, wia eahm im Gasthaus 's Essn net g'schmeckt hat.

Mit Fridolin hoffen wir nun auf helle Tage, denn ein heiterer März erfreut des Bauern Herz! Alte Wetterpropheten meinen: „So viel Nebel im März, so viele Fröste im Mai, so viele Gewitter im Sommer."

6. März

Nun wäre eine erste Frühlingsahnung günstig, da mit Kälte am „Siebenten" oft ein längerer Nachwinter verbunden ist. Die Märtyrerinnen Perpetua und Felicitas, 202 und 203 gestorben, unterstreichen diese Erfahrung mit dem Spruch: „Perpetua kalt, Winter lang!"

7. März

Seit der Antike ist der Granatapfel – sein Strauch trägt gleichzeitig Blätter, Blüten und Früchte – ein Symbol göttlicher und menschlicher Liebe. Der geöffnete Granatapfel, aus dem die wohlschmeckenden Fruchtkerne quellen, ist das Wappen der Stadt Granada, des Herkunftsortes des Hospitalordens. Stifter dieses Ordens, der bei uns „Barmherzige Brüder" genannt wird, ist Johann von Gott, auf dessen Todestag heute der Kalender verweist.

8. März

Der Kalender nennt uns Franziska Romana als Namenspatronin und meint bei winterlichem Wetter: „Fürchte nicht den Schnee im März, darunter schläft ein warmes Herz!"

9. März

„Wie das Wetter auf die 40 Ritter fällt, 40 Tage dasselbe anhält!" Die vierzig Ritter waren christliche Soldaten, die unter Kaiser Licinius nackt der grausamen Kälte einer Winternacht auf dem Eise eines Teiches bei Sebaste in Armenien ausgesetzt wurden. Einer der Soldaten flüchtete in ein nahe gelegenes Badehaus, um so dem Erfrierungstod zu entgehen. Daraufhin legte ein heidnischer Wächter seine Kleider ab und mischte sich an seiner Stelle unter die Sterbenden. Genannt wird das Jahr 320 nach Christus. Sollte das Wetter aber wider Erwarten schön sein, kann man in diesen Tagen den Aussichten trotz-

10. März
„Tag der vierzig Märtyrer"

dem nicht recht trauen, denn ein alter Spruch meint: „Mit dem Märzen ist nicht zu scherzen!"

„An 40 Märtyrer Blitz, kündigt arge Sommerhitz."

12. März

„Sankt Gregor zeigt dem Bauern an, ob er im Felde säen kann" – so gehen wir nun der Monatsmitte entgegen und freuen uns über gute Wetteraussichten. Geht Gregor hell und klar durch den Tag, so verbinden wir damit die Hoffnung auf ein gutes Obstjahr. „Gregoriwind weht bis Jörgi kimmt!" Damit ist der heilige Georg gemeint, der am 23. April sein Namensfest feiert. Gregor der Große war

Gregor der Große

Papst und Kirchenlehrer und lebte in der Zeit von 540 bis 604. Er gilt als Patron der Gelehrten und Studenten; und er hilft gegen Gicht und Pest, da in seiner Zeit in Rom die Beulenpest ausbrach.

Eine gute Durchwärmung der Beckengegend kann nun Verkühlungen vorbeugen. Auch sollte man am Nachmittag viel trinken. Gemeint sind dabei Blasentees, Wasser und reizarme Getränke. Der Kräutergarten der Natur empfiehlt grünen Hafertee mit Brennessel, Bergfrauenmantel und Johanniskraut.

13. März

„Märzengrün ist bald wieder hin!" So beurteilen alte Bauern den ersten frühlingshaften Anflug und verbinden mit der Märzensonne nur kurze Wonne. Eine Erfahrung lehrt: „Frühes Märzenlaub dient nur dem Frost als Raub!" Wenn also der Frühling nur zaghaft seine ersten Zeichen setzt, ist noch nichts verloren.

Mathilde, die mächtige Kämpferin, feiert ihr Namensfest, das an ihren Tod im Jahre 968 erinnert. Sie war die Tochter eines sächsischen Grafen und mit Herzog Heinrich, dem späteren König Heinrich I., vermählt.

14. März

Wenn man in alten Kalendern blättert, finden wir die unterschiedlichsten Namenstagskinder. So den Longinus, die Luise de Marillar und einen Christoph. Neuere gratulieren dem Klemens M. H. zum Namensfest, wobei M. H. für Maria Hofbauer steht. Er war Kirchendirektor von St. Ursula in Wien, wurde 1751 in Mähren geboren, lernte das Bäckerhandwerk, studierte an der Universität Wien und wurde 1785 zum Priester geweiht. Unter seinem großen Einfluß standen bedeutende Romantiker wie Schlegel, Brentano und Eichendorff.

15. März

Hilarius, Heribert und Zyriakus sind unsere Namenstagskinder. Heribert wurde um 970 in Worms geboren und war schon in jungen Jahren Dompropst. Um 999 war er Erzbischof von Köln. 1021 gestorben, gilt er als Patron für Regen, sein Name bedeutet „der im Heer Glänzende".
Für im Gesicht „Glänzende" nennen uns alte Erfahrungen Hausmittel gegen fettige Haut: „Eine Maske aus zwei Eßlöffel Haferflocken in vier Eßlöffel Milch aufquellen lassen, aufs Gesicht auftragen und 20 Minuten einwirken lassen." Wichtig ist natürlich, diese Maske regelmäßig anzuwenden.
Auch gegen ein müdes Gesicht sollen einfache Hausmittel helfen, z. B. eine Gesichtsmaske aus leicht geschlagenem Eiweiß, die man 20 Minuten einwirken läßt. Ein Eigelb mit Mandelöl und etwas Zitronensaft sowie einer Prise Borax angerührt, hilft gegen Augenfältchen und erfrischt eine müde Augenpartie!
Dazu noch ein Küchentip: „Zwiebeln unter kaltem Wasser geschält, brennen nicht in den Augen, und die Hände bleiben ohne Zwiebelgeruch!"

16. März

Dieser Lostag, der uns in Altenmarkt im Pongau den weitum bekannten „Gertraudi-Markt" bringt, bedeutet für den Winter die letzte Hoffnung. „Friert es an St. Gertrud, der Winter noch 40 Tag nicht ruht!" Ist das Wetter aber schön, führt St. Gertrud die Kuh zum Kraut, die Bienen zum Flug und die Pferde zum Zug.
Das Namensfest erinnert an Gertrude von Nivelles, eine Tochter Pippins des Älteren. Dargestellt mit einer Spindel, an der zwei Mäuse klettern, wurde sie gegen Ratten- und Mäuseplage angerufen.

17. März
„Gertraudi"

Mit ihr teilt sich der hl. Patrick von Irland den heutigen Tag. Als sechzehnjähriger Jüngling wurde er von Seeräubern aus dem römischen Britannien nach Irland verschleppt und als Sklave verkauft. Nach wundersamer Rettung begab er sich zu theologischen Studien auf Wanderschaft und kehrte 432 mit 24 Gefährten als Missionar nach Irland zurück.

18. März

Mit Eduard, Cyrill und Anselm hoffen Bauern und Erholungsuchende auf ein trockenes Wetter; denn gibt's im März viel Regen, bringt die Ernte wenig Segen. Klare Nächte bringen uns aber jetzt auch frostige Stunden, denn ist der Himmel voller Sterne, ist die Nacht voll Kälte gerne!
Eine alte Bauernweisheit meint, daß es um diese Zeit gerne nachwintert, und so gilt auch der Spruch: „Was im März schon sprießen will, verdirbt dir sicher der April!"

19. März
„Josefitag"

Opa,
heut is fei Josefitag!
Opa,
hoaßt net du Josef, ha, sag?
Opa,
ih bin scho a rechta Depp,
Opa,
ih han gmoant, du hoaßast Sepp!
Opa,
du, gell, ih mag dih fei scho!
Opa,
woaßt, daß ih 's Aufsagn schon kann?
Opa,
gell, für a schöns Gratuliern,
Opa,
da tatst ma scho was spendiern?!
Opa,
eh grad a Zehnerl, a zwee.
Opa,
aft kunnt ih zan Krammer geh',
Opa,
weil ih dih goar so gern mag,
drum kauf ih ma was
zu dein' Namenstag!

Das Gedicht vom unvergessenen Flachgauer Dichterfreund Walter Kraus erinnert an den hl. Josef, wobei man schönes Wetter mit der Hoffnung auf ein gutes Jahr verbindet. Josef stammte aus dem Geschlecht Davids, lebte als Zimmermann in Nazareth und wurde zum Nährvater Jesu. Seine kultische Bedeutung erreichte im 19. Jahrhundert den Höhepunkt, als ihn Kaiser Leopold I. zum Schutzheiligen des kaiserlichen Hauses erklärte. Papst Pius IX. erhob ihn darüber hinaus 1870 zum Patron der ganzen Kirche. Seither gibt es viele „Sepp'n" in unserer Gegend, und allerhand Gesellenvereine und Bruderschaften machten ihn zum Schutzherrn. So gilt er als Patron der Familien, Reisenden und holzverarbeitenden Berufe. Als Landespatron beschützt er die Bundesländer Kärnten, Steiermark und Tirol. Durch all die Jahrhunderte war seine Keuschheit ein besonderes Vorbild, die im Kalender und bei vielen Josefsstatuen mit einer Lilie dargestellt wurde. Aus dem Öl der „Josefslilien" wurde in früherer Zeit ein Hausmittel gegen Hautkrankheiten hergestellt.

Mit dem Namenstagskind Irmgard tritt die Sonne in das Zeichen des Widders und bringt uns den Frühlingsanfang. *20. März*
Der Großteil der überlieferten Wetterregeln beschäftigt sich nun mit einer Vorschau auf die Ernte, wobei die meisten einen trockenen März als günstig erachten. Dadurch kommt es zu einer stärkeren Bewurzelung der Pflanzen und einer besseren Bestockung.
„Schnee, der nun im Märzen weht, abends kommt und wieder geht!" Mit diesen eher frühlingshaften Aussichten vertrauen die Bauern in diesen Tagen auf kaltes, winterliches Wetter; denn: „Taut's im März nach Sommersart, kriegt der Lenz noch einen weißen Bart."
Beim Betrachten der gefiederten Geschöpfe sollen wir beachten: „Früher Vogelsang macht den Winter lang!"

Mit dem Namensfest von Alexandra ist es nun Frühling geworden. *21. März*
Alte Kalender erinnern an diesem Tag an den hl. Benedikt, der am 21. März 543 gestorben ist. Als wundertätiger Heiliger hoch verehrt, finden wir ihn auch im bäuerlichen Jahreslauf.
„An St. Benedikt acht wohl, daß man Hafer säen soll."
Eine Vorausschau meint: „Wie das Wetter zum Frühlingsanfang ist, so ist es meist den ganzen Sommer lang!" Mauritius Knauer, der Schöpfer des „Hundertjährigen Kalenders", war ja in der Mitte des 17. Jahrhunderts der Auffassung, daß Gott die Welt im Frühling erschaffen habe!

68

Fangt scho das Fruahjahr an

Frisch

Salzburgisches
Ennstal

(Hahnpfalzlied)

1. Fangt scho das Fruah-jahr o, pfalzt scho da Au-a-hoh, al-les singt al-les schreit bei de-ra schön Zeit.

★

2. Da Hans sagt: hiaz woaß is scho, gema na auf den Hoh, an Irgntag in olla Fruah, do schleich ma eahm zua.

3. Und uma halbezwoa, kimbt da Hans mit sein Gschroa, haut ma dö Tür fast zom, steh' auf in Gotts-Nam.

4. Da Hans moant es wa no Zeit, rast ma mia hab'n no Weil, no pfalzt a nit da Hoh, geh' nach ma uns eas o.

5. Das Hans sagt: Bua hörst den Hoh'? Den Hoh' sag i, hör i scho, tigl-tigl-tigl-tigl-tigl-do so watschlt er's o.

6. Oba hiaz geht's wieda durch die Tax, oba do hoaßt's wix-wax, i spring auf'n Zaun recht schö, do laßt er mi steh.

7. Wia i aufn Zaun so steh, tuat ma mei Fuaß so weh, fang na bald wieda o, jo mei liaba Hoh'.

8. Oba hiaz geht's wieda tigl-tigl-do, i spring vom Zaun gschwind o, zuawö auf a nette Schritt, wohl aufa 20 Tritt.

9. Da Hans moant es wa no z'Nacht, oba do hat's scho kracht, Bua sagter hast den Hoh, den Hoh hon i scho.

10. Sei tuats a mächtiga, a schöna, a prächtiga und dö Zung wia i woaß, is a guat für d'Froas.

11. Da Hans sag: Bua pack den Hoh, schleich ma schö stad davo, dö Amsl dö Drossl singt, jo daß in Wald klingt.

●

Anmerkung: Das Liedl kennt meine Mutter seit ihrer Kindheit, doch im Laufe der Jahre vergaß sie es. - Im Jahr 1936 fiel ihr im Traum die 10. Strophe ein:„ und dö Zung wia i woaß, is a guat für d'Froas". Am Morgen sang sie mir diese Strophe vor und ich nötigte ihr dann alle anderen Strophen ab. - Einige Zeit später kam ich in Radstadt zum Urstöger Pauli, einem großen Volksliedfreund; der das Liedl ganz gleich aufgeschrieben hatte. - Man kann wohl die Enns mit ihren salzburgischen Nebentälern als Heimat des Liedes bezeichnen. - In der vorliegenden Notation hab' ich das Liedl immer mit meinen Eltern und Bruder gesungen.
N........., den 30. Juni 1943 · S.W.

●

Da Teifö und da Toud dö san allwei en Strit, weil da Teifö a Schweaß hat und da Toud nit

Fastenopfer

Mensch und Natur sammeln nun neue Kräfte für den erwachenden Frühling, und heilsames Fasten läutert Geist und Seele. Viele verzichten in diesen Wochen bis Ostern auf alkoholische Getränke und gestalten so ihr persönliches Fastenopfer. Man sollte aber nicht übertreiben und keine allzu strengen Fastengebote als Vorbild nehmen.

So steht z. B. in einem alten Dokument aus dem Jahre 1386: „Es scheint, daß man Gott dadurch versuche, wenn man sich am Fasttage mit drei Bissen Brot und ebenso vielen Schluck Wasser oder Bier für den ganzen Tag begnüge oder abergläubisch so lange faste, bis die Sterne am Himmel gesehen werden."

Diesen „Blick in den Himmel" könnte uns aber auch ein allzu kräftiger Schluck des Fastenbieres vermitteln. „Stammwürze 12,6°, Alkohol 5,2%, mit bestem Hopfen natürlich gebraut und nach dreimonatiger Lagerung zum Genuß empfohlen!" So lautet ein klösterliches Fastenangebot unserer Tage, denn „Flüssiges" unterbricht das Fasten nicht!

Zu allen Zeiten gab es aber Ausnahmen bei den strengen Fastenregeln. So etwa für Pilger und Wöchnerinnen. Sogenannte „Butterbriefe" erlaubten den Gebrauch von Butter und Schmalz gegen Entrichtung eines Fastengeldes. Die Befreiung galt für alle Tage des Jahres mit Ausnahme der Karwoche.

Die vierzigtägige Vorbereitungszeit vor Ostern wird zum erstenmal im Konzil von Nicäa erwähnt. Die „Quadragesima" dauerte vom 6. Sonntag vor Ostern bis zum Gründonnerstag, an dem in Rom die feierliche Wiederaufnahme der Büßer stattfand. In dieser Zeit genoß man – mit Ausnahme der Sonntage – nur eine Abendmahlzeit, verzichtete auf Fleisch und Wein und in manchen Ländern auch auf Eier und Milchprodukte.

Brezensuppe

Eine kleingehackte Zwiebel, Knoblauch, Kümmel in Butter rösten. Wasser dazugeben und aufkochen lassen. Sodann durch ein feines Sieb seihen und mit Salz und Pfeffer abschmecken. Suppe über die in Stücke gebrochenen Brezen geben, eventuell ein Ei dazu und mit brauner Butter abschmalzen. Suppe bei Tisch mit geriebenem Käse und Schnittlauch bestreuen.

Diese Fastenspeise wird im Salzkammergut „Beichtsuppe" genannt. Am Beichttag, „dem einzigen guten Tag in der Fastenzeit", gab es in verschiedenen Gegenden aber auch besondere „Zuckerln". So war dieser Tag ein freier Tag für die Dienstleute, die mit einem Beichtzettel die Teilnahme an der Osterbeichte nachweisen mußten. Um die Besonderheit dieses Tages zu unterstreichen, wurden im Pinzgau auch Honigkrapfen gebacken, das sind Germkrapfen, die mit warmem Honigschmalz übergossen werden.

24. März

„Katharina von Schweden" teilt sich heute mit Aldemar und Gabriel das Namensfest. Sie wurde um 1331 in Finstadt bei Uppsala geboren, war die Tochter der hl. Birgitta und erste Vorsteherin des Birgittenordens. Zum Wetter heißt es: „Wie die letzten Tage im März wird die Herbstzeit allerwärts!"

25. März

Das Fest „Mariä Verkündigung" oder die „Verkündigung des Herrn" steht neun Monate vor Weihnachten im Kalender und leitet sein Datum vom Geburtsfest Jesu ab. Wegen der Fastenzeit ist seine Bedeutung nicht allzu groß, wenngleich früher damit auch die Frühjahrs-Tagundnachtgleiche in Verbindung gebracht wurde. Trotzdem ist in der Bevölkerung ein alter Losspruch üblich: „Mariä Verkündigung kommen die Schwalben wiederum!"

Hl. Maria

„Soviel Tage vor Marien die Frösche schreien, so viel müssen sie nachher schweigen." Diese alte Bauernregel erinnert uns daran, daß wir in der frühlingshaften Vorfreude nicht allzu sehr übers Ziel schießen sollen. Alles braucht seine Zeit, und noch hat der Winter nicht alle Trümpfe verspielt.

So wie wir am 1. Jänner das Hochfest der Gottesmutter Maria feiern, so haben sich bei uns zwei weitere Marienfeste eingebürgert: „Mariä Verkündigung" und „Mariä Himmelfahrt".

Der 1. Jänner, der Oktavtag von Weihnachten, erinnert auch an die Namensgebung Jesu, und am 25. März gedenken wir der Verkündigung des Herrn.

Aus den Gebräuchen im Kirchenjahr erfahren wir, daß diesem Tag auch in Verbindung zur Schöpfung eine gewisse Bedeutung zugekommen ist. Fällt das Fest „Mariä Verkündigung" in die Karwoche, so wird es am Montag nach der Osteroktav nachgeholt. Mit der Liturgiereform von 1969 hat es seinen ursprünglichen Namen „Verkündigung des Herrn" zurückerhalten. Dieses Erinnern an die Menschwerdung des Gottessohnes zeigte sich auch im alltäglichen „Englischen Gruß" der gläubigen Bevölkerung.

Am Morgen, zu Mittag und am Abend riefen im sogenannten „Angelusläuten" die Kirchenglocken zum „Engel des Herrn".

Monsignore Franz Krispler, der hochgeschätzte Pfarrer von Hintersee, übermittelte mir dazu die „Tiroler Läuteordnung", die auch für die Erzdiözese Salzburg gilt.

Anläßlich der Montage der großen Glocke und des elektrischen Geläutes in Hintersee im Jahre 1980 wurde für die Mesnerei folgendes festgesetzt:

Täglich: „Ave"-Läuten (= Gebetläuten): große Glocke
Morgen – 3mal absetzen. Mittag – 3mal absetzen. Abend – 3mal absetzen + 1mal Sterbeglöcklein (Zügenglöcklein, benannt nach den letzten Zügen in der Todesstunde)

Donnerstagabend: „Ave"-Läuten 3mal absetzen + Sterbeglöcklein 1mal absetzen + große Glocke 1mal absetzen (= Todesangstläuten, Ölbergleiden)

Freitag: 15 Uhr: große Glocke etwas länger 1mal (Todesstunde Jesu)

Samstag: 15 Uhr: alle Glocken 1mal etwas länger: Sonntageinläuten. Dies hatte früher auch eine soziale Bedeutung am Bauernhof: die Dienstboten durften mit dem Zusammenräumen beginnen!

Feiertagsläuten: nur vor einem kirchlichen Feiertag! 14 Uhr: alle Glocken 1mal etwas länger. (Die Dienstboten hatten 1 Stunde früher „Feierabend"!) Sollte das Feiertagsläuten auf einen Samstag fallen, weil der Sonntag ein hoher kirchlicher Feiertag ist, muß das übliche Samstagläuten um 15 Uhr ausgeschaltet werden.

Das Samstag- bzw. Feiertagsläuten soll an das Kirchengebot erinnern: „Du sollst an Sonn- und Feiertagen andächtig der heiligen Messe beiwohnen!" (alte Formulierung)

Kartage:
Gründonnerstag: Abendmesse – Gloria: alle Glocken, dann Ratschen wie Läuteordnung
Karfreitag: Ratschen wie Läuteordnung
Karsamstag: Ratschen wie Läuteordnung – Auferstehung – alle Glocken
Gottesdiensteinläuten: 15 Minuten vor dem Gottesdienst – große Glocke 1mal etwas länger. 5 Minuten vor dem Gottesdienst – alle Glocken 1mal etwas kürzer
Sterbeläuten: Sterbeglöcklein 1mal etwas länger: Meldung eines Todesfalles, Sarg wird in das Leichenhaus gebracht.
Taganläuten: 6 Uhr (7 Uhr)
Neujahreinläuten: 0 Uhr – alle Glocken etwas länger 1mal
Adventeinläuten: 18 Uhr – alle Glocken 1mal etwas länger

Bis zum zweiten Weltkrieg gehörte der „Englische Gruß" in weiten Gebieten des deutschen Sprachraumes vor allem in unserer ländlichen Bevölkerung zum festen Bestandteil gemeinsamer Gebete und wurde zusammen mit dem „Betläuten" eine Art „Volksuhr". Heute gehen die Uhren meist anders, wenn es um den Schlaf der Gäste geht, die das Geläute der Kirchenglocken anscheinend kaum mehr ertragen können.
Allemal erfreuen uns aber die „Schneeglöckchen", die als erste Frühlingsboten in Gärten und Auen blühen. Doch auch hier wollen wir mit Bedacht die zarten Geschöpfe betrachten und mit der Lungauer Bäuerin Cilli Pichler sagen:

A schöane Blüah,
ganz glem ban Weg –
dein Hond glong schoan danoch.
Du reißt as ob,
schmeckst amoi dron
und schmeißt as ein in Boch.

Warum loßt du de Blüah nit lebm?
Ah sie hot ins der Herrgott gebm,
damit s' ban Vigeahn jedn gfreit.
Nit glei krod dih –
ah de ondan Leit!
Obgrissn – weckgschmissn!
Verdoucht in der Sunn.
Denk, wos bracht's für a Unheil,
gangst mit an Hechz a so um!

Die Mundartdichterin Cilli Pichler, Franzlbäuerin aus Glanz bei Tamsweg, beim Abnehmen der „Antlaßeier".

Nach dem Wechsel in die „Sommerzeit" beginnt es nun auch in der Natur lebendig zu werden, die Bodensäfte steigen nach oben, und die ersten „Winterschläfer" strecken sich in ihren Nestern: Hamster, Haselmaus und Siebenschläfer! Sie hoffen, daß auf einen unfreundlichen März eher ein freundlicher April folgt!
Ein Losspruch sagt: „Hat's in der vergangenen Mariennacht gefroren, so werden noch vierzig Fröste geboren!"

„Ist an Ruprecht der Himmel rein, so wird er's auch im Juli sein!" *27. März*
Alte Kalender nennen nämlich neben Haimo und Frowin auch den hl. Rupert, der am 27. März – dem Ostersonntag des Jahres 718 – gestorben ist.
Eine Gartenerfahrung lehrt: „Was im März schon sprießen will, das verdirbt dir der April!"
Märzennebel sollen in 100 Tagen Regen bringen, sagen alte Bauern und Wetterbeobachter.
Sollte sich in günstigen Lagen das erste Grün zeigen, so wären junge Schafgarbenblätter – kleingeschnitten und mit heißem Wasser übergossen – ein Gesundbrunnen gegen Blasenmuskelschwäche.

Einem sonnenscheinarmen und zu kalten, also unfreundlichen März folgt mit großer Wahrscheinlichkeit ein sonnenscheinarmer und zu kalter, also unfreundlicher April. Doch wie uns ein alter Spruch bedeutet, tut dieser sowieso, was er will!

Mit der gleichen Wahrscheinlichkeit folgt einem regenreichen März ein trockener Sommer. Sollte es in diesen Tagen noch ergiebig schneien, so denken wir an den alten Spruch: „Unter dem Schnee Brot, unter dem Wasser Hunger!"

28. März

Mit dem Namensfest Guntram nennen alte Kalender den Namen Johann Capistran, einen eifrigen Prediger, der um 1456 gestorben ist. Wetterregeln und Lostage aus dieser Zeit sind mit Vorsicht zu genießen, da sie sich noch auf den „Julianischen Kalender" beziehen. Dieser war bei der Kalenderreform im Jahre 1582 um 10 Tage im Rückstand. Im 15. Jahrhundert um 9 Tage, im 14. Jahrhundert um 8 Tage und so weiter.

29. März

Ludolf, Eustasius und Berthold sind unsere Kalenderheiligen.

„Eustasius" bedeutet soviel wie „der Festgebaute"; er stammte aus Burgund. Als Schüler des hl. Kolumban folgte er diesem in seiner Missionstätigkeit nach Bregenz.

Berthold von Kalabrien war um das Jahr 1155 Einsiedler auf dem Berg Karmel und wurde später Oberer einer dort lebenden Eremitengruppe. Daraus entwickelte sich später der Karmeliten-Orden. „Berthold" oder „Bertold" heißt übersetzt „der glänzende Herrscher".

Eine Wetterregel meint: „Der März am Schwanz, der April ganz, der Mai neu halten selten die Treu!"

Trotzdem erlaubt das Wetter am Monatsende eine Vorschau für den Herbst: „Wie die letzten Tage im März, wird die Herbstzeit allerwärts!" Erste Donner im Frühling sollten überdies jene Richtung anzeigen, aus der im Sommer die gefährlichsten Gewitter kommen!

Kraut des Monats: Löwenzahn

Der Volksmund nennt ihn Augenwurz, Kuhblume, Mönchskopf oder Saublume.

Gesammelt wir er in seiner Blütezeit vom Frühjahr bis in den Herbst, wobei der dicke, außen schwarze Wurzelstock einen bitteren Milchsaft enthält. Die 10–30 cm hohen Blütenstengel sind hohl, die Körbchenblüte ist gelb. Die langen, schmalen Blätter stehen kranzartig am Boden und sind an beiden Seiten wie große Zähne eingeschnitten. Daher der Name Löwenzahn.

Die Frühlingswurzel ist besonders reich an Salzen und Eiweiß, die Herbstwurzel hat einen hohen Insulingehalt und ist daher für Diabetiker sehr zu empfehlen. Der Aufguß des Krautes zusammen mit der Wurzel oder auch der Absud der Wurzel allein – etwa 4 Eßlöffel auf ¹/₂ Liter Wasser – ist ein altbekanntes Hausmittel gegen Leberleiden, Gelbsucht und Verstopfung; er wirkt schweißtreibend und kräftigend. Heilkundige empfehlen den Wurzelabsud als vorzügliches Blutreinigungsmittel, wie auch bei Darmträgheit, Nierenerkrankungen und Hautekzemen, bei Krampfadern und Hämorrhoiden.

Schwendtage
13., 14., 15. und 29. des Lenzmondes

Löwenzahn
(Taraxacum officinale)

APRIL

April, dein Segen heißt Sonne und Regen

„Wenn der April stößt rauh ins Horn, so steht es gut um Heu und Korn" – dieser Spruch läßt uns den oft zitierten Wankelmut des Aprilwetters leichter ertragen. Dazu finden wir einen sprichwörtlichen Vergleich: „Aprilwetter und Kartenglück wechseln jeden Augenblick!" Die Wetterbegründung dafür liefern uns die Meteorologen, die auf die Temperaturunterschiede zwischen dem schon erwärmten europäischen Kontinent und der Kaltluft im Polargebiet hinweisen. Für Feld und Garten ist das wechselhafte Wetter jedoch ideal, da die Saat Regen und Sonnenschein braucht. Hugo von Grenoble und Irene eröffnen mit ihrem Namensfest den „Ostermond", der von Karl dem Großen auch „Grasmonat" benannt wurde.
Der Name „Aprilis" stammt von dem lateinischen Wort *aperire*, das heißt öffnen, weil der Boden sich dem Wachstum öffnet.

Pert Peternell beschrieb den April, dessen Wankelmut uns so manche Überaschung bringen wird:

April, April,
tuat, was er will,
tuat, was er muaß.
Und schickt an Gruaß
die Fruahjahrssunn,
rinnt glei a Brunn,
a recht a loba,
vom Himmel oba.
Und oamal schneibt's
und nocha bleibt's
a Zeitl warm,
und alle Farbn
san wieda frischa.
Drauf mit oan Wischa,
is d' Sunn vadeckt
und alls vasteckt.
April, April,
tuat, was er will,
tuat, was er kann –
und 's Blüahn fangt an.

1. April

Oft gleicht ja das Wetter einem „Aprilscherz", den man vor allem mit dem 1. April verbindet. Dieser besondere Brauch, bei dem man Bekannte und Verwandte an der Nase herumführt, ist bei allen indogermanischen Völkern verbreitet und bei uns wohl über 200 Jahre

bekannt. Lange Zeit hindurch war der 1. April ein „Schwendtag", an dem man nichts Neues beginnen durfte. An solchen Tagen schwindet die Kraft, und alles, was man beginnt, ist glücklos.
Den Grund für das „Pech" und warum der 1. April ein schwarzer Tag sein soll, finden wir in vielen Legenden. So heißt es z. B., daß Judas am 1. April geboren sei, nach einer anderen Meinung soll sich der 13. Apostel am 1. April erhängt haben, und in alten Passionsspielen schickte man Jesus von Pontius zu Pilatus.

2. April

„April, April, tut, was er will" – so wollen wir uns auf seine Launenhaftigkeit einstellen.
Sein Namensfest feiert Franz von Paula, der um 1436 in Kalabrien geboren wurde. Als Einsiedler mit strenger Askese gründete er in Cosenza ein Kloster und den Orden der Eremiten vom hl. Franz von Assisi. Heute nennen sich die „mindesten Brüder" Minimen oder Paulaner.

3. April

Der Kalender nennt uns Richard von Chichester, einen segensreichen Bischof um das Jahr 1244. Vor allem seine Fürsorge für Arme und Kranke ist uns überliefert.
Auf Blumen und Obstbäumen drängen nun die knospenhaften Blüten zur Entfaltung, womit wir jedoch frostige Sorgen verbinden.

4. April

„Auf mein' Sunnangerl ent kemmand d' Oarkräutl zwegn,
und ban Zaun hon ih go 's erschte Veigei dersehgn.
Und des zoagg schön stad on, wous der Lasseng oes konn!"
So beschrieb die Werfner Mundartdichterin Nandl Pichler die Tage um Ostern, die natürlich den wetterwendischen April einschließen. Trotz manchem Schneegestöber ist der Frühling spürbar, und die österliche Zeit führt uns mit dem Palmsonntag in die Karwoche. Diese Bezeichnung leitet sich von *kara*, von Sorge und Kummer, ab und erinnert an das Leiden Jesu. Vorerst denken wir aber im „Palmbuschenbrauch" an den festlichen Einzug in Jerusalem: „Gesegnet sei der König, der kommt im Namen des Herrn" – so betet die Christenschar am Palmsonntag. Dazu heißt es: „Wenn's am Palmsonntag regnet, hält die Erde keine Feuchtigkeit."
Palmprozessionen sind seit dem 8. Jahrhundert belegt und in manchen Gegenden mit spielhaften Elementen verbunden. Der Ritt auf dem Palmesel, das Mitführen einer lebensgroßen Palmeselgruppe und farbenprächtige Prozessionen haben sich durch die Jahrhunderte erhalten. So zum Beispiel bei uns in Thomatal, Hintersee oder Puch. In Puch im Tennengau tragen vier Burschen eine Eselfigur von

Palmsonntag in Puch im Tennengau

98 cm Höhe und 138 cm Länge, die wahrscheinlich aus dem 17. Jahrhundert stammt. Die dabei mitgetragene Christusgestalt ist 77 cm hoch. Die Überlieferung besagt, daß der Palmesel von Puch ehemals in Hallein war, von dort heimlich in die Pfarrfiliale nach Puch kam und 1785 am Dachboden des „Kollerbauern" versteckt wurde. Den Aufklärern war der Palmesel und das damit verbundene Gepränge ein Dorn im Auge, und ein Gebot des Erzbischofs befahl, diese Figuren zu vernichten. Karl Adrian berichtet, daß der Palmesel von Puch noch 1924 das Jahr über beim Kollerbauern aufbewahrt und am Samstag vor dem Palmsonntag von den Ortsbewohnern abgeholt und in die Pucher Pfarrkirche gebracht wurde.

Eine besondere „Eselei", wie es der Geistliche Rat Pfarrer Valentin Pfeifenberger nennt, gibt es in Thomatal im Lungau. Hoch über Achtzig, bestieg er auch heuer wieder „seinen" Esel, um mit den Gläubigen in die Kirche einzuziehen und während der Meßfeier ergreifend und glaubhaft den „Goldenen Vaterunser" zu beten.

Palmzweige galten in der Antike als Zeichen des Lebens, der Hoffnung und des Sieges und sind darum Attribute der Märtyrer. In südlichen Ländern weihte man statt der Palmen Ölzweige, in nördlichen Gebieten meist Weidenkätzchen. Zu den Palmkätzchen gehören bei uns mehrere immergrüne Zweige, die die segensbringende und unheilabwehrende Wirkung verstärken sollen. Dazu zählen wir Buchs, Eibe, Kranewitt, Zeder, Schredler oder Stechpalme, Segen und Haselstock. Natürlich ist damit auch manch Aberglaube verbunden, der als überlieferte Gewohnheit weiterlebt. Unter den Dachfirst gesteckt, hält der Palmzweig böse Gewalten vom Haus, ein Zweiglein in die Herdglut geworfen, soll Übel und Gefahr vertreiben, und geschluckte Palmkätzchen sollen sogar von Halsschmerzen befreien.

Bei Palmbuschen oder Palmstangen gibt es landschaftsgebundene Größen und Formen. Im Lungau und in der benachbarten Steiermark sind oft meterlange Palmstangen bekannt; im Flachgau werden oft mehrere Buschen zusammengebunden und über der Schulter getragen. Auf jeden Fall ist es ein Vorrecht der Jugend, die Palmbuschen zur Weihe zu tragen, wobei für den „Palmträger" erste Ostereier als Geschenk vorbereitet sind.

Nach der Palmweihe, die meist außerhalb der Kirche stattfindet, führt die Prozession zur hl. Messe, in der die Passion vorgetragen wird. Die geweihten Palmbuschen werden nun als Symbol der frühlingshaften Wachstumskraft in Wiesen, Felder oder Gärten gesteckt, um nach dem Volksglauben ihre segenbringende Wirkung zu entfalten. In manchen Gegenden gehen die Palmbuschenträger vorher noch dreimal um das Haus, um alles Ungute abzuhalten.

Palmeselritt in Thomatal

Aus Weißpriach im Lungau ist dabei folgender Spruch überliefert: „Heilige Philomena, beschütze unser Haus vor Ungewitter, Hagelschlag, Geierschnabel und Iltisgestank. Amen."

Der „Palmesel", und zwar jener Langschläfer, der diesen Beinamen seit dem Palmsonntag trägt, hat am Gründonnerstag eine besondere Aufgabe.

Der Pinzgauer Brauchtumskenner Volkmar Zobl hat dazu eine Erinnerung von Ida Steger festgehalten: Der „Palmesel" mußte am Gründonnerstag die „Eierkräutl" zum Eierfärben suchen und sammeln. Die Eier wurden nur mit Zwiebelschalen gefärbt, die verschiedenen aufgelegten Kräuter ergaben ein schönes weißes Muster. Wer jedoch am Gründonnerstag, am sogenannten „Weichnpfinztag", als letzter aufstand, war im Oberpinzgau der „Karpfinstagglaggl". Glaggl sind Lärminstrumente, ähnlich der Ratschen, die nun die Glocken ersetzen. Diese „fliegen" ja nach dem Gloria nach Rom zur „Glockenwäsche" und kommen erst am Karsamstag wieder zurück.

Der Begriff „Pfinztag" für die Donnerstage ist uns aus dem Mittelhochdeutschen überliefert. Die Bezeichnung „Antlaßtag" bezieht sich auf die Entlassung aus der öffentlichen Buße. Im bäuerlichen Bereich werden die an diesem Tag gelegten Eier auch heute noch

„Antlaßei" als Schutzsymbol im Franzlgut bei Tamsweg

„Antlaßeier" genannt und gelten als Fruchtbarkeits- und Heilssymbol. Ein Antlaß-Ei im Acker vergraben, soll eine reiche Ernte bringen, im Stall das Vieh beschützen und unter dem Dachfirst den Blitz abwehren.

Im Lungau werfen auch heute noch so manche Bauern drei Antlaßeier über das Dach des Gehöftes, um damit drohende Gefahren abzuwenden. Aus dem Oberpinzgau ist weiter überliefert, daß jeder Krimmler Bursch (nicht nur die Ministranten) einen selbst gebastelten Glaggl hatte, mit dem im ganzen Ort von früh bis spät geglagglt wurde.

Am Gründonnerstag war es seinerzeit auch Brauch, daß die Ministranten „strumpfsockig" ministrieren mußten. Sie erinnerten damit die Gläubigen, daß an diesem Tag Jesus seinen Jüngern die Füße gewaschen hat. In der Kirche wurde vor dem Altar das „Bußkreuz" auf den Boden gelegt, natürlich auf ein schönes weißes Leintuch. Nun war es Brauch, daß die Bauern Roggen und Weizen in die Kirche brachten und neben bzw. auf das Kreuz schütteten. Dieses Getreide gehörte dem Pfarrer und dem Mesner, die somit das ganze Jahr mit Mehl versorgt waren. Der eigentliche Sinn dieses Getreideopfers war, daß die Äcker und Felder vor Unwetter verschont bleiben sollten.

„Ist der Grüne Donnerstag weiß, so ist der Sommer heiß." Die Bezeichnung „Grün" wird vom mittelhochdeutschen „greinen" (= weinen) abgeleitet, mit grünen Speisen oder an diesem Tag gebräuchlichen grünen Meßgewändern in Verbindung gebracht.

Nun beginnen die drei heiligen Tage, und die Gebetszeiten werden von den Ratschenkindern angezeigt: „Wir ratschen, wir ratschen den englischen Gruaß, den jeder katholische Christ beten muaß. Fallt's nieder, fallt's nieder, fallt's auf die Knie, bet's drei Vaterunser und Ave Marie!"

O Mensch, bedenk

Still und betroffen erlebt der gläubige Mensch nun diese Tage in der Karwoche. „O Mensch, bedenk, ins Herz versenk, wie Gott so willig für dich stirbt!" So erinnert uns ein alter Passionstext, den Cesar Bresgen mit seiner unverkennbaren Musik verbunden hat, an die Leidensgeschichte des Herrn. In Großarl geben in der Nacht auf Gründonnerstag die Bauern ein besonderes Zeichen ihrer Gläubigkeit und gedenken im stündlichen „Ölbergsingen" des Leidens Christi. An die dreißig Männer sind es, junge und alte, die sich um dreiviertel acht am Abend im Pfarrhof einfinden. Nach einem Willkommensgruß durch den Pfarrer treten sie aus dem Haus, begeben sich auf den Friedhof und erwarten im großen Kreis das Schlagen der Kirchturmuhr.

Kaum ist der letzte Schlag der achten Stunde verklungen, beginnt der Vorsänger mit seinem Gesang: „Merkt auf, ihr Herrn, und laßt euch sag'n: Hat 8 Uhr g'schlag'n." Die Bauern antworten nun mit der ersten von neun Strophen eines zweistimmigen Liedes, welches das Leiden Christi schildert. „Um achte betrachte zum Ende der Fasten, daß Jesus keinen Augenblick nicht mehr kann rasten. Am Ölberg er sitzet, Blut und Wasser er schwitzet. Nur dieses betracht, diese Nacht! Hat acht Uhr g'schlag'n." Nach dieser Strophe führt der Weg vom hoch gelegenen Friedhof hinunter in den Ort, wo sich an sechs vorgegebenen Plätzen dieser Text wiederholt. Von 8 Uhr abends bis 4 Uhr früh harren sie aus, um allstündlich eine Strophe ihres Passionsliedes zu singen.

Am Karfreitag sind es die „Dorfer" oder „Marktler", die Bewohner des Ortes, die diesen uralten Brauch ausüben. Dabei werden die Ereignisse nach dem Kreuzestod besungen, und es wird auf das Licht der Auferstehung verwiesen.

„Am Karfreitag trauert die Sonne bis drei Uhr nachmittags", heißt es, und: „Regen am Karfreitag gar, zeigt uns an ein fruchtbar Jahr!"

Die evangelischen Christen begehen den Karfreitag als den höchsten Feiertag und den wichtigsten Abendmahltag im Kirchenjahr.

So wird der Todestag Jesu als besonderer Lostag empfunden.

Das letzte Familienmitglied, das an diesem Tag das Bett verläßt, wird als „Karfreitagsratschn" bezeichnet. In manchen Gegenden bekommt diesen Titel der, der als erster den Mund „aufmacht".

Heilige Gräber

Der Karfreitag und der Karsamstag gelten als die Trauertage der Kirche. Dabei haben sich aus der Barockzeit Darstellungen der Grablegung Christi erhalten, die als „Heilige Gräber" viel besuchte Orte des stillen Gebetes sind.

Der kunstsinnige Tennengauer Landtagsabgeordnete Mag. Michael Neureiter gründete im Jahr 2000 eine „Initiative heilige Gräber", die dazu führte, daß in fast allen Pfarrkirchen des Tennengaues und in vielen Orten des Landes diese barocken Zeugnisse der geistigen Vertiefung wieder anzufinden sind. Das bedeutendste Beispiel dieser überlieferten Volksfrömmigkeit finden wir aber in der benachbarten bayerischen Pfarre Anger: Seit 1652 ist in der einstigen Stiftskirche Höglwörth ein „Herrengrab" nachgewiesen, das später durch ein erzbischöfliches Verbot in Vergessenheit geriet. 1840 beschlossen drei Bauernsöhne, das Grab neu zu errichten, und durch spätere Zubauten füllt es nun den gesamten Altarraum. Schier eine Woche dauern die Aufbauarbeiten, und an die 25 Personen sind dabei beteiligt. Nach römischer Anweisung soll das Geheimnis des Karsamstages durch ein Bild Christi – im Grab ruhend – veranschaulicht werden. So erstrahlen im Jahre 2004 wiederum bis zu 60 Liter fassende bunte Glaskugeln rund um das Grab in Höglwörth, die von hinten mit Öllichtern beleuchtet werden. Dazu kommen noch 50 Lampen am Kreuz und über 100 seitliche Ölleuchten. Grabwächter, Kreuz und Sonnenrad gehören genauso zum überlieferten Bild wie ein Springbrunnen als symbolhafter Quell des Lebens, der früher natürlich von Hand betrieben wurde.

Das „Heilige Grab" in der Stiftskirche St. Peter ist die größte und prächtigste Anlage im Lande Salzburg. Mit viel Liebe und Einfühlungsvermögen wird es seit 1997 vom Benediktinerbruder Gerhard Hofinger aufgestellt und geschmückt.

„Heiliges Grab" in der Stiftskirche St. Peter

Osterfeuer und Feuerheimtragen bestimmen in vielen Orten des Landes den Karsamstag. Vor allem im Lungau künden weithin sichtbare Osterfeuer von Tod und Auferstehung und erinnern an einen alten Ritus im Altertum. Dabei wurden die offenen Feuer an bestimmten Tagen im Jahr gelöscht und wieder neu entfacht. Das neue Feuer wird in die Häuser gebracht und soll Glück und Segen bringen. Im Pinzgauer Saalachtal schwingen die Kinder glühende Baumschwämme und bringen so das geweihte Feuer nach Hause.

Osterhase – Osterei
Im Korb der geweihten Speisen fehlen auch in unserer Zeit die bunten Ostereier nicht, die seit dem 17. Jahrhundert vom „Osterhasen" gebracht und versteckt werden. Hase und Ei sind alte Opfergaben der vorchristlichen Menschen und gelten gleichermaßen als Fruchtbarkeitssymbol. Erstmals nennt uns 1615 ein Straßburger Handwerksmeister bemalte und verzierte Ostereier und beschreibt sie so: „Man verguldets, man versilberts, man belegts mit schönen Flecklein und macht allerhand Figuren darauf, man malts auch und ziehrts mit schönen Farben und verehrt es hernach ein guter Freund dem andern."
Solche Gaben können manchmal auch mit einem scherzhaften Sinnspruch verziert sein, wie uns Annette Thoma überliefert hat: „In treuer Liebe war ich Dir gewogen, Du hast mich mit der Anna Schmied betrogen!"
Alten Überlieferungen zufolge wurden die Ostereier ursprünglich in der Lebens- und Zauberfarbe Rot gefärbt und sind in dieser Farbe wohl auch heute noch ein besonderer Liebesbeweis.
Genauso wie unsere Liedtexte, die oft bei Frühlingssingen erklingen. Auch als Ausdruck der fünfzigtägigen liturgischen Freudenzeit zwischen Ostern und Pfingsten. Im 4. Jahrhundert, zur Zeit des hl. Augustinus, waren die ersten acht Tage der Osterzeit sogar arbeitsfrei, und die zu Ostern Getauften trugen bis zum darauffolgenden „Weißen Sonntag" ihre weißen Taufkleider.
Besonders kunstvolle Ostereier konnte man immer im Ausstellungszyklus „Kulturwege" im Salzburger Heimatwerk bewundern. Der Gedanke, dem Ei eine besondere Bedeutung beizumessen, ist bei den meisten Völkern so alt wie die Betrachtung des Eies als Sinnbild der Schöpfung überhaupt.

Mächtige Kastentürme geben das Grundgerüst für die
Lungauer Osterfeuer

Kunstvoll verzierte Ostereier aus dem Salzburger Heimatwerk

Eierspiele

Wie viele vergnügliche Spiele, so sind in unserer Zeit leider auch die Eierspiele in Vergessenheit geraten: das „Eierpecken", „Buttenwerfen" oder „Eierscheiben". Beim „Buttenwerfen" wird das Osterei in eine kleine Grube gelegt und mit dem geschickten Wurf eines Geldstückes die Schale eingeschlagen. Dabei verliert man entweder das Geldstück oder gewinnt das Ei! Beliebt war vor allem das „Eierscheiben", bei dem man das Ei eines Mitspielers treffen sollte. Dazu verwendete man häufig zwei parallel zusammengelegte Rechen und ließ die Eier über die beiden Rechenstiele hinunterrollen.

Gonesrennen

Der Ostermontag bringt uns in Wölting bei Tamsweg einen vergnüglichen Brauch, das „Gonesrennen". Es ist dies ein einmaliges und lustiges Fangspiel, das, umrahmt von der Wöltinger Dorfmusik, Jung und Alt mit einschließt. Dazu stellen sich die Paare in einer Reihe auf, wobei der erste in der Reihe keine Partnerin hat. Er wird als „Gones" (Gänserich) bezeichnet und versucht nun, das Mädchen des letzten Paares einzufangen. Gelingt es ihm, kann er den „Gones" an den Burschen abgeben. Die Wurzeln dieser lustigen Unterhaltung führen in die Zeit der Gemeinschaftsweide, wo so manche Gans das Weite suchte.

Neben Isidor benennen alte Kalender den hl. Ambrosius, der gerne den Bauern auf den Fuß schneit. Dafür hat man aber mit einem schönen Ambrosius einen schlechten St. Florian im Mai verbunden. Ambrosius zählt zu den vier großen Kirchenlehrern der Frühzeit. Er war Bischof in Mailand und starb am 4. April 397.

5. April

„Ist zu Vinzenz Sonnenschein, so gibt es viel und guten Wein!" Damit meinen wir den heutigen Kalenderheiligen Vinzenz Ferreri, einen Dominikanerpater, der um 1350 zu Valencia geboren wurde. Als einer der bedeutendsten Bußprediger des Mittelalters zog er zehn Jahre durch die romanischsprachigen Länder Europas, von Katalonien bis in die südliche Schweiz. Neben den Weinbauern hofften aber auch die „Troadbauern" vergangener Jahrhunderte auf schönes Wetter und meinten: „Vinzenz Sonnenschein, bringt viele Körner ein."

6. April

„Der April macht alle Tage neunmal sein Spiel."
Nachdem nun mit Sixtus die ersten Obstbaumblüten ihre frühlingshafte Pracht entfalten, ist es günstig, wenn sich der Mond hinter

Wolken versteckt; denn: „Heller Mondschein im April gibt an Wein und Obst nicht viel!"

Veränderliche Wetteraussichten können aber noch manchen „Stauber" bringen, und die Lungauer Bäuerin Cilli Pichler meint:

„Es hobb mih mei Lond, wonn's daußt graupet und schneib,
wonn der April mitn Wetter recht Schindluader treib.
Und is ah schoa Lasseng, tuat der Ofn noch guat,
ich wocht aufn Sunnschei, der rieglt ma 's Bluat!"

---

11. April

„Auf nassen April folgt ein trockener Juni" – dieser Spruch läßt uns auch naßkaltes Wetter leichter ertragen. Alte Kalender erinnern neben dem Krakauer Bischof Stanislaus auch an St. Leo, den großen Papst und Kirchenlehrer, der den Hunnenkönig Attila von der Eroberung der Stadt Rom abgehalten hat.

---

12. April

Julius I. feiert seinen Namenstag, dazu erinnert der Kalender auch an Zeno und Herta. In der Natur beobachten wir nun mit Freude das erste Austreiben der Blätter, wobei uns der Hollerstrauch ein guter Wetterprophet ist; solange er nämlich nicht „ausschlägt", ist noch Frost zu befürchten.

Unser Mundartdichter Walter Kraus sagte einmal scherzhaft: „Ja, im Fruahjahr schlagn de Bam' aus, so geht a uralte Red, und wann s' de richtig'n treffat'n, wa' des gar nit so bled!"

---

14. April

„Ein Wind, der von Ostern bis Pfingsten regiert, im ganzen Jahr sich wenig verliert", und: „Ist der April windig und trocken, läßt er uns das Wachstum stocken!" Am Namensfest „Tiburtius" sollen nun alle Felder grünen und der Frühling den Winter endgültig besiegt haben.

„Bauen im April schon die Schwalben, gibt's viel Futter, Korn und Kalben!"

---

18. April

Apollonius teilt sich das Namensfest mit Mechthilde und Herluka. Trinkkuren, besonders im abnehmenden Mond, sollen uns jetzt zu Entschlackungen verleiten.

„Im Feber trink 's Wasser wia(r) a Laus, im Märzn wia(r) a Maus, im April wia(r) a Bua und im Mai wia(r) a Kuah!"

Die Natur hält dazu die ersten Brennesseln bereit, die in vielen Teerezepten angepriesen werden. Die Brennessel regt alle Drüsen des Verdauungstraktes an, reguliert Magen- und Darmtätigkeit, wirkt harntreibend und soll auch bei Bleichsucht und Blutarmut hilfreiche Verbesserungen bringen.

Getrocknete Liebstöcklblätter in die Suppe gegeben, fördert die Ausscheidung von Giftstoffen über den Harn.

19. April

Nach oftmals winterlichen Ostertagen versprechen Gerold, Leo IX. und Kreszentia Linderung der Temperaturen. Dies wird vor allem den Natur- und Gartenfreund freuen. Kreszentia bedeutet lat. „die Wachsende" und soll der Legende nach die Amme des hl. Vitus gewesen sein.

Leo wiederum war Wegbereiter der Gregorianischen Reform und der wohl bedeutendste deutsche Papst im Mittelalter. Als Bruno Graf von Egisheim im Elsaß geboren, diente er als Kleriker am Hofe Kaiser Konrads II. und wurde von Kaiser Heinrich III. am Wormser Reichstag 1048 zum Papst erhoben. Von Klerus und Volk geschätzt, kämpfte er gegen den Kauf von kirchlichen Ämtern und die damals übliche Priesterehe.

20. April

„Grean wird's auf Wies'n und Feld", heißt es nun mit Hildegund.

Alte Naturkenner beobachten in diesen Tagen das erste Austreiben der Blätter und schließen dabei auf das Sommerwetter: „Grünt die Eiche vor der Esche, hält der Sommer große Wäsche; grünt die Esche vor der Eiche, hält der Sommer große Bleiche."

Junge Löwenzahnblätter können uns nun einen bekömmlichen und gesunden Salat auf den Tisch zaubern. Die Blätter werden gewaschen und feinnudelig geschnitten, mit Essig, Öl und Salz angemacht und mit einem Kartoffelsalat gemischt.

21. April

Konrad von Parzham und der bekannte Prediger des Mittelalters „Anselm von Canterbury" stehen im Kalender.

Gegen Schlafsucht und Frühjahrsmüdigkeit empfiehlt der Kräutergarten der Natur folgendes Mittel: „Man mischt Angelika, Kalmuswurzeln, Lavendel, Rosmarin und Salbei, dann siedet man diese Heilkräuter in Wein." Dieses Getränk soll dann mehrmals am Tag getrunken werden!

23. April
„Georgitag"

Phantasievolle Legenden umranken den Namenspatron „St. Georg". Im Griechischen bedeutet sein Name „Landmann und Bauer", und im Kreis der vierzehn Nothelfer gilt er als „Wetterherr und Viehpatron".

„Ist Georgi warm und schön, wird man noch rauhes Wetter sehn!" und: „Ist zu Georgi das Korn so hoch, daß sich darin ein Rabe verstecken kann, so gibt es ein gutes Getreidejahr!" Mit seinem Patro-

Georgiritt im Salzburger Flachgau

nat über die Landwirtschaft leitet er auch den „bäuerlichen Sommer" ein, der früher als „Auswärts" bezeichnet wurde.

Dabei sollten wir auch in der heutigen Freizeitgesellschaft an die durch Jahrhunderte gültige „Feldersperre" denken. Wiesen und Felder dürfen nicht mehr betreten werden, damit die junge Saat ungestört aufwachsen kann.

Ein Spruch zu den Georgiritten lautet: „Da siacht ma das Wort Gottes schwarz auf weiß, wia da Herr Pfarrer auf an Schimmel gritten is!"

In Thomatal im Lungau hat sich durch Pfarrer Valentin Pfeifenberger neben dem üblichen Georgiritt auch eine alte jahreszeitliche Kulthandlung erhalten: das „Sauhaxnopfer" am Georgitag. In eine Nische der romanischen Kirche wird eine Georgsstatue gestellt, davor befindet sich ein geschmückter Tisch, auf den nun die Kirchgeher ihre Opfergaben ablegen: gesurte Sauhaxen, die dann gemeinsam mit den Zechpröpsten verzehrt werden.

„Sauhaxnopfer" in Thomatal

Neben den prächtigen Georgiritten mit Pferdesegnung und Kranzlstechen im Salzburger Flachgau, der Georgikirchweih auf der Festung Hohensalzburg und den vielen Pferdefesten finden wir eine Besonderheit in St. Georgen im Pinzgau. Ganz gleich, auf welchen Wochentag das Namensfest St. Georg fällt, wird immer am 23. neben dem Georgiritt das „Viehumtragen" durchgeführt. Dabei werden geschnitzte Holzfiguren jener Tiergattung, für die man den größten Schutz erbittet, am Altar aufgestellt und mit einer kleinen „Opfergabe" dem Heiligen anvertraut.

„Der Schnee, den der Lenz entfernt, der verspricht eine reiche Ernt", und: „Gras, das im April wächst, steht im Mai fest!"

„Der Mond ist rund, der Mond ist rund, er hat zwei Augen, Nas' und   24. April
Mund!"
Der Gartenfreund und Gemüsegärtner beobachtet nun in der Vorfreude auf eine gute Ernte Mondstand und Tierkreiszeichen. Geht
z. B. der abnehmende Mond durch einen Blatt-Tag im Zeichen
der Fische, so bringt er einen günstigen Termin zum Setzen von
Kopfsalat, da dieser bei diesem Zeichen nicht ausschießt. Der abnehmende Mond begünstigt all das, was sich mit der Erde verbinden
soll, z. B. Schottern von Wegen, Verlegen von Steinplatten, Ein-
setzen von Zaunsäulen. Bei abnehmendem Mond aufgesetzte Komposthaufen halten die Feuchtigkeit länger und sollen daher besser
verrotten.
Ein Fischetag im abnehmenden Mond läßt uns besonders an unsere
Füße denken. Alte Menschen nahmen daher an solchen Tagen gerne
ein erholsames Fußbad; unsere Zeit empfiehlt eine Massage der
Fußreflexzonen.
Der abnehmende Mond und die Wassertage im Zeichen der Fische
wurden früher aber auch bevorzugt als Waschtage genutzt, da man
dabei Waschpulver und Lauge sparen konnte.

Neumond
Der Mond als unser nächtlicher Begleiter steht bei Neumond der
Sonne am nächsten und bleibt dabei zwei bis drei Tage im selben
Tierkreiszeichen. Das ist auch ein günstiger Termin zum Zurück-
schneiden von Stauden, Blumen und Sträuchern, da sie mit dem
Neumond wieder kräftiger austreiben. Der zunehmende Mond un-
terstützt das Aufsteigen der Säfte und das oberirdische Wachstum.
Dies steigert sich nun mit jedem Tag bis zum Vollmond. Der erste
Tag nach dem Neumond sollte aber eher trocken sein, denn ein alter
Spruch lautet: „Wird's nach dem Neumond am nächsten Tag regnen,
wird dir solches die ganze Mondzeit begegnen!"
„Alles, was aus der Erde heraus soll, glückt bei zunehmendem
Mond besser!" Ein alter Bauer erzählte mir, daß Quellfassungen nur
in dieser Zeit durchgeführt wurden. Auch das Holz für den Wagner
wurde bei zunehmendem Mond geschlagen, am besten im Zeichen
des Steinbocks. So wird es hart und nicht wurmig. Wenn auch der
Gartenbau unserer Zeit mit allen möglichen Mitteln unterstützt
wird, so weiß ich noch von meiner Großmutter, daß kurz vor dem
Vollmond im Zeichen des Krebses die beste Säzeit für alle krautigen
Pflanzen ist.

Vollmond

„Wann da Mond so schö' scheint in sein silbernen Glanz, da gspür i die Liab und die Seligkeit ganz!"

So erleben wir den Vollmond, der mit seiner hellen Scheibe die Hälfte seiner Reise um die Erde vollendet. Manche nutzen diese Stunden zu nächtlichen Ausflügen, andere wiederum leiden unter besonderer Nervosität. Mondsüchtige „Schlafwandler" sind unterwegs, und viele Kinder erblicken just in diesem Zeitraum das Licht der Welt. Auch chronische Schnarcher werden in solchen Nächten zu „Obersägern". Dagegen verwendeten alte Bauern ein stark verknotetes Brusttuch, um beim Drehen auf den Rücken aufzuwachen. Ein Spruch dazu meint aber: „Alte Karren tun gern knarren!"

In den wenigen Stunden des Vollmondes werden starke Energien frei, die sich bei Mensch, Tier und Pflanzen bemerkbar machen. Reicher Aberglaube ist damit verbunden, und in vielen Märchen spielt der Vollmond eine besondere Rolle. Umso mehr soll man jetzt heilende Wurzeln ausgraben, da ihre Heilkraft in den Vollmondnächten am größten ist.

So scheint der Mond vieles in unserem Leben zu beeinflussen und im Verein mit den Tierkreiszeichen auch unser Wohlbefinden zu bestimmen. In Liedern besungen, weckt er Sehnsüchte und Gefühle, wird als Herr Mond bezeichnet, der auf den Schein der Sonne angewiesen ist.

Im Garten wird es nun Zeit, die Abdeckung der Rosen zu entfernen und Strauch- und Kletterrosen von unten her auszulichten. Dabei werden vor allem schwache Triebe entfernt. Alte Rosen werden zurückgeschnitten, damit das junge Holz entsprechend treiben kann. Rosen bedanken sich für eine Mischkultur mit kleinwüchsiger Kapuzinerkresse, Lavendel, Salbei, Thymian und Rosmarin.

Geht der Mond durch das Zeichen der Zwillinge, so befindet er sich einige Tage im Wendepunkt zwischen „aufsteigender und absteigender" Kraft.

Bei absteigendem Mond, das sind die Tage im Zeichen Zwillinge bis Schütze, ziehen die Säfte mehr nach unten und fördern die Ausbildung der Wurzeln. Im Mondkalender wird dabei das Mondzeichen wie eine umgedrehte Schüssel dargestellt, wobei die beiden Spitzen nach unten zeigen = absteigender Mond = Pflanzzeit!

Die abgebildeten Zwillinge als Kalendersymbol halten sich an den Händen und bedeuten uns damit, daß ihr Impuls Hände, Schultern und Arme berührt. Dies spüren oft auch Rheumakranke, die vor allem unter Wetterumschwüngen leiden. Eine alte Bauernmedizin schwört dabei auf Farnkräuter, die man unter das Leintuch legen soll.

„Gibt's an Markus Sonnenschein, freut man sich auf guten Wein." *25. April*
Dieser Spruch erfreut somit nicht nur die Winzer, sondern wohl alle
Liebhaber eines guten Tropfens. Der Evangelist Markus war ein Vetter oder ein Neffe des Barnabas und soll von Petrus getauft worden
sein. Sein Sinnbild ist der geflügelte Löwe, den auch alte Kalender-
bilder zeigen.

„Kranzlstechen" beim Georgiritt

„Wie die Kirschblüte es mit der Witterung hält, so das Wetter zur *27. April*
Roggen- und Weinblüte fällt!"
Dieser Spruch zeigt, daß sich im Jahreslauf immer wieder Ähnlich-
keiten ergeben, die der kundige Wetterbeobachter nächsten Genera-
tionen weitergegeben hat.
Ein Kalenderblick in das Gartenjahr erinnert an die Namen Petrus
Canisius und Zita. Manche Kalender verweisen auch auf den heili-
gen Peregrinus, der 1726 heiliggesprochen wurde und als Patron der
Bein- und Gichtkranken gilt. Eine Heilkräuteranwendung ver-

Zweistimmig

Bei'm Dianei ihr'n Feusta

Zauchtal

-wachst a schöne Rosn

1. Beim Dia-nei ihr'n Fensta wachst a schöne Rousn, bin i a a' moi gonrga in da Un-ta-ho-s'n. Ho
d'Schloapfa o-glegt und en Man-tl um-ghängt, so geh i zen Dianei, ob's schneib o-da regn't.

2. Wia i hinkimm' zen Fenstal, an Schnaggla probier,
   Schreit ma außa mei Dianei, geh' na eina zu mir,
   Bin eini bon Fenstal ho's Riegal vürgschob'n,
   Ho en Bauan scho ghört, wann's mi nit hat betrogn.

3. Wia i drinn bi beim Dianei und nimm sie beim Arm,
   Kimmt da Baua und dö Bäurin, san³ all zwoa voll Zoan,
   Dö Bäurin an Steck'n, da Baua a Hack',
   So hab'ns mi beim Dianei ihr'n Kammal dreighabt.

4. Da Baua fang zen Schimpf'n o, ei Lump was machst denn do,
   Beim Dianei ihrn Kammal, tragst woi a nix davor,
   Ei du mei liaba Baua hast nix z'valonga,
   Weil's gar a so regn't bin i einagonga.

5. Dö Bäurin steht hint'n, is a volla Zorn,
   Haut ma auffi auf mein Schädl, daß i damisch bi worn,
   Bi außi von Kammal ho mi neama auskennt,
   Ho en Bauan und dö Bäurin auf'n Ousch dohegrennt.

6. Da Baua fang' zen Jamman o, o jeggas Moria,
   Ho ma auskeit mei Axl, ho ma wehto auf'n Knia,
   Dö Bäurin liegt hint'n, streckt d'Haxn e d'Höh',
   Schreit auweh mei liaba Baua, mei Ousch tuat ma weh.

VON DER MUTTER HAB' ICH DAS LIEDL GELERNT · AUFGEZEICHNET IN N....., AM 15. 7. 1943.

spricht auch hier Abhilfe: Alant, das Kraut des Geißfußes, der Hauhecheltee und der Schlüsselblumentee. Auch die Selleriewurzel, als Salat genossen, wirkt gegen die Gicht.
Der Jäger Hansei schwor auf ein Bad in einem Absud aus den Trieben und Nadeln der Fichte!

„Friert's auf St. Vital, friert's noch fünfzehnmal." So läßt uns der *28. April*
hl. Vitalis heute seinen Namenstag begehen und mit Sorge die herrliche Blütenpracht unserer Obstbäume betrachten. Gesundheitsapostel halten es in diesen Tagen mit Hildegard von Bingen und verwenden die frischen Brennesseltriebe für magenreinigende Speisen, z. B. „Brennesselknödel" oder „Brennesselnockerl".
Dem Wetter ist keinesfalls zu trauen, denn der April ist auch in den letzten Tagen noch wankelmütig.

Neben Katharina von Siena verweist der Kalender auf Roswitha *29. April*
und auf Antonia von Cirta. Sie versorgte und betreute eine Schar verfolgter Christen, die in der Nähe der numidischen Stadt Cirta in Verbannung leben mußten. Im Mandlkalender wird sie daher mit einem Korb voll Nahrungsmitteln dargestellt. Laut Märtyrerverzeichnis wurde die „preiswürdige" Antonia in der Verfolgung unter Valerian mit ihren Glaubensgenossen am 6. Mai 259 hingerichtet.

„Walpurgisfrost ist schlechte Kost", sagten alte Bauern und hofften *30. April*
in der Nacht zum 1. Mai auf einen bedeckten Himmel. Eine Unruhe kann in der Nacht auf den 1. Mai mit einem alten Rügegericht, dem „Philippln", verbunden sein.

Philippln
Wenn auch „Josef der Arbeiter" seit 1955 am 1. Mai seinen Platz im Kalender einnimmt, so führt uns brauchtumsgemäß noch immer der Apostel Philippus durch eine „Unruhnacht" vom April in den Wonnemonat Mai.
Nachdem Philippus als Mann der Treue und Ordnung gilt, verbinden wir mit ihm ein uraltes Rügegericht, das vor allem rund um die Stadt Salzburg (aber auch in einigen Gebirgstälern) schlampigen Zeitgenossen einen Spiegel vor Augen hält. Dies noch dazu in aller Öffentlichkeit! Gar manche Bauern sehen dieser Nacht mit Sorge entgegen und versuchen noch rasch, umherstehende Gerätschaften aufzuräumen. Die Burschen, die in dieser Nacht ausrücken, haben es vor allem auf bewegliches Gut abgesehen und sich schon in den

St. Philippus

Tagen und Wochen vorher kundig gemacht. Der nächste Tag bringt dann die große Überraschung, wenn am Dorf- oder Kirchenplatz die „Fundgegenstände" ausgestellt sind. Der peinliche Schluß kommt aber erst, wenn die Betroffenen ihr Eigentum wieder zurückholen müssen. Wenn auch manche bis zur Dunkelheit warten, so finden sich immer einige Zuschauer, die unter großem Gelächter ihre „Hilfe" anbieten.

Karl Zinnburg berichtet in seinem Buch „Salzburger Volksbräuche" von einer kuriosen Begebenheit aus dem Jahre 1966. „Am 1. Mai dieses besagten Jahres wurden in St. Jakob am Thurn alle ‚Fundgegenstände' auf die Kaiserlinde gehängt und der Baum von den nächtlichen Ordnungshütern somit prächtig bekränzt. Die ersten Kirchenbesucher staunten nicht wenig, einen solch' seltsamen Christbaum vorzufinden! Da hingen am Wipfel ein komplettes Motorrad, daneben eine Gartenbank, Leitern, eine Scheibtruhe, ein Pflug und noch vieles andere mehr …!" So originell und tiefsinnig der Brauch auch sein mag, so unsinnig sind natürlich Bosheiten, die mit einem Schaden verbunden sind. Ähnlich vorsichtig gilt es nun auch mit dem Maibaum umzugehen, der gut beschützt unsere Dörfer und Märkte überstrahlen soll: als heilbringendes Frühlingssymbol und als Mittelpunkt einer lebendigen Dorfgemeinschaft.

Kraut des Monats: Huflattich

Im Kräutergarten der Natur finden wir nun den Huflattich, der im Volksmund auch Heilblatt oder Teeblüml genannt wird. Wir entdecken ihn auf Wiesen und an Bächen, gerne auf lehmigen (Lehmblüml) oder steinigen Böden. Der weißbehaarte Stengel trägt herzförmige, eckige und auf der Unterseite weiß behaarte Blätter. Die Blüte ist goldgelb und dem Löwenzahn ähnlich.

Bei Schnupfen und Erkältungen darf der Huflattichtee nicht fehlen und soll besonders im Frühjahr mit Honig gesüßt zum Frühstück oder am Abend getrunken werden. Von angenehmem Geschmack, wird er seit Jahrhunderten als Gesundbrunnen geschätzt. Für den Tee nimmt man 2 Eßlöffel und läßt sie in $^1/_4$ Liter Wasser leicht kochen. Holzknechte und Almleute legten frische, gequetschte Blätter bei Wunden auf, da der Huflattich die Hitze auszieht. Auch bei Bronchitis sind Huflattichdämpfe sehr geschätzt, da sie heilsame Salpetersäuresalze enthalten, die auf die Schleimhäute des Mundes wohltuend einwirken. Bei geschwollenen Füßen soll man abends grüne Huflattichblätter auflegen und nach Pfarrer Kneipp mit dem Huflattichabsud ein heilsames Fußbad nehmen.

„So man zu diesem Kraut Holderblüt und Nachtschatten – jedes gleichviel – brennet, so gibt es ein solches Wasser, dessen Kraft und Tugend nicht genugsam gerühmt und beschrieben werden kann."

Schwendtage
Außer dem launischen 1. April hat der Oster- oder Keimmonat nur den 19. als verworfenen Tag.

Huflattich
(Tussilago farfara)

MAI

Ein rechter Mai, fürwahr –
ist der Schlüssel für das ganze Jahr!

Marien- oder Wonnemonat nennen wir den Mai. Er war der dritte Monat des altrömischen Kalenders und der Göttin des Wachstums *Maja* oder *Majesia*, der Mutter Merkurs, geweiht.

Lieblich und bedeutsam im Jahreslauf berührt uns dieser Monat, wenn er in seiner frühlingshaften Pracht Seele und Gemüt anspricht, in der bäuerlichen Sorge um vom Reif bedrohte Blüten, im jugendlichen Überschwang oder in der Verehrung der „Großen Himmelsfrau".

O mei, o Mai

„O mei, o Mai,
is des a Freid,
o mei, o Mai,
a scheene Zeit.
O mei, o Mai,
im ganzn Gäu,
o Mai, o mei.

O mei, o Mai,
iatz is er da,
o mei, o Mai,
und sie sagt ja.
O mei, o Mai,
wia i mi gfrei,
o Mai, o mei!

O mei, o Mai,
ihr moants, i spinn,
o mei, o Mai,
des hätt koan Sinn?
O Mai, o mei,
dann laß i's sei,
o Mai, o mei."

Mit diesem mundartlichen Wortspiel führt uns der unvergessene Walter Kraus in den Mai.

Gerne gehe ich an diesen Abenden auf den Nonnberg und genieße den Blick über die Dächer und Kuppeln von Salzburg, um anschließend in der Klosterkirche stille Einkehr zu halten.

Es ist ein Erlebnis, wenn die Nonnen ihren „himmlischen" Gesang anstimmen und in der täglichen Maiandacht die Muttergottes um ihren Beistand bitten. Sie ziert zwischen den Heiligen Virgil und Rupert den Mittelschrein des Hochaltares, der 1851 von der Kirche Scheffau ertauscht wurde. Gründer dieses Nonnenklosters ist der hl. Rupert, der seine Verwandte Erentrudis um 700 als Äbtissin einsetzte.

Ein besonderes Mariensingen führt aber den Volksliedfreund auf den gegenüberliegenden Kapuzinerberg, wo in schon liebgewordener Tradition der Frauensingkreis Lamprechtshausen unter der Leitung von Horst Kaltenegger mit den Ramsauer Sängern, den Hammerauer Musikanten und den Leopoldskroner Weisenbläsern zu Ehren der Himmelskönigin singt und musiziert.

An dieser Stelle befand sich früher ein Schloß, das um 1262 erbaut wurde. Wolf Dietrich ließ es 1549 teilweise abreißen, um für die nach Salzburg berufenen Kapuziner ein Kloster bauen zu können.

St. Philipp und Jakob standen früher am 1. Mai im Kalender. In unserer Zeit haben sie für „Josef den Arbeiter" Platz gemacht und sind in die Wochenmitte gerückt. Wir begrüßen den Mai, in dem weithin sichtbar die schlanken „Maibäume" über unsere Dörfer wachen, als Symbol der frühlingshaften Freude und Fruchtbarkeit.

1. Mai

„Wenn's Wetter gut am 1. Mai, gibt es viel und gutes Heu!"

Mit dem 1. Mai beginnt bei uns in Salzburg die Jagdzeit auf den Großen und Kleinen Hahn. Eine für den Heger und Jäger bedeutsame Zeit, geht es doch darum, die bedrohte Art der „Rauhfußhühner" zu erhalten. Der „Kleine Hahn" trägt den Beinamen „Spielhahn", weil er in seiner Balzzeit besondere „Tänze" aufführt, die dem Beobachter ein prächtiges Schauspiel bieten. Diese Beobachtung ist gesetzlich vorgeschrieben und weitum als „Hahnverlosen" bekannt. Nur wenn ein Jagdaufsichtsorgan den ausreichenden und gesicherten Bestand auf einem Balzplatz feststellt und bestätigt, kann die Behörde einen Abschuß bewilligen.

„Was wa' denn ums Leb'n ohne Jag'n." So und ähnlich beginnen etliche Lieder unseres Volkes und drücken damit die tiefe Bedeutung, die Leidenschaft und den Stellenwert des Weidwerks in unserem Lande aus. Die Frauen und Männer im grünen Rock werden daher vielfach beachtet, respektiert und wohl oft auch mißverstanden. Wer fernab der natürlichen Kreisläufe sein Leben verbringt, dem fehlt das Verständnis für die Zusammenhänge in der Natur, und um so wichtiger sind Erkenntnisse, die überlieferte Traditionen mit neuem Sinn erfüllen. So ist auch die Verantwortung für einen artgerechten Wildbestand, für Wald und Wild unverzichtbar und für die Pflege von Formen, die unsere Lebensart prägen, wichtiger denn je.

Der Maibaum – Symbol der Dorfgemeinschaft und Fruchtbarkeit

„Maibaumkraxeln"

Mit Pert Peternell können wir scherzhaft sagen:

„Auf der Quadn der kloa' Hahn
fangt is Meldn scho an,
und er raft um sei' Henn
zwegnan Freiliwasdenn.

Und der Urhahn am Bam
gruglt ah in sein' Tram,
draht si hinum und her
wiara tanzata Bär.

Jo, wann s' balzen, sans s' blind –
und da fallt ma hiaz gschwind
von dö Manaleut ein:
dö solln grad a so sein!

Schaust an Manaleut zua –
hau, dös Gspreiz, des Getua
und dös Gsprangs und dös Grenn
zwengan Freiliwasdenn!

Aber 's Dirndl is gscheit,
Bua, da fehlt's bei dir weit;
paß na auf, wia's di stad
umman Dam ummidraht!

Und ön Hahn pumpat 's Herz
um die Henn grad im März,
aber d' Jaga, gscheit wahr,
gel, dö balzn 's ganz Jahr!

Leutln, sagts, is der Mann
net akrat wira Hahn?
is die Dirn net wia d' Henn?
Aber freili, was denn!"

„Mairegen auf die Saaten, ist gut wie Dukaten." *2. Mai*
Nun treibt und wächst es in Garten und Feld, und der Gemüse- und
Blumengärtner beachtet stolz seine junge Saat. Dazu ist aber die entsprechende Feuchtigkeit notwendig, denn im Mai ohne Regen
fehlt's allerwegen! Dabei sind südliche Winde maienhafte Wetter-
boten, denn es heißt: „Weht im Mai der Wind aus Süden, ist uns
Regen bald beschieden." Die Erfahrung verweist dabei auf gewittri-
ge Tage und unterstreicht einen alten Wetterspruch: „Donner im

Auf da Gwah'n

Dreistimmig Lungau.

Munter

1. Auf da Gwah'n da kloa-ne Hâhñ rauscht und ro-dlt so schö drâñ zwegn sein

Rau-schn hât da Hâhñ sei-ne Fe-dan va-tâñ, zwegn sein

Rau-schn hât da Hâhñ sei-ne Fe-dan va-tâñ.

2. Auf da Gwahn da kloane Hâhñ was dös Teifösviech alls kâ,
zweg'n sein Rausch'n in da früah, muaß i furtgeh'n von dir.

3. Und dö Diandi san schö wia dö Hasl-Haslhâhñ
und gern stehnans ma zua, wann is hoamli glei tua.

Anläßlich der „Salzburger Heimatwoche 1943" von den Ramingsteiner Diandln gehört
und darauf mit den 3 wandernden Preisrichtern im vorliegenden Volkssatz gesungen.

•

Häst ma jâ g'sâgt

Dreistimmig Pongau

Langsam

1. Häst ma jâ g'sâgt, djâ hâ i-e hâ-da-ro, Kimm 'rauf 'nâcht
    schau fei da-zua bald is früah

djâ-hâ i-e hâ-da-ro djâ-hâ i-e hâ.

3. Stimme: djâ-hâi ri-e hâ.

2. Liab' na glei mi, djâ hâ..., liab' jâ glei di, djâ hâ..., gheast jâ glei mei djâ hâ... bin ja glei deiñ, djâ.....

Ein Gsangl der wandernden Preisrichter „Heimatwoche 1943". Der Urstöger Pauli hat es
gekonnt und so haben wir es dann „z'sammgsunga". -Aufgezeichnet ..., 20. Okt. 43. S.W.

Mai führt guten Wind herbei!" Meist bringt uns aber der Mai nach dem launischen April eine Schönwetterperiode, die wir dankbar annehmen.

„Wie's Wetter am Kreuzauffindungstag, bis Himmelfahrt es bleiben mag!"
Philippus und Jakobus der Jüngere feiern ihr Namensfest, wobei Jakobus im Hebräischen „Fersenhalter" bedeutet. Damit ist die Legende verbunden, daß ein Namensvetter, nämlich der Patriarch Jakob, bei der Geburt seinen Zwillingsbruder Esau an der Ferse zurückhalten wollte, um das Recht des Erstgeborenen zugeschrieben zu bekommen! Im Kalender wird Jakobus der Jüngere mit einem Arbeitsgerät der Hutmacher dargestellt. Nach einem Bericht von Hegesippos wurde er von einer Tempelzinne herabgestürzt und hernach mit einer Walkerkeule erschlagen. Deshalb wurde er Patron der Walker und Hutmacher.

3. Mai

„Wer das Gute wünscht und es besitzt – erreicht das Glück des Lebens."
Diesen Spruch verbinden wir mit der hl. Monika, die sich das Namensfest mit Florian teilt. Monika war die Mutter des heiligen Kirchenlehrers Augustinus, die zu Tagaste in Afrika im Jahre 332 geboren wurde.
St. Florian wiederum war ein heiliger Reitersmann, der zu Lorch in Oberösterreich auf Grund seines Glaubens in die Enns geworfen wurde. Er ist Schutzherr in Feuersnot und Patron unserer Feuerwehren.

4. Mai

Messer, Gabel, Scher' und Licht ist für kleine Kinder nicht
Dieses Sprichwort aus unseren Kindertagen hat sich bei dem Begriff „Licht" auf das Feuer bezogen, das für frühere Generationen allgegenwärtig war. Kerzenlicht und Herdfeuer! Märchen und Tiergeschichten erinnern an den sorgsamen Umgang mit dem Feuer, und der hl. Florian wird auch im Volkslied unserer Zeit besungen. „O heiliger St. Florian, du Wasserküblmann, verschone unser Haus – zünd andre dafür an!"
Das Feuer hat die Menschen zu allen Zeiten fasziniert, als Licht- und Wärmespender, aber auch mit seiner magischen und unheilvollen Kraft. In der Frühzeit war es zunächst der Blitz, das zuckende „Feuer des Himmels", das den Menschen Angst und Respekt einflößte. Wenn wir heute auf einer Alm- oder Schihütte ein Feuer entfachen, wenn die ersten Späne knisternd auflodern, spüren wir

immer noch dieses seltsame Gefühl, das die Ehrfurcht zum Feuer begründet.

Bei allen Völkern galt der Herd, die Feuerstelle, als Mittelpunkt des Hauses, und das Feuer wurde sorgsam gehütet. Feuerbräuche, die bis in unser Jahrhundert reichen, geben davon ein lebendiges Zeichen. Mit dem Feuer waren natürlich viele Sagen und Legenden verbunden, man sprach vom Feuer als Eigentum der Götter, vom „Raub der Flammen", von Feuergeistern und Feuermalen.

Unseren germanischen Vorfahren wird nachgesagt, daß sie das dämonenabwehrende Herdfeuer nie ausgehen lassen durften, und auch die Kelten und Slawen kannten die „Feuerverehrung". Aus der Antike wird uns berichtet, daß bei der Gründung einer griechischen Kolonie das Feuer der Mutterstadt übertragen werden mußte. Eine Zeremonie, die bis in unsere Zeit bei „Olympischen Spielen" gebräuchlich ist.

Feuer und Wasser sind Ursymbole des Lebens und natürlich auch im christlichen Glauben fest verankert.

Wir kennen die Osterfeuer als Zeichen der Auferstehung, die „Flammenzungen" zum Pfingstfest oder das Feuer als Symbol der Liebe. Freilich droht die Kirche daneben auch mit dem „Feuer der Hölle" und stellt das „Ewige Licht" gegenüber. Alte Bauern und Menschen, die den Naturgewalten noch näher sind, vertrauen auch heute noch auf „Wetterkerzen" und die abwehrende Kraft von Feuerbräuchen. Nachdem die Schutzgötter ihre Allmacht verloren hatten, suchte die Volksfrömmigkeit bei den Schutzheiligen Zuflucht, wobei der heilige Florian bei Feuergefahren an erster Stelle steht. In vielen Kirchen und Kapellen, aber auch in bäuerlichen Anwesen ist er zu finden. Seine Darstellung als römischer Offizier, mit Helm und Fahne, einen Kübel in der Hand, aus dem er Wasser auf ein brennendes Haus gießt, ist wohl weitum bekannt.

5. Mai

Wärme und Feuchtigkeit braucht jetzt die Natur. „Maientau macht grüne Au", sagt eine alte Weisheit und ergänzt, daß Maienfröste unnütze Gäste sind. Jutta, Sigrid und Gotthard sind die heutigen Namenstagskinder, wobei dem hl. Gotthard die Filialkirche Gerling bei Saalfelden geweiht ist.

Alte Holzknechte berichten, daß in den ersten Maitagen geschlagenes Holz nicht fault und auch nicht wurmstichig wird. Dem Bauern sind nun regnerische Tage eher willkommen, denn: „Im Mai regnet es Gras!" Schöne Tage mit Morgentau können aber bäuerliche Hoffnungen mit unserem Freizeitvergnügen verbinden.

„Vom Tau, der im Maienmond fällt, der Bauer viel Segen erhält."

Wenn sich morgens Schäfchenwolken zeigen und abends Haufen-
wolken aufsteigen, dann zieht der Klee seine Blätter zusammen, und
ein Nachtgewitter steht bevor. So lesen wir es im Bauernkalender,
der heute die Namen Valerian und Gundula nennt.

„Nordwind im Mai bringt Trockenheit herbei" – dies wissen Wetterkundige und hoffen für Wiesen und Gärten auf einen linden Regen; denn: „Ist der Mai recht heiß und trocken, kriegt der Bauer
kleine Brocken; ist er aber feucht und kühl, dann gibt's Frücht' und
Futter viel!"

„Wenn im Mai die Bienen schwärmen, so darf man laut vor Freude
lärmen"; diese Weisheit erinnert an die unverzichtbare Tätigkeit der
Bienen, die den Blütenstaub von Baum zu Baum tragen. Sie haben
aber auch ein empfindliches Vorgefühl für nahende Wetterverände-
rungen: Droht z. B. ein Gewitter, sind sie schon lange vorher unru-
hig und ungewöhnlich stechlustig.

6. Mai

Mit dem Namensfest Gisela begrüßen wir den heutigen Tag, an dem
uns manches Mailüfterl zum Leichtsinn verführt. Darum gilt auch
der Spruch: „Siagst oft wo a Paarl, wia ma sagt: Hand in Hand, und
sie sand a vaheirat, aber halt nit mitanand!" Wetterregeln und Lebensweisheiten übertragen sich von einer zur anderen Generation
und sind oftmals Inhalt unterhaltsamer Plaudereien. Ähnlich geht es
auch mit Gstanzln und Sprüchen aus unserem Mundartschatz. Oft
finden auch „Marterlsprüche" Eingang in lustige Tischrunden:
„Hier schläft den allerletzten Schlaf die Jungfrau Seferl Immerbrav.
Sie war schon 80 Jahre alt, doch in der Liebe immer kalt. Aufzwickt
hat s' ihr Lebtag koan, vielleicht kriagt s' drent im Jenseits oan!"

7. Mai

„Wenn der Hund das Gras benagt und die Frau ob Flöhen klagt, der
Rauch nicht will zum Schornstein raus, dann kommt bald Regen
übers Haus!"

Ida und Desiderius laden uns zu erholsamen Spaziergängen in grüne
Auen, wobei die grüne Farbe unser vegetatives Nervensystem stärken kann. Grün ist eine Sekundärfarbe, die entsteht, wenn man Blau
und Gelb mischt. Sie symbolisiert Wachstum, Schutz, Heilung und
Erneuerung. Es ist die Farbe der immer wiederkehrenden Erneuerung in der Natur und in uns selbst.

„… O edelstes Grün, du wurzelst in der Sonne, du strahlst in leuch-
tender Helle, in einem Kreislauf, den kein irdischer Stern be-
greift …"

8. Mai

9. Mai

Beatus, Volkmar und Hiob stehen heute im Kalender, der nun vielfach lindes Wetter verspricht. Also keine „Hiobsbotschaft". Ein angekündigter Regen wäre ein Segen für Wiesen und Felder. Im Mai soll nämlich jedes „Grasl" ein Schaff Wasser bekommen. Dies vor allem bei zunehmendem Mond im Feuerzeichen Löwe. Vorsicht aber beim Säen und Mähen, denn: „Nordwind im Mai bringt Trockenheit herbei!"

Der „Wies Heinrich", mein Jodlergroßonkel und besonderer Viehkenner aus meinen Kindertagen, meinte auch, daß man an Löwetagen die Tiere nicht zum ersten Mal austreiben soll, da sie wild und unbändig werden! Dazu ist mancherorts überliefert, daß der Dienstag und der Donnerstag ungünstig für den ersten Weideaustrieb sind. Der Heinrich, der Hüter auf der Neualm in der Kleinsölk war, beachtete dies besonders beim jährlichen Almauftrieb.

„Drei Wiesdirndln", Schwestern des Wies Heinrich
(Walchauer Viktl, Nott Liesei, Schwarz Rosl)

10. Mai

„Regen im Mai bringt fürs ganze Jahr Brot und Heu."
Dazu schützt regnerisches Wetter auch noch vor Nachtfrösten, die im Obst- und Gartenbau gefürchtet sind. Im Kalender steht Antonin, aber auch Gordianus und Epimachus.
„Große Kälte am Antonitag gar nicht lange dauern mag!" Mit diesem Spruch verbinden wir die Erinnerung an „Anton den Einsiedler". Nachdem er sein ganzes Erbe verschenkt hatte, zog er sich in die Libysche Wüste zurück und lebte in einer Felsengrabkammer. Er starb mit 105 Jahren und gilt als Patron der Kleintiere, vor allem der Schweine. Dies hängt mit einem Privileg des Antoniterordens zusammen, das die freie Schweinehaltung für die Armenpflege einschloß.

Alte Kalender nennen uns neben Gangolf und Walbert noch die Namen Joachim und Jakob den Jüngeren, verweisen aber auch auf den hl. Isidor und Mamertus. Dieser scheint sich schon mit den Eisheiligen zu verbrüdern, denn es heißt: „Der heilige Mamerz hat von Eis ein Herz!"

Der Gärtner fürchtet sich nun vor einem spürbaren Temperaturrückgang, den uns die „Eismänner" ankündigen.
Pankratius eröffnet die Reihe der „Eisheiligen". Sie finden in jedem Bauernkalender Beachtung und fallen mit den jährlichen Wettereinbrüchen um diese Jahreszeit zusammen. „Pankratius hält den Nacken steif, sein Harnisch klirrt von Frost und Reif!" Dies spüren auch Wetterfühlige, denen aber ein Birkenblattaufguß helfen kann. Eine Schale Wasser, ein Eßlöffel voll Birkenblätter, kurz aufkochen und zwei Stunden ziehen lassen!
Pankratius war ein römischer Märtyrer, der wahrscheinlich unter Diokletian im Alter von 14 Jahren enthauptet wurde. Weil er „in seiner Jugend Maienblüte" starb, wird sein Gedenken durch die als „Maiblume" benannte Pfingstrose im Mandlkalender festgehalten.

„Gott mög' uns trösten vor Maienfrösten" – so erbitten gläubige Bauern den Segen von oben und fürchten heute den eisigen Wind des Eisheiligen Servatius. Der Gartenfreund beobachtet aber in diesen Tagen auch sorgenvoll die erste Schneckenplage. Manche nutzen dabei den zunehmenden Mond und streuen zerkleinerte Eierschalen als Abwehr rund um die Beete. Dazu legen sie Weizenkleie aus, die die Schnecken „zum Einsammeln" anlocken sollen.
Servatius wurde um 345 Bischof von Tongern in Belgien. Er reiste dreimal nach Rom, um an den Gräbern der Apostel Petrus und Paulus für das Wohl seiner Heimat zu beten. In der bildlichen Darstellung gießt er die Tränen aus, die er an den Apostelgräbern geweint hat.

Der hl. Bonifatius, der dritte im Bunde der Eisheiligen, war ein römischer Bürger, dessen Martyrium sich in Tarsus in Kleinasien ereignet hat.
Sollte der Mond gerade durch die Waage gehen, gilt der Spruch: „Sitz di nit ins feuchte Gras", da die Waage besonders auf Blase und Niere wirkt. In diesem Bereich empfindliche Menschen sollen besonders auf gute Durchwärmung des Hüftbereiches achten.

15. Mai

Viele Bauernregeln beschäftigen sich mit den drei Eisheiligen, wobei bei uns auch noch die „Kalte Sophie" ihre Bedeutung hat. Dies verdanken wir der längeren Wegstrecke, die die Kaltluft vom Norden her zurücklegen muß. Durch diese Verzögerung kam auch die Sophia in den Verdacht einer eisigen Heiligen.
„Erst Mitte Mai ist der Winter vorbei!"
Nach alten Wettererfahrungen steigt Mitte Mai der Luftdruck, wobei aber mit nördlichen Winden die Frostgefahr noch einmal zunehmen kann. Maienfröste sind aber unnütze Gäste, meinten alte Bauern und freuten sich über einen frischen Regen, denn es heißt:
„Mai kühl und naß füllt Scheune und Faß!"

16. Mai

Sophia von Rom,
Märtyrerin um 304

„Vor Nachtfrost bist du sicher nicht, bevor Sophie vorüber ist!"
Sollte nun der zunehmende Mond durch den Skorpion gehen, schafft er eine günstige Verbindung für das Ernten und Trocknen von Heilkräutern und eine gute Saatzeit für Zwiebel, Senf und Rettich. Der Skorpion bringt uns Blatt-Tage mit absteigender Kraft und begünstigt das Säen und Setzen von Blattgemüse. Auch bei schönem Wetter sollte man an Skorpiontagen das Bettzeug nicht im Freien lüften, da die Feuchtigkeit eher angezogen wird.
Alte Gewährsleute berufen sich dabei auf den „Mandlkalender", in dem Symbole oder Köpfe bestimmter Heiliger die Lostage bestimmten. Heute zeigt er uns den heiligen Nepomuk.
Die Namen der Heiligen wurden früher auch von der Kanzel verkündet und haben sich dadurch im Gedächtnis der Gläubigen eingeprägt. Nepomuk war Kleriker und Notar der erzbischöflichen Gerichtskanzlei in Prag und wurde 1393 in der Moldau ertränkt. Sein 1693 auf der Prager Karlsbrücke errichtetes Standbild wurde vielfach nachgebildet und beschützt auch bei uns viele Brücken.

Vivat dem Bräutigam, vivat der Braut ihr Nam'!
Der Wonnemonat Mai führt auch heute noch viele Brautpaare zum Traualtar, wobei wieder verstärkt die „ordnende Hand" des Hochzeitsladers gewünscht wird.
Zum eigentlichen „Laden" fehlt dem Hochzeitslader und den Brautleuten vielfach die Zeit, und so verbleibt dem Hochzeitslader die Aufgabe des Festleiters, der dem Brautpaar viele Sorgen abnimmt.
Der Hochzeitslader ist aber auch Garant dafür, daß die mit der Hochzeit verbundenen Bräuche den nächsten Generationen überliefert werden. Gott sei Dank ist diese dörfliche Brauchtumsfigur noch vielerorts zu finden. Die Aufmachung des Hochzeitsladers war im-

mer prächtig, und so soll auch heute auf die wichtigsten Zeichen dieses Amtes nicht verzichtet werden. Das „Armkranzl", ein Schmuck, der außer dem Hochzeitslader nur dem Pfarrer und den Beiständen zusteht, wird aus Wachsblumen gebunden, die Brust ziert ein Blumenbüscherl mit Bändern, am Hut steckt ein kleiner Buschen, und in der Hand trägt der Hochzeitslader den Ladstecken als weithin erkennbares Zeichen seiner Autorität. Der Stab wird mit dem urgeschichtlichen Botenstab, auf dem die Botschaft in Runen eingekerbt war, und mit dem frühzeitlichen Ladstock, welchen man von Hof zu Hof trug, in Verbindung gebracht. Mancherorts gibt es prächtig verzierte Ladstecken, manchmal sind sie mit Sprüchen versehen oder mit bunten Bändern geschmückt. Besonders die Farben Rot und Weiß begegnen uns immer wieder.

Hochzeitslader beim Abholen der Braut

Nach kurzem Umtrunk verschafft sich der Hochzeitslader Gehör und begrüßt mit dem „Frühdank" die Hochzeitsgesellschaft. In einem humorvollen, aber oft auch feinsinnigen Spruch werden die Brautleute vorgestellt, wird den Eltern gedankt und die Hochzeitsordnung bekanntgegeben. Anschließend wird der Hochzeitszug aufgestellt und in die Kirche eingezogen. Die Reihenfolge ist dabei von Ort zu Ort verschieden.

Beim Auszug aus der Kirche führt der Hochzeitslader das junge Ehepaar an und weist die geladenen Gäste zum Mahl. Hier haben sich leider mache Unsitten eingebürgert, und man erlebt oft, daß bereits an der Kirchentür Hochzeitsgeschenke übergeben werden. Dazu ist das „Weisen" vorgesehen, dessen Zeitpunkt vom Hochzeitslader bestimmt wird.

Der nächste grobe Fehler, der vielfach die lustige Unterhaltung unterbricht, tritt nun beim „Brautstehlen" auf. In Unkenntnis der überlieferten Bräuche wird die Braut mit einem Auto „entführt" und der Hochzeitsgesellschaft für längere Zeit entrissen. So muß es oberstes Gebot sein, daß der Hochzeitslader über Absicht und Ziel informiert ist und die Braut nur in der engsten Nachbarschaft einkehrt, damit sie der Hochzeitslader jederzeit zurückholen kann. Dazu ist eine kleine Musikantengruppe willkommen, die die frohe Stimmung auch in die benachbarten Wirtshäuser trägt.

18. Mai

„Mai kühl und windig, macht die Scheunen voll und findig!"
So bewerten wetterkundige Bauern die Maitage und freuen sich, wenn die Eisheiligen ohne Frostschäden überstanden sind. Der Kalender verweist auf den glücklichen Felix, der 1543 in Anticoli als Laienbruder in den Kapuzinerorden eingetreten ist. 40 Jahre verbrachte er in Rom als Almosensammler und wurde wegen seines ständigen Dankeswortes „Bruder Deogratias" genannt.

Ein besonderer Augenstern blüht nun im Kräutergärtlein der Natur: das Stiefmütterchen, ein Veilchen mit heilsamen Eigenschaften. Stiefmütterchentee gilt als hilfreich bei Hautausschlägen, Ekzemen, Milchschorf, auch bei Gelenksrheuma und hartnäckigem Husten. Gemeint sind aber dabei die wildwachsenden Schwestern der Gartenblume. Heilkräuter sollen am besten bei Vollmond gesammelt werden, wobei der Huflattich als bewährtes Hausmittel bei Reizhusten angewendet wurde.

19. Mai

„Ostwind bringt Heuwetter, Westwind Krautwetter, Südwind Hagelwetter und Nordwind Hundewetter!" So wollen wir mit Cölestin den Wetterhahn beobachten. Auch in höheren Lagen zieht nun der Frühling ins Land, und auf den feuchten Almböden blühen Himmelsschlüssel und Krokus. Schon im 12. Jahrhundert empfahl Hildegard von Bingen gegen Melancholie einen „Hymelslozel"-Teeaufguß. Aber auch ein Ausflug in die maienhafte Natur oder der Besuch einer Maiandacht kann Sorgenwolken vertreiben.

Ön Büabl sein Mai

Ban Mai, da is koa „r" mehr z'hörn –
i hab'n scho zwegn dem so gern!
Da kannst di auf die Erdn sitzn
und lusti umanandablitzn.
Du kriagst ah zwegn dö wollan Strümpf,
dö allweil beißn, neama Schimpf,
kannst 's Jankerl und die Schuach ausziagn,
alls, ohne glei an Huastn z'kriagn!
Zan Schulgehn brauchst koa Haubn mehr
und hast ah mit'n Schnee koa Gscher,
koa Lackn und koan Dreck am Weg,
koa rutschigs Eis am Grabensteg.
Und Fliederstehln und Pfeiferlmachn,
Maikäferfanga – dös san Sachn,
dö gibt's halt alle grad im Mai,
drum san oft meine Füaß wia Blei.
Und kimm i müada hoam auf d' Nacht,
sagt d' Muatta: Geh in d' Maiandacht!

Pert Peternell

Der Namenspatron Cölestin wurde 1215 in den Abruzzen geboren, war Benediktinerabt und Mitbegründer des Einsiedlerordens vom hl. Damian. 1294 wurde er zum Papst gewählt, legte aber das schwere Amt im selben Jahr freiwillig zurück.

„Ein kühler Mai ist hoch geacht', hat immer reiche Frucht gebracht."   *20. Mai*
Mit Elfriede, Bernhardin und Pilgrim beobachten wir das Wettergeschehen und bedenken nach alten Erfahrungen, daß z. B. der abnehmende Mond die Feuchtigkeit auszieht. Daher soll man in dieser Phase Wassergräben ausstechen und feuchte Zimmerwände kalken.
„Wenn Gott blitzt und donnert, so läßt er auch regnen, und donnert's ins junge Laub, so gibt es eine wohlfeile Zeit!" So haben frühere Bauerngenerationen ihr Tagwerk dem Herrgott anvertraut und wohl auch Sternzeichen und Mond beachtet.
Als Lebensweisheit gilt: „So man mit Eigennutz düngt, kann die Tugend nicht gedeihen!"

21. Mai

Theobald und Ehrenfried, Hermann Josef und Wiltrud sind unsere Namenstagskinder.

„Wind vom Sinken der Sonne ist mit Regen verbündet; Wind vom Steigen der Sonne uns gutes Wetter verkündet!"

Dieser Spruch kann uns bei der Planung von Ausflügen und Bergtouren helfen. Sollte Wind der Sonne folgen, so ist auch dies ein gutes Wetterzeichen. Der Namenspatron Hermann Josef war ein großer Prediger und lebte in der zweiten Hälfte des 12. Jahrhunderts in Köln. Mit zwölf Jahren trat er in das Prämonstratenserkloster Steinfeld in der Eifel ein, studierte und wurde ein bedeutender Verfasser von Hymnen auf die Gottesmutter Maria. Daher rührt auch sein Beiname Josef, da er sich in mystischer Form mit Maria vermählte. Diese wird nun in vielen Maiandachten besungen und um Hilfe angerufen: „Maria, hilf uns aus der Not, Sorg' und Mühen tragen, führ uns in Demut hin zu Gott und laß uns nicht verzagen!"

Unter dem Schutz dieses Marienbildes, das im Schlafzimmer der „Vorderwieser" hing, kamen alle 28 Kinder der Familie Walchhofer auf die Welt!

„Der Mai bringt Blumen dem Gesichte, aber für den Magen keine   *22. Mai*
Früchte!" So freuen wir uns in der zweiten Maihälfte über ein gutes
„Wachswetter".

Ganz gleich, wie das Wetter aber ist, „Pinzgauer Bladl" sind allemal
willkommen: Man verwendet dazu ¹/₂ kg Roggenmehl, Salz, 4 dkg
Butter, ¹/₈ l Wasser und Schmalz zum Ausbacken. Das Roggenmehl
salzen, einen Kochlöffel Butter dazutun und mit heißem Wasser ab-
brennen. Daraus einen geschmeidigen Teig bereiten und ein wenig
durchkneten. Nun eine dreifingerbreite Rolle formen und in gleichmäßige Stücke teilen. Aus diesen Stücken werden handgroße Fladen
messerdick ausgewalkt, mit Mehl bestäubt und aufeinandergelegt.
Nun die Bladl in der Mitte durchschneiden, so daß zwei halbkreisför-
mige Stücke entstehen. Diese werden in heißem Schmalz auf beiden
Seiten herausgebacken, übereinandergeschichtet und zugedeckt. Mit
Sauerkraut gegessen, bilden sie eine bekömmliche, sättigende Kost.

Die „Vorderwies", ehemalige Heimstätte volkskul-
tureller Kostbarkeiten

23. Mai

„A Hand voll Glück ist noch besser als a Buttn voll Verstand, und wer 's Glück hat, bei dem kälbert sogar da Melchstuhl …!"
So verweist ein alter Bauernspruch auf das notwendige Glück, das wir für unseren Alltag erbitten. Beim Unkrautjäten hilft uns z. B. der abnehmende Mond im Steinbock, da die unliebsamen Pflanzen nicht mehr so schnell nachwachsen. Auch Blütentage mit luftiger und lichter Tagesqualität sind gut zum Unkrautjäten, da es leicht verwelkt und gut in den Boden eingearbeitet werden kann.
Vielfach sind aber die oft geschmähten „Unkräuter" kraftvolle Heilpflanzen, die wir beachten sollen.

24. Mai

„Der Mai nach der Mitte hat für den Winter immer noch eine Hütte" – diese Erfahrung kann nicht nur im Gebirge frostige Temperaturen bringen. Verspätete Eismänner sozusagen. Alte Kalender verweisen neben Dagmar auf den Namen Johanna. Gemeint ist dabei die Frau des Finanzministers von König Herodes Antipas. Sie soll mit Maria Magdalena und mit Susanna Jesus bei seinen Predigtwanderungen begleitet haben. Mit ihrem Besitz sorgte sie für seinen Lebensunterhalt und gehörte auch zu den Frauen, die am Ostermorgen zum Grab Jesu gingen.

25. Mai

Die Natur hält uns nun die ersten Grundlagen für einen Reinigungstee aus frischen Pflanzen bereit: junges Brombeerlaub, Brennnessel, Birkenblätter, Spitzwegerich und Löwenzahn.
Die Flachgauer Bauern beobachten aber erste Gewitter und meinen: „Wenn es blitzt von Westen her, deutet's auf Gewitter schwer; kommt von Norden her der Blitz, deutet es auf große Hitz!"
Die Wettersprüche beziehen sich neben Gregor und Maria Magdalena auf den aus Rom stammenden Papst Urban, den Patron der Winzer und Weinberge. Dazu heißt es: „St. Urban ist ein kalter Mann", und: „Wie es sich an St. Urban verhält, so ist's noch zwanzig Tag' bestellt!" Ein anderer Spruch meint: „Urban gibt den Rest, wenn Servaz noch was übrig läßt!" Urban bedeutet im Lateinischen „der Städter". Im Kalender ist sein Gedenktag mit einer großen, blauen Weintraube gekennzeichnet.

26. Mai

Sollte nun in diesen Tagen der abnehmende Mond in das Zeichen der Fische wechseln, könnte eine „Weisheit" meiner Großmutter Gültigkeit bekommen. Sie meinte nämlich, daß bei einem solchen Zeichen die Borsten in der Nase geschnitten werden sollten, damit sie feiner und dünner würden. „Wasch dir aber nicht die Haare", sagte sie dazu und brachte den „Fisch" mit der Schuppenbildung in Verbindung. Gegen die Schuppenflechte riet sie zu einer Propolis–Tinktur und sagte: „Ein Bienenschwarm im Mai ist wert ein Fuder Heu!" Außer der Blütenbestäubung und dem Wundermittel Honig verdanken wir ihnen auch Propolis, das Bienenkittharz mit großer Heilwirkung. Zur äußeren Anwendung bei allen frischen oder eitrigen Wunden, bei unreiner Haut und Fieberblasen.

Ein Fischemond wäre nun günstig zum Setzen und Säen von Blattgemüse, Gießen von Zimmer- und Balkonpflanzen und Blumen düngen. Zu Zeiten der „Handwäsche" nutzte man die Fischetage im abnehmenden Mond für das Waschen stark verschmutzter Wäsche. Vielleicht seufzte dabei manches Wäschermädel: „Feuchter Mai bringt Glück herbei, trockener Mai nur Wehgeschrei!" In bezug auf unsere Körperzonen wirkt der Fischemond auf Füße und Zehen, die Tagesqualität an „Wassertagen" vermittelt uns den Eindruck von Feuchtigkeit und Kühle: „Mai mäßig feucht und kühl, setzt dem Juni ein warmes Ziel; aber übermäßig warmer Mai will, daß der Juni voll Nässe sei!"

Die Namenstagskinder sind Philipp Neri, Maria Anna und St. Regintrud. Diese war eine fränkische Königstochter und Gemahlin Theodors, des Baiernherzogs. Sie hat in ihrem Leben viel Gutes gewirkt und sich als Witwe auf den Nonnberg zu Salzburg begeben, wo sie gottselig gestorben ist.

Je nach Jahreslauf wird in diesen Tagen das Fest „Christi Himmelfahrt" oder der „Auffahrtspfinztag" gefeiert und dabei das Wetter beobachtet.

„Wie das Wetter am Himmelfahrtstag, so, glaubt man, auch der Herbst sein mag." So heißt es für das hohe Kirchenfest am 40. Tag nach Ostern. Die besondere Bedeutung der heiligen Zahl 40 wird hier bewußt. Christus soll den Aposteln 40 Tage hindurch erschienen sein, um mit ihnen über das Reich Gottes zu sprechen. Die „Auffahrt" des Herrn wurde in früheren Jahrhunderten oft bildlich nachempfunden und eine Christusstatue durch ein Loch in der Kirchendecke, die sogenannte „Himmelfahrtslucken", aufgezogen. Aus der Richtung, in welche Christus schaute, erwartete man die sommerlichen Unwetter und meinte: „Wo unser Herr sich hindreht, da das Wetter hergeht!"

Die Tage vor Christi Himmelfahrt werden bei uns „Bittage" genannt, die heute noch zahlreiche Gläubige zu einem Gnadenbild der Muttergottes führen. So zum Gnadenbild von Maria Plain, zur Muttergottes am Dürrnberg oder nach Maria Kirchenthal. Montag, Dienstag und Mittwoch finden diese Bittprozessionen statt, die ihren Anfang im 10. Jahrhundert finden. Das Fest Christi Himmelfahrt gehört zu den ältesten im Kirchenjahr und kann schon für das 4. Jahrhundert nachgewiesen werden. Es ist der 40. Tag nach Ostern und daher immer ein Donnerstag.

Die Donnerstage, früher als „Pfinztage" bezeichnet, haben aber in mehreren jahreszeitlichen Abschnitten eine besondere Bedeutung. Barbara Rettenbacher beschreibt in ihrem Buch „Mundart zwischen Grasberg und Tauern" die mundartlichen Wurzeln. Nachdem handelt es sich bei dem Wort „Pfinztag" um ein bairisches Kennwort, das durch Vermittlung der Langobarden von den Goten zu uns kam. Es ist nach dem griechischen „penta" (fünfter Tag) gebildet und bedeutet einen besonders herausgehobenen Tag: der „Weichnpfinztag" ist der Gründonnerstag, Christi Himmelfahrt wird als „Auffahrtspfinztag" bezeichnet, und in Rauris heißt der Fronleichnamstag „Pranga-Pfinztag". Dazu berichtet Alois Kirchner aus Bramberg, daß in seiner Jugend der Fronleichnams-Donnerstag als „Antlaßpfinztag" bezeichnet wurde und die Kinder an diesem Tag zum „Antlaß" (zur Prozession) gegangen sind. Darüber hinaus gab es an den Donnerstagabenden in den Bauernstuben meist eine lustige Unterhaltung, da die Mägde am Pfinztag nie zu spinnen brauchten!

28. Mai

Bei einem Besuch im Salzburger Freilichtmuseum finden wir immer wieder Gelegenheit, um altes bäuerliches Handwerk zu bewundern und Mondzeichen vergangener Jahrhunderte im alten Bundwerkstadel wiederzufinden. Der aus dem 18. Jahrhundert stammende Riederstadel aus dem Weiler Aich in der oberösterreichischen Gemeinde Feldkirchen wurde zu einem Veranstaltungssaal umgebaut und bietet als fünfjochiger Ständerbau mit sechs Gebinden zu je fünf Säulen, im Hofbereich des „Knotzingers", nun auch Raum für Ausstellungen. Die Bundwerkstadeln dienten früher zur Lagerung der Getreidegarben und wurden mit dem Aufkommen der Mähdrescher funktionslos und leider überall abgerissen.

Gewährsleute aus dem Bereich der qualitätsvollen Holzbearbeitung, wie sie auch in unseren Landwirtschaftsschulen gelehrt wird, vertrauen nun wieder verstärkt auf alte Holzschlagregeln. So weiß man, daß bei Vollmond gefälltes Holz schlecht trocknet, da es im besten Saft steht. Es wird daher gerne für Bauwerke im Wasser verwendet, da es kaum zusätzliches Wasser aufnimmt. Dadurch bleibt es hart und beständiger. Neumondholz ist dagegen eher saftlos und eignet sich gut zur Verarbeitung. Holz schlagen, wenn der Mond am kleinsten ist, verband man früher mit vielen Vorteilen. Es zerkliebt nicht, dörrt nicht zusammen und wird auch nicht von Würmern zerfressen. Es soll auch nicht kleiner werden,

Beim „Knotzinger" im Salzburger Freilichtmuseum

Handwerkskunst in Holz

wenn es grün verarbeitet wird. Holz im zunehmenden Mond trocknet nicht nur schlecht, sondern wird aufgrund des Saftflusses auch gerne von Schädlingen heimgesucht. Dies ist besonders im Mai zu beachten.

30. Mai

Ferdinand, der kühne Beschützer, steht heute im Kalender. Er wurde 1199 als Sohn Alfons' IX. von Leon geboren und schloß 1219 die Ehe mit Beatrix von Schwaben. Er gilt als Vereiniger der beiden spanischen Königreiche und als Beschützer gegen die Mauren. Sein Grabmal befindet sich in der Kathedrale von Sevilla. 1671 wurde der Namenspatron unserer „Ferdln" heiliggesprochen.

Mit genügend Feuchtigkeit erhoffen wir nun sonnige Tage, denn es heißt: „Ist der Frühling trocken, gibt's einen nassen Sommer!" Vielleicht vertrauen wir den tierischen Wetterpropheten. So kündigen hoch fliegende Lerchen trockenes Wetter, ebenso der Ruf des Kuckucks. Wenn die Spinne bei Sonnenuntergang mitten im Netz sitzt, wird schönes Wetter!

31. Mai

Mit Petronella und Mechthild endet der Wonnemonat Mai, und ein Spruch aus alter Zeit sagt: „Ist es klar an Petronell, meßt den Flachs ihr mit der Ell!"

Mit ihren Symbolen verweisen dabei alte Kalender unter anderem auf das An- und Umsetzen von Komposthaufen, die in keinem Garten fehlen sollten. Dabei entsteht aus pflanzlichen Abfällen wertvolle Humuserde zur Düngung und Verbesserung des Bodens. Verantwortlich dafür sind Bakterien und Kleinlebewesen, die die notwendigen Nährstoffe pflanzengerecht aufschließen. Günstig sind dabei Stiertage im abnehmenden Mond als Wurzeltage mit aufsteigender Kraft. Diese sind aber auch „Kältetage", an denen sich eine angekündigte Abkühlung noch deutlicher bemerkbar macht.

Kraut des Monats: „Gottvergiß und Magenkraut"
Damit ist der Wermut gemeint, den wir auf steinigem Grund, entlang an Zäunen und Mauern finden. Die Blätter sind gefiedert, und die ganze Pflanze ist mit silbergrauen Haaren bedeckt. Die Blüten bilden gelbe, runde Köpfchen, der Geruch ist würzig und der Geschmack würzig bitter.

Der Krautaufguß – 1 Teelöffel auf ¼ Liter Wasser – ist besonders gut für den Magen, sofern er mäßig genossen wird. Früher wurde der Wermut oft in Gärten zur Bereitung von Likören angebaut. Da der Genuß von Spirituosen, die Inhaltsstoffe des Wermuts enthalten, Gesundheitsschäden hervorrufen kann, wurde der Gebrauch in vielen Ländern verboten. Wie so oft entscheidet die Menge und Dosierung über Heilkraft und Wirkung.

Mein stets verehrter Lehrer und Mundartdichter Hans Waldried Moser schrieb dazu in seinem Büchlein „Denk nach und lach a wenk":

Wermut
(Artemisia absinthium)

's Gift

Bin überall durt, wos d' mi sicher nit suachst.
Oft lobst du mein Schönheit, dös d' nacher vafluachst.
A Bröserl von mir, das derhalt dir oft 's Lebn.
A kloans Wengerl mehr kann in Garaus dir gebn.
I rat dir's, mein Liaber, du, spül nit mit mir!
Das hast übersehgn, nacher spül i mit dir.
Oft blüaht a schöns Bleamal und schmeckn tuat's fein,
daweil sitzt da Sensnmann einwendig drein.
Wen i amoi hon, hilft koa Gsetz und koa Schrift,
das laß da nur gsagt sein, mi hoaßn s' das Gift!

Schwendtage
Im Mai gelten der 3., 10., 22. und 25. als verworfene Tage!

„Der Apotheker"
Original-Holzschnitt von Waltraud Weißenbach

JUNI

Menschen und Juniwind
ändern sich gschwind

Der Sommermonat Juni, von Kaiser Karl dem Großen auch „Brachmond" genannt, erinnert an die römische Licht- und Ehegöttin Juno. Es war dies der vierte Monat im altrömischen Kalender. Der Begriff „Brachmond" stammt aus der alten Felderbewirtschaftung, in der zu dieser Zeit der brachliegende Acker umgebrochen wurde. Der Brauchtumskalender nennt uns bedeutende kirchliche Feste, die auch heute noch mit großem Gepränge gefeiert werden. Das Wort „Prangtag" wird davon abgeleitet.

1. Juni

„Ja, der Mai is vorbei, ih bin allweil nu frei, net oa Dirndl hat's gebn, des mih nahmat fürs Lebn. Is ja direkt a Schand. Und hiatz bin ih halt gspannt, bald da Juni ankimmt, ob mih da oane nimmt?!" So schrieb Walter Kraus in seinem Buch „A Handvoi Leben" und läßt uns nun erwartungsvoll den Juni betrachten.

Wie soll das Juniwetter sein? Schön warm mit Regen und Sonnenschein. So wäre es ein Glücksfall für die Natur und wohl auch unserem Gemüt entsprechend. Frühlingskonzerte, Hof- und Reiterfeste, Blasmusik und Volkslied umschließen den weltlichen Teil der vielen Veranstaltungen, die von zwei großen kirchlichen Festen unterbrochen werden: Pfingsten und Fronleichnam. Pfingsten ist das zweitgrößte Fest des Kirchenjahres und wird am siebenten Sonntag nach Ostern begangen. Das Geheimnis des Festes erinnert an die Sendung des Hl. Geistes. Von dem früher reichen Brauchtum hat sich bis in unsere Zeit wenig erhalten, wobei aber Pfingsten noch immer als Haupttermin für die Firmungen gilt.

Eine Verbindung zum Hl. Geist hat sich aber vom Lungau aus als liebenswerter Brauch den Weg in unsere Stuben gesucht: die „Lungauer Heiliggeisttaube" als heimische Schnitzkunst aus Zirbenholz. Ihren weiten Weg nach Zederhaus im Lungau machten sie durch den „Hengst-Hans", welcher im Ersten Weltkrieg in russische Kriegsgefangenschaft geriet und dort das Schnitzen dieser Tauben erlernte.

2. Juni

Der Kalender verweist auf den liebenswürdigen Erasmus, der von den Seeleuten an der Adriaküste als Schutzpatron verehrt wird. Als Kalendersymbol ist ihm eine Schiffswinde mit aufgewickeltem Ankertau beigegeben. Manche sahen darin fälschlicherweise sein Marterwerkzeug, mit dem man ihm die Gedärme aus dem Leib gerissen haben soll. So gilt er bis in unsere Zeit auch als Nothelfer bei „Bauchgrimmen".

3. Juni

Karl Lwanga führt uns mit Hildburg durch den Tag. Sollte der Mond zunehmen und durch das Zeichen der Zwillinge gehen, be-

Pfingsten – Fest des Heiligen Geistes
„Komm herab, o Heil'ger Geist, der die finstre Nacht zerreißt,
strahle Licht in diese Welt, komm, der jedes Herz erhellt!"

schert er uns einen guten Pflanztermin für alles, was ranken soll. „Auf den Juni kommt es an, ob die Ernte soll bestah'n, denn was im September soll geraten, das muß bereits der Juni braten!" So bitten wir nun um heiße Tage und abwechselnd um einen milden Juniregen. „Viermal Juniregen, bringt zwölffach Segen", heißt es, und so wären einige Regentage wohl genug. Leichtgläubig darf man aber auf den Juni nicht vertrauen, denn Menschen und Juniwind ändern sich geschwind!

4. Juni

Für das Schließen von entstandenen Lücken im Kräutergarten kann manches jetzt noch nachgesät werden, damit uns die Kräuter das ganze Jahr nicht ausgehen: Kresse, Kerbel, Dill und Borretsch. Ideal wäre ein Blatt-Tag im Krebs. Die Ernte von Thymian- und Salbeiblättern soll noch vor der Blütezeit dieser Kräuter erfolgen, weil sie dann am würzigsten schmecken. Innergebirg hoffen die Bauern auf ein gutes „Heigwetter" und bitten mit der Lungauer Dichterbäuerin Cilli Pichler:
„Es hobb mih mei Lond, wonn 's Sensblattl rauscht, die taufeichte Mohdn vor die Füaß sih aufbauscht, der Gußvogl laut sei ,Kiwitt, kiwitt' schreit. Loß's jo hiatz nid regna, zan Heign ist die Zeit! Wonn en Tiafngrobm obm der Feichtnwoid stab, jede Stau'n sih vasteckt in an Gwandl aus Lab, en Fedgriaß die Pechnagl, Hosnknöpf blüahn, do hobb mih mei Lond, ih möcht's nia valiern."

5. Juni

„Kalter Juniregen bringt Wein und Honig keinen Segen!" Diesen Spruch sollten sich die himmlischen Wettermacher einprägen und uns warme Temperaturen bescheren. Der Märtyrer Bonifatius verheißt uns dazu gutes Geschick. Er trug zuerst den Namen „Winfried" und galt als Apostel der Deutschen. Von Papst Gregor II. erhielt er den Auftrag zur Heidenmission in Thüringen, Friesland und Hessen. Mit ihm hoffen wir auf gutes Wetter, das die Heuernte erleichtert. Obwohl viermal Juniregen zwölffachen Segen bringen soll, verdirbt ein allzu nasser Juni das ganze Jahr!

6. Juni

Norbert, der „Berühmte aus dem Norden", feiert Namenstag. Der Mandlkalender nennt ihn als Subdiakon und Kanoniker zu St. Viktor in Xanten. Nach einem lustigen Hofleben bei Erzbischof Friedrich I. von Köln und Kaiser Heinrich V. zog er sich als Büßer in das Kloster Siegburg zurück. Ausschlaggebend war ein Blitzschlag, der ihn 1115 auf einem Ritt in Lebensgefahr brachte. Alte Kalender berichten von günstigen Nordwinden im Juni, die Korn und Wein ins Land wehen und dafür die Gewitter abhalten. Dies soll

Echter Salbei
(Salvia officinalis)

Eingriffeliger Weißdorn
(Crataegus monogyna)

Schwarzer Holunder
(Sambucus nigra)

von großem Vorteil sein, denn ein Juni mit viel Donner verkündet einen trüben Sommer.

Wenn der Mond zunimmt und in den Löwen wechselt, bringt er uns feurige Fruchttage zum Sammeln von herzstärkenden Kräutern. Für ein leistungsfähiges Herz vertraute man früher gerne dem „Hagedorn". Damit ist der Weißdorn gemeint, dessen Essenz gegen allerlei Herzkrankheiten empfohlen wurde. Ein Weißdorn-Blütentee soll über längere Zeit den Bluthochdruck bekämpfen. Tee aus Weißdornblüten wird schon seit alters her auch gegen Fettleibigkeit verwendet.

7. Juni

Mit Robert und Adolar hoffen wir auf beständiges Heuwetter. Alte Bauern achteten auch bei der Heuernte auf den Mondstand und wußten, daß bei abnehmendem Mond das Heu etwas feuchter als üblich eingebracht werden darf. Es trocknet im Heustock nach und wird nicht grau und schimmelig wie bei zunehmendem Mond!

8. Juni

Der heilige Medardus bringt uns einen stets gefürchteten Wetterlostag. „Wie's wittert am Medardustag", so soll es noch vier Wochen bleiben! Das sind die Aussichten, die uns der Heilige verspricht. Er lebte am Anfang des 6. Jahrhunderts, stammte aus fränkischem Adel und gilt als Patron der Bauern und Winzer. „Wer zu Medardi baut, erntet viel Flachs und Kraut!" Auch Meteorologen unserer Zeit verweisen auf eine große Wahrscheinlichkeit, daß nach einem regnerischen Medarditag bis zum Monatsende noch mehrere Regentage folgen. Diese statistisch belegte Regenhäufigkeit brachte dem Heiligen den nicht sehr schmeichelhaften Beinamen „Heubrunzer" ein.

9. Juni

Mit Primus und Felician beginnen nun viele Kräuter und Heilpflanzen ihre besonderen Kräfte zu entfalten. Der „Schwarze Holunder", ein besonderer Strauch, der bei keinem Bauernhaus fehlen durfte, steht nun in voller Blüte. Sein Blütentee ist unentbehrlich bei Bronchitis, Grippe und Husten und führt zu intensivem Schwitzen.

Der Holundersaft ist ein herrlicher Durstlöscher, und die „Hollerstrauben" sind eine himmlische Köstlichkeit: 5 dkg Butter läßt man in $^1/_8$ l erwärmtem Weißwein zergehen, mengt so viel Mehl ein, daß ein weicher, flüssiger Teig entsteht, in dem man 2–3 Eier und eine Prise Salz einrührt. Gut gewaschene Hollerblütendolden abtropfen lassen und bis auf den Stengel in den Teig tauchen. Etwas abtropfen lassen und sofort in heißes Fett einlegen und hellgelb backen. Mit Zucker bestreuen und servieren.

Die beiden Kalenderheiligen waren Priester in Rom. Nach dem Märtyrerverzeichnis des hl. Hieronymus befand sich ihre Gedenkstätte am 15. Meilenstein der Via Nomentana. Papst Theodor I. ließ ihre Gebeine in die römische Kirche San Stefano Rotondo überführen. Der Mandlkalender zeigt den Märtyrer Primus mit einem Stock, mit dem er vor seiner Enthauptung geschlagen wurde.

Mit Heinrich von Bozen hoffen wir auf gutes Ausflugswetter zum Besuch der vielen Festlichkeiten in Stadt und Land. Heinrich war ein einfacher bäuerlicher Mensch, dem wegen seiner Rechtschaffenheit das Patronat über die Stadt Bozen übertragen wurde. Alte Kalender nennen heute auch den Namen Margaret, an dem für eine gute Ernte die Sonne scheinen soll.

10. Juni

„Asche, Pfingsten, Kreuz, Luzei, die Woch danach Quatember sei!"
Dieser im Jahreslauf wiederkehrende Spruch gilt auch für die Woche um Pfingsten. Mittwoch, Freitag und Samstag sind besondere Quatembertage. Nach alter Überlieferung gilt jemand, der am Pfingstsonntag zur Welt kommt, als „Glückskind". Glückskinder sind aber auch jene Menschen, die die Wunder der Natur noch begreifen und den Jahreskreis durch festliches Feiern unterteilen.
Barbara Rettenbacher meint: „Pfingstn – Roasn – Autoschlang. Heescht du noh en Voglgsang? Siehgst noh 's Bliah in Feld und Wald? Gwouhscht en Geist, der waht und wallt? Früahra, so verzöht ma d' Lis, sand s' zan Basei groast durch d' Wies und an Guglhupf hout's gebm. Bualein, sougg's, a nobis Lebm!"
Als Zutaten für einen Guglhupf benötigt man: $^1/_8$ kg Butter, 6 Eier, 4 EL Staubzucker, eine Prise Salz, 40 dkg Mehl, eine Handvoll Weinbeeren und eine Handvoll gestiftelte Mandeln, abgeriebene Zitronenschale, 1 Päckchen Vanillezucker, 5 dkg Germ und 1 Seidel Milch. Die Germ wird mit einem Eßlöffel Mehl und etwas Zucker in der lauwarmen Milch verrührt, die Butter mit dem Dotter und dem Zucker gut abgetrieben und mit allen anderen Zutaten der Teig gut abgeschlagen, bis er Blasen wirft. Die Weinbeeren (Rosinen) und die gestiftelten Mandeln mit Mehl bestäuben, damit sie beim Backen nicht auf den Boden der Kuchenform sinken. Nun werden die Rosinen und Mandeln mit dem steifen Schnee von 6 Eiklar in den Teig gemischt. Die Guglhupfform gut mit Fett ausschmieren und mit feinen Bröseln ausstreuen. Den Teig nochmals aufgehen lassen und langsam backen. Ein Tip meiner Großmutter: Um den Geschmack noch zu verbessern, sollen die Weinbeeren über Nacht in Rum getaucht werden!

Die Pfingsttage und die fünfzigtägige liturgische Freudenzeit nach Ostern sind mit der Tradition der großen jüdischen Wallfahrtsfeste verknüpft. Als Fest des Heiligen Geistes erhielt Pfingsten, so wie Weihnachten und Ostern, einen zweiten Feiertag, der die österliche Freudenzeit zu einem krönenden Abschluß bringt. Neben den kirchlichen Feiern sind auch noch verschiedene Begriffe vergangener Zeiten in Erinnerung: Pfingstschnalzen, Heiligengeist-Wasser, Pfingstmet, Pfingstfeuer und Pfingstochs. Dieser erinnert an den Beginn der Weidezeit und war der Spottname für den zu spät kommenden Hüterbuben. Im kirchlichen Bereich berichten alte Erzählungen vom „Pfingst- oder Heiligengeistloch", durch das man beim Pfingsthochamt eine geschnitzte Taube als Symbol für den Heiligen Geist herabgelassen hat. „Regnet's an einem Pfingsttag, dann bringt es Plag'", meinten alte gläubige Bauern und hofften auf den Heiligen Geist. Um 1920 ist noch belegt, daß sich die Bauern am Feldrand niederknieten, um den Segen zu empfangen, den der Papst am Pfingstmorgen in Rom der ganzen Christenheit erteilte. So sollten auch Birkenäste vor den Hauseingängen diesen päpstlichen Segen und den Heiligen Geist einfangen und festhalten.

„Himmelbrotschutzen der Oberndorfer Schiffergarde": Dabei wird am Fronleichnamstag ein Kranz mit Hostien dem Wasser übergeben und um Schutz für die Schiffer gebeten. Das „Hineinschutzen" der Hostien (= Himmelbrot) wird als „Himmelbrotschutzen" bezeichnet.

Der Sonntag nach Pfingsten bringt uns das Dreifaltigkeitsfest. Der christliche Glaube steht im Mittelpunkt dieses Festes, das volkskundlich als frommer, ruhiger Tag gefeiert wurde. Kinder, die an diesem Tag auf die Welt kommen, sollen besondere Glückskinder sein. Früher war dieser „Frommtag" mit allerlei Verboten belegt. So sollte man nicht reisen, baden, klettern oder nähen. In etlichen Gegenden gab es Flursegnungen und Prozessionen, so wie es auch heute noch in Lessach im Lungau der Brauch ist.

Das nächste kirchliche Hochfest mit festlichem Gepränge ist „Fronleichnam".

„Wie auf Fronleichnam die Blumen welken, so welkt im Heumond das Heu." Damit ist es gewiß, daß wir in diesen Tagen schönes Wetter brauchen. „Fronleichnamstag schön und klar bringt ein gut gesegnet Jahr", lautet eine Redewendung. Der Name leitet sich von fron (= Herr) und lichnam (= lebendiger Leib) ab. Wenn der Priester die Monstranz unter dem Himmel trägt, neigt der gläubige Mensch sein Haupt, bekreuzigt sich und meint: „Der Herr geht über Land!" Im Mittelalter gingen die Gläubigen nur zu Ostern, Pfingsten, Weihnachten und Allerheiligen zur Kommunion. Daher waren die Umzüge eine willkommene Möglichkeit, die Hostien und das Allerheiligste anzuschauen.

11. Juni

St. Barnabas freut sich mit den Bauern über ein schönes Juniwetter. Er zählt zu den „Zwölfboten" und hat in Kleinasien das Christentum gepredigt. Mit ihm verbinden wir zwei Regeln. Einmal heißt es „Barnabas macht Bäum' und Dächer naß", dann aber finden wir den hoffnungsvollen Spruch: „St. Barnabas macht, wenn er günstig ist, wieder gut, was verdorben ist!"

Zum Wetter wollen wir nun auch die Wochentage befragen. In der Wetterbeobachtung sagten die alten Bauern: „Dunkler Montag – helle Woche", und ergänzten, daß das Montagswetter keine Woche alt wird. „Des wird a kurze Woch'n!" hat der Knecht g'sagt, wia er am Montag g'storb'n is!

Für den Dienstag meint ein Spruch: „Endigt der Dienstag mit Nieseln, wird es am Mittwochfrüh rieseln!" Dazu meinen erfahrene „Petrijünger": „Geht der Fisch nicht an die Angel, ist an Regen bald kein Mangel!" Der Weidmann wiederum meint: „Morgens lauter Finkenschlag kündet Regen für den Tag!"

Die Wochenmitte bringt nach alten Erfahrungen eine Wetteränderung, und zwar zur zwölften Stunde. Aber so genau dürfen wir diese Aussagen nicht nehmen, denn schon die Sommerzeit hat uns eine Stundenverschiebung gebracht.

Der Donnerstag und der Freitag wiederum haben sowieso ihr eigenes Wetter, wobei es heißt: „Der Donnerstag ist wunderlich, der Freitag gar absunderlich!" Dieser läßt uns auch einen Blick in das Wochenende tun: „Wie der Freitag am Schwanz, so der Sonntag ganz! Und wie's der Samstagabend hält, so ist die ganze Woch' bestellt!" Der Naturbeobachter und Blumenkenner vertraut der Bibernelle. Zeigt sie am Vormittag bis zur Mittagsstunde aufrecht stehende Blätter, deutet sie auf schönes Wetter, hängen Blätter und Blüten, so folgt ganz sicher Regen!

12. Juni

Johannes Fakundo und Leo III. führen mit ihrem Namensfest in frühsommerliche Tage. So groß nun die Freude über ein herrliches Badewetter ist, so sorgenvoll wird auch oft ein Blick zum Himmel geschickt. Donner und Blitz verbünden sich ja gerade um diese Jahreszeit mit unheilvollen Gewittern. Alte Erfahrungen meinen dazu: „Ein Gewitter wird gefährlich, wenn es auf trockenen Boden donnert; ein Donnerwetter am frühen Morgen zieht noch mehrere Gewitter nach sich; und bleibt's nach dem Gewitter schwül, wird's erst nach dem nächsten kühl!"
Mit diesen Beobachtungen verbinden wir auch die Hoffnung auf einen schönen Sommer, denn es heißt: „Juni viel Donner verkündet trüben Sommer!" Vor allem die ersten Gewitter im Jahr wurden früher genau beobachtet und damit auf die Richtung der nachkommenden Donnerwetter geschlossen. „Woher im Jahr das erste Gewitter kommt, da kommen die anderen nach!"

13. Juni

„Heiliger Antonius, hilf" – dieser Ausspruch könnte heute Verlorenes wiederbringen. Anton von Padua hat nämlich seinen Sterbetag und gilt als Wiederbringer verlorener Dinge. Er wurde 1195 in Lissabon geboren, trat mit fünfzehn Jahren bei den Chorherren ein und wechselte 1220 in das Franziskanerkloster St. Antonius, wobei er den Namen des Kirchenpatrons annahm. In manchen Gegenden trägt er auch den Beinamen „Kindltoni", da er auf vielen Abbildungen das Jesuskind auf dem Arm trägt.
Im Büchlein „O Gott, wer hilft mir", im Verlag St. Peter in Salzburg erschienen, schreibt Reinhard Rinnerthaler, daß der Heilige aus Padua auch als Patron der Liebenden und Eheleute gilt. Aus Tirol ist eine Gebet heiratslustiger Mädchen überliefert: „Heiliger Antonius, mach' ma an Handl: I bet dir an Rosenkranz und du schickst mir a Mandl."

Antonius

Durch die hohen Temperaturen im Mai und Juni entfalten viele Kräuter jetzt schon ihre heilenden Kräfte. So z. B. der „Quendel" oder Feldthymian. Die Germanen hatten den Feldthymian der Göttin Freya geweiht, im Mittelalter wurde er zu „unser lieben Frauen Bettstroh". Er schmückt von Juni bis September trockene Hänge und Wegränder mit rosa- bis pupurfarbenen Blüten und enthält ein wertvolles ätherisches Öl. Gegen Schwäche, Bleichsucht und bei fiebrigen Erkrankungen wurde gerne der Bitterklee angewendet und deshalb auch „Fieberklee" genannt. Es ist dies eine Moorpflanze mit weißen bis hellrosafärbigen, traubenartigen Blüten und dreizähligen Blättern. Daher die fälschliche Bezeichnung „Klee". Besonders gut zum Sammeln und Trocknen von Heilkräutern eignen sich Skorpiontage im zunehmenden Mond.

14. Juni

Wegen seines stark aromatischen Geruches wird der frische Thymian gerne bei Kräuterkissen und nervenstärkenden Bädern verwendet.

Der Tee – 1 Teelöffel auf 1 Tasse Wasser – übt eine sehr gute Wirkung bei Erkrankungen der Bronchien, bei Keuchhusten und Lungenverschleimung aus. Auch bei Asthma bringt der Aufguß – mit Weißwein zubereitet – eine große Erleichterung. In Spiritus angesetzt, ist er gut für Einreibungen bei Rheumatismus und allgemeiner Nervenschwäche.

Eine alte Heilkunde meint: „Der Saft mit Essig angemacht und pflasterweis aufgelegt zerteilt die blauen Mäler, geronnen Blut und rote Warzen!"

Thymian *(Thymus vulgaris)*

15. Juni

„Wenn's an Vitus regnet fein, soll das Jahr gar fruchtbar sein!" Dieser Spruch erinnert uns an den heiligen St. Veit. Der nach der Legende in Sizilien gebürtige Heilige ist Helfer und Fürbitter in „Fraisen- und Feuergefahr" und soll im Jahreskreis die Fliegen mitbringen. Vor der Kalenderreform im Jahre 1582 kündigte er von der Jahresmitte. Aus dieser Zeit stammt der Spruch: „Nach St. Veit ändert sich die Zeit, alles geht auf die andere Seit!" Die Legende berichtet, daß der hl. Vitus wegen seines Glaubens in siedendes Öl geworfen wurde und anschließend in einem Löwenkäfig zu Tode kam. „Regen am St.-Vitus-Tag die Gerste nicht vertragen mag!"

16. Juni

Mit Benno nennt der Kalender auch St. Gebhard, der Bischof zu Salzburg war. Er errichtete das Bistum Gurk und das Kloster Admont und ist im Jahre 1088 auf Hohenwerfen gestorben. Benno wiederum ist die Kurzform von Bernhard und bedeutete im Germanischen der „Bärenstarke". Seine Reliquien ruhen in der Münchner Frauenkirche. Er ist der Patron Münchens, Altbayerns und des Bistums Meißen.
Alte Bauern meinen: „Wer auf Sankt Benno baut, der kriegt viel Kraut!"
Sollte sich der Mond zur vollen Scheibe runden, eignet sich dieser Termin gut zur Ernte der Heilkräuter, wobei das „Lungenkraut" hoch gelobt wird. Schon das alte Kräuterbuch von Adamo Lonicero aus dem Jahr 1679 beschreibt ein Pulver mit diesem Kraut: Nimm Lungenkraut gedörrt, Nießsamen, gedörrte Fuchslungen, Fenchelsamen, Süßholz, Alantwurzel, Imber und jedes gleich viel, besonders wohl gestoßen und durcheinandergemischt abends und morgens. Es vertreibt dir das Keichen und öffnet Lunge und Leber.
Sollte man vom Schluckauf geplagt werden, so hilft das Kauen von Estragonzweiglein. „Stoßt di' da Schnackl, dann denk an dein Jackl, der Jackl an di' und da Schnackl is hi'!"

Echtes Lungenkraut
(*Pulmonaria officinalis*)

17. Juni

„Der Wind dreht sich um St. Veit, da legt sich 's Laub auf die andere Seit'." Vielleicht bringt uns diese Winddrehung beständiges sommerliches Wetter. Auf die Frage: „Wie soll das Juniwetter sein?" sagen alte Bauern: „Schön warm mit Regen und Sonnenschein!" Dazu gilt: „Vor Johanni bitt um Regen, nachher kommt er ungelegen!"

19. Juni

Der Kalender nennt Juliana von Falconieri und den heiligen Gervasius. Dieser kann ein unangenehmer Wetterkünder sein, denn ein

Spruch unterstellt ihm vierzig Tage Regen, wenn an seinem Lostag der Himmel weint. So hoffen wir auf einen anderen Wetterspruch: „Ist die Milchstraße klar zu sehn, bleibt das Wetter schön. Funkeln aber heut die Stern, spielt der Wind uns bald den Herrn!" Weitere Wetterkünder sollten uns nun in lauen Nächten begegnen, denn wir wissen: „Wenn die Johanniskäfer schön leuchten und glänzen, kommt 's Wetter zu Lust und im Freien zu Tänzen; verbirgt sich das Tierchen bis Johanni und weiter, wird 's Wetter einstweilen nicht warm und nicht heiter!" Viele alpenländische Wettersprüche und Lebensweisheiten sind uns auch durch den Mund der Geistlichkeit überliefert und oftmals mit Humor verbunden: „‚Es gibt auch ein Leben vor dem Tode!' hat der Landpfarrer g'sagt und hat si' am Freitag in St. Peter a Schweinshaxn b'stellt!"

Mit Adalbert von Magdeburg und dem Namensfest „Silverius" wollen wir in vergangene Zeiten blicken. Nach dem bis ins Mittelalter gültigen Weltbild der getrennten irdischen und himmlischen Bereiche begrenzte die Mondbahn den zentralen Bereich der Welt. Erst mit Kopernikus findet sich die Erde mit ihrem Mond und der Schar der Planeten im Lauf um die im Zentrum stehende Sonne. Damit ändern sich Tag und Nacht, Jahreszeit und Vegetation. Tiere und Pflanzen haben dafür eine eigene „innere Uhr", die mit den Tageszyklen, Wettererscheinungen und Mondphasen verbunden scheint. So ist Regen zu erwarten, wenn die Zitterpappel sich dauernd bewegt!

20. Juni

Aloisius von Gonzaga begleitet uns durch den Tag zur „Sommersonnenwende". Dabei tritt die Sonne in das Zeichen des Krebses und bringt uns den astronomischen Sommerbeginn. Aloisius von Gonzaga war der Sohn eines Markgrafen in der Diözese Mantua und lebte von 1568 bis 1591. In ganz jungen Jahren stellte er sich voll in den Dienst der Krankenpflege und wurde als Dreiundzwanzigjähriger selbst ein Opfer der Pest. 1726 heiliggesprochen, gilt er heute als Patron der AIDS-Kranken. In den kirchlichen Darstellungen finden wir ihn als Jesuitenpater mit Rosenkranz und Lilie abgebildet.

21. Juni

Paulinus, Achatius und Thomas Morus feiern Namenstag und meinen zum Wetter im Brachmond: „Wenn's nicht donnert und blitzt, wenn der Schnitter nicht schwitzt, und wenn der Regen dauert lang, wird's dem Bauern angst und bang", und: „Wenn's auf trocknen Boden donnert, dann blüht eine Hitz, und wenn's auf den nassen don-

22. Juni

nert, so blüht ein Regen!" Ein Trost klingt mir vom „Jäger Hansei"
noch in den Ohren: „Alle bösen Wetter klaren gegen Abend auf!"

23. Juni

„Wie der Herrgott naß macht, so macht er auch trocken!" Dies
meinte ein feuchtfröhlicher Zeitgenosse und verwies auf einen Mar-
terlspruch: „Unter diesem Erdenhügel liegt der Oberförster Igel.
Draufzahlt hat mit eahm da Staat, weil er so viel gsoff'n hat. Schütt's
eahm nach a Glasl Wein, in der Höll drunt werd er durstig sein!"
Eine warm-feuchte Juniwitterung lobten seinerzeit unsere Bauern,
da sie neben der Heumahd vor allem das Wachsen und Reifen des
Getreides hoffnungsfroh beobachteten. Das sogenannte „Ähren-
schieben", das das Längenwachstum der Halme abschließt, fällt für
die Getreidearten, die früher auch in unseren Gebirgstälern angebaut wurden, in die Wochen hin zur Sonnenwende. Heimischer
Winterweizen, Winterroggen, Sommergerste und Hafer waren Lebensgrundlagen für Mensch und Tier. Nach Beendigung der Wachs-
tumsphase brauchen wir nun aber eine entsprechende Wärme für die
Reife. „Juni kalt und naß, läßt leer Scheune und Faß; Junisonne und
Juniregen bringen dem ganzen Jahr viel Segen!"
Die Sommersonnenwende hat uns zur Jahresmitte geführt, die mit
zahlreichen Feuern begrüßt wird. Feuerbräuche zur Zeit der Som-
merhöhe waren schon in vorchristlicher Zeit üblich und sollten der
auf ihrem Höhepunkt stehenden Sonne Beistand leisten. Wenn auch
heute die Gepflogenheit weit verbreitet ist, den astronomischen
Sonnwendtag zu begehen, so hat sich mancherorts der Johannistag
(24. 6.) als Festtagsdatum erhalten. So ist das Sonnwend- oder
Johannisfeuer zu einem christlichen Brauch geworden. Eng ver-
wandt mit dem Maibaum in seiner ursprünglichen Bedeutung als

Heuschreckenplage vergangener Zeiten

Pongauer und Lungauer Prangstangen

Lebensbaumsymbol sind die Prangstangen des Pongaues und des Lungaues, die in dieser Zeit in feierlicher Prozession durch Flur und Ort getragen werden.

In Zederhaus ist das hohe kirchliche Fest zu Ehren Johannes des Täufers „Prangtag"; ein Feiertag der Dorfgemeinschaft und der willkommenen Gäste. Ich hatte einmal das Glück, die Vorbereitungen mitzuerleben und im Denkmalhof „Maurerbauer" den Werdegang einer Prangstange zu beobachten. Die Merlbäuerin erzählte von der Vielfalt der Blumen und von den Kindern, die eifrig die notwendigen Blüten zusammentragen. Im Abwenden der Not ist ja dieser Brauch begründet, der mit einer Heuschreckenplage am Ende des 17. Jahrhunderts in Verbindung gebracht wird. Nur mehr Margeriten sollen damals vom Fraß verschont geblieben sein, die dann auf Hiefler aufgebunden wurden. Heute gestalten vielfältige Blumen das farbenfrohe Bild, wobei die „Sunnawendla", die Margeriten, noch immer die Grundlage bilden. Fleißig sind die „Busch'ngarba" unterwegs, um in Körben die blühenden Frühlingsboten der Almregionen heimzutragen: Enzian und Bergnelkwurz. Dazu kommen die in diesen Tagen erblühten Pfingstrosen und Kornblumen, die vom kurzen Sommer im Gebirge künden. Zwischen 30 und 70 kg wiegen die Prangstangen, die in ähnlicher Form zu Peter und Paul in Muhr zur Kirche getragen werden. Hier sind die Prangstangen über

Prangstangenwickler
„Kramer Hias"

Generationen fest mit einem Gehöft verbunden, wie der Kilianbauer Pfeifenberger stolz erzählt. Die Blumen, die möglichst trocken geerntet werden sollen, gehen nun durch die geschickten Hände der „Busch'nroacha" und Kranzbinder, ehe sie vom Prangstangenwickler kunstvoll aufgebracht werden. Herrliche Muster entstehen, wobei man auch hier „Maßhalten" soll, wie der „Kramer-Hias" erzählte. Zu dicke und damit zu schwere Prangstangen sind nicht nur schwer zu balancieren, sondern verlieren auch ihre schlanke, anmutige Form. Nicht so sehr das Gewicht bereitet dabei Schwierigkeiten; es ist vor allem die Höhe (bis zu 8 Meter), die großes Geschick verlangt. „Du muaßt halt allweil der Stang nachgeah", verrät verschmitzt der „Kramer-Hias", der selber oft Prangstangenträger war. Prangstangentragen ist eine ehrenvolle Tätigkeit und nur ledigen Burschen vorbehalten. Jeweils zu zweit ist man für eine Stange verantwortlich, und derjenige, der am öftesten getragen hat, ist der „Prangstangenmoar". Bis zum „Hohen Frautag" am 15. August bleiben nun die Prangstangen in der Kirche stehen, um sodann in die Bauernhäuser zurückzukehren. Das „Prangstangkräutlach" kommt dann in den weihnachtlichen Rauhnächten in die Glut der Räucherpfanne.

Die Pongauer Prangstangen in Bischofshofen und Pfarrwerfen sind zierlicher, am oberen Ende gebogen und mit bunten Fäden umwickelt.

24. Juni „Johanni"

Mit Johannes dem Täufer verbinden wir den hebräischen Spruch „Gott hat sich erbarmt", und hoffen nach der Sonnenwende nun auf gutes Wetter. „Wenn Johannes ist geboren, gehn die langen Tag verloren; und regnet's am Johannistag, so hält noch weiter an die Plag!" Johannes war der Sohn des jüdischen Priesters Zacharias und seiner Gattin Elisabeth aus einer Bergstadt westlich von Jerusalem. Nachdem er sich in seiner Jugend als Asket in einer Wüste aufhielt, verkündete er dem Volk die nahe Gottesherrschaft und verwies auf die Taufe zur Vergebung der Sünden. Im Jordan taufte er auch Jesus von Nazareth. König Herodes Antipas ließ ihn verhaften und enthaupten.

Johannes der Täufer ist außer der Gottesmutter Maria der einzige Heilige, dessen Geburtstag und Todestag gefeiert wird. Heute steht seine Geburt im Kalender, die noch einmal mit vielerlei Sonnwendfeiern verbunden wird. Viele Kirchen feiern an diesem Tag ihr Patrozinium, wobei der Zederhauser Prangtag den Höhepunkt darstellt. Zum Brauch der Johannisnacht zählte man früher das „Minnetrinken" mit Weichselwein oder Met. Zwei Hoffnungen waren damit verbunden: Schutz vor Krankheit und die Stärkung der Treue bei Liebespaaren. Wer das ganze Jahr hindurch „Johannissegen" trinkt, bleibt auch das ganze Jahr hindurch gesund. Er macht den Mann kräftig, die Frauen schön, bringt den Kranken Genesung und macht Eheleute glücklich! Dem Evangelisten selbst wurde der Legende nach Gift eingeflößt, das er ohne Folgen trank. Deshalb ist er auf Statuen und Bildern oft mit einem Becher, dem eine Schlange entsteigt, dargestellt. Es ist überliefert, daß man ihn in ein mit heißem Öl gefülltes Faß warf. Auch dabei nahm er keinen Schaden.

Liebende

Der erwünschte Rekrut oder der glückliche junge Soldat „Prosper Tiro" findet sich im Mandlkalender. Als frommer Mönch abgebildet, soll er infolge eines Germaneneinfalls in die Gegend von Marseille gekommen sein. Als verheirateter Laientheologe kam er um 440 mit Leo I. nach Rom und war dem Papst bei seiner Korrespondenz behilflich.

25. Juni

„Nach Johanni Kuckucksgeschrei zieht eine teure Zeit herbei" – so lautet ein alter Spruch, denn der Kuckuck ist in erster Linie als Frühlingsbote geschätzt. Nun brauchen Wiesen und Felder aber sommerliche Temperaturen, mit denen wir leider nicht immer verwöhnt werden. „Vor Johanni bitt um Regen, nachher kommt er ungelegen", so sagen alte Bauern und bitten: „Bring Johanni Sommerhitze, das ist für Korn und Runkeln nütze!"

Johannes der Täufer

26. Juni	Mit Johann und Paul meinen wir: „Wenn naß und kalt der Juni war, verdirbt er meist das ganze Jahr!"

27. Juni

Hemma, Cyrill und Ladislaus unterstützen heute unsere Bitten um trockenes Wetter, denn der „Siebenschläfer" ist ein gefürchteter Wetterlostag. „Wenn es an den Siebenschläfern regnet, so ist man sieben Wochen mit Regen gesegnet", und: „Ist der Siebenschläfer naß, regnet es ohne Unterlaß!" Diesen Junilostag nehmen auch wissenschaftliche Wetterbeobachter ernst, da mehr als hundertjährige Aufzeichnungen Ähnliches belegen. Der Name „Siebenschläfer" bezieht sich auf eine christliche Legende aus dem dritten Jahrhundert. Während der Christenverfolgung sollen sich sieben christliche Brüder in einer Höhle bei Ephesus versteckt und in dieser fast zweihundert Jahre geschlafen haben.

Heilige Brüder

28. Juni

Königskerze
(Verbascum thapisforme)

Irenäus, Diethild und Ekkehard schauen nun nach den ersten Erntefrüchten. Dabei wäre aber ein Stiertag im abnehmenden Mond günstig. Also ein Wurzeltag mit aufsteigender Kraft. Was wir in einem solchen Zeichen ernten, ist lagerfähig und zum Einkochen gut geeignet. Eine naßkalte Witterung könnte sich an Stiertagen aber auf Hals und Nacken auswirken. Empfindsame Menschen sollten sich daher vor Zugluft schützen und die Stimme schonen. Hildegard von Bingen meint: „Wer in der Stimme und in der Kehle heiser ist und wer in der Brust Schmerzen hat, der koche Königskerze und Fenchel in gleichem Gewicht in gutem Wein. Er seihe das durch ein Tuch und trinke oft davon, und er wird die Stimme wiedererlangen, und es heilt die Brust!"

Die Apostelfürsten Peter und Paulus feiern ihr Namensfest und verweisen auf alte Überlieferungen: „Am Peterstag, da labt die Kuh, da heckt der Has, da legt das Huhn, da kriegt die Hausfrau viel zu tun!" Peter und Paul machen dem Korn die Wurzel faul, sagen alte Bauern und hoffen auf gutes Wetter; denn: „Petri und Paul klar – ein gutes Jahr!" Schönes Wetter soll auch den Prangtag in Muhr begleiten, an dem in feierlicher Prozession die Prangstangen zur Kirche getragen werden. Das gemeinsame Fest der beiden Apostel ist bereits seit dem Jahr 354 bekannt und dürfte mit der Übertragung ihrer Reliquien verbunden sein. In allen Darstellungen trägt Petrus den Schlüssel des Himmelreiches und Paulus das Schwert.
„Regnet's am Tag von Peter und Paul, steht es mit dem Wetter faul. Es drohen dreißig Regentage, da nützet nun mal keine Klage!"

29. Juni

Prangtag in Muhr

Neben den vielen Kostbarkeiten des Lungaues ragt nicht nur körperlich der Samson aus der Vielfalt des Brauchtumsgeschehens heraus. In seiner Erscheinung und Darstellung spiegelt sich die Verwandtschaft zu europäischen Umgangsriesen, die nach Klaus Beitl auf drei ziemlich scharf begrenzte Zonen beschränkt sind: auf Katalonien auf der Iberischen Halbinsel, wo in Spanien, Portugal und vereinzelt im Gebiet von Südfrankreich Riesenfiguren getragen werden; auf Belgien, Frankreich und Holland im Nordwesten Europas und schließlich auf die kleinste Zone, die den Lungau und einen Teil der benachbarten Steiermark umfasst.
In den katholischen Ländern Europas war es seit dem späten Mittelalter Sitte, in die Prozessionen verschiedene szenische Gruppen und Gestalten aus der biblischen Geschichte einzubeziehen. Adam und Eva, Abraham und Moses, Goliath mit dem kleinen David und Samson, der die Philister schlug. Gegen Ende des 18. Jahrhunderts wurde dieser allzu theatralische Ballast abgeschafft und verboten. Um auf die beliebten Riesenfiguren nicht ganz zu verzichten, fand das Volk einen Ausweg, indem man die kirchliche Feier von den Umzügen trennte. So blieb uns auch der „Lungauer Samson" erhalten, der heute noch als letzter Rest alter Prangumzüge Einheimische und Gäste begeistert. Margarethe Maultasch, die Gräfin von Tirol, soll einer Sage nach den Lungauern das Recht zum Tragen des Samson zugesprochen haben. Zweifellos hat der Lungauer Samson seine Vorgänger, die weit in die Zeit zurückreichen. Gefährliche, den Menschen bedrohende Urgewalten sind wohl schon sehr früh als Riesenfiguren dargestellt worden. Davon berichten Felszeichnungen und Grabfunde. In der benachbarten Steiermark wurde der Kultwagen von Strettweg gefunden. Diese Grabbeigabe aus dem

Historischer Samson aus Mariapfarr

Tamsweger Samson mit Zwergen

sechsten vorchristlichen Jahrhundert zeigt eine Menschengruppe, aus deren Mitte eine Riesenfigur herausragt. Vielleicht der Urahne unseres Samson?

Zwei neue Samsonfiguren erblickten erst im Jahr 2000 und 2001 das Licht der Welt: Samson IX. aus dem Dörfchen Wölting in der Nähe von Tamsweg und der leichtgewichtigere Bruder aus St. Margarethen. In Wölting gab die Fünfzigjahrfeier der Dorgemeinschaft Anlaß zum Bau der Riesenfigur. 101 kg wiegt die mächtige, fast sieben Meter hohe Gestalt, die ihre Wurzeln in der Chronik der Kapuziner findet. Dabei wird auch von einem Samson zu Wölting berichtet, der nun in vielen gemeinsamen Arbeitsstunden neu geschaffen wurde.

Die letzten Tage im zu Ende gehenden Juni lassen uns auf das Winterwetter schließen: „Wie die Junihitze sich stellt, stellt sich auch die Dezemberkält'!" Ein anderer Spruch meint: „So heiß es im Juni, so kalt im Dezember; so naß oder trocken im Juni, so naß oder trocken im Dezember!" Mit Ehrentraud und der Erinnerung an die hl. Erzmärtyrer der römischen Kirche beschließen wir den „Brachmond" Juni. War das Wetter schlecht, können wir mit einem alten Bauern sagen: „Der Juni woaß net, was si ghört – der ganze Monat war nix wert. Er tuat uns Bauernleut seggiern: ban Mahn, ban Heign, ban Korneinführn!"

30. Juni

Johanniskraut
(Hypericum perforatum)

Kraut des Monats: Johanniskraut

Für gar manches Leiden blüht nun auch das Johanniskraut, das auf trockenen Hügeln und sonnigen Wiesen und Holzschlägen zu finden ist. Der Volksmund kennt es als Hexenkraut, Unser Frau Bettstroh, Waldhopf, Färberkraut, Frauenglister, Jägerteufel oder Sonnwendkraut. Es wächst auf trockenen Hügeln und Äckern, sonnigen Wiesen und Holzschlägen. Verwendet werden Blüten und Blätter; mit Schafgarbe vermischt, ergibt es einen vorzüglichen Tee bei Lungen-, Nieren- und Blasenkrankheiten. Adamo Lonicero schreibt im Kräuterbuch aus 1679: „Dieses Kraut mit dem Samen getrunken, bringet den Frauen ihre Zeit und macht sehr harnen!"

Die 20–30 cm langen oberen Teile der Pflanze werden abgeschnitten und in Bündeln, die im Schatten aufgehängt werden, getrocknet. Das Johanniskraut enthält Stoffe, die den Stoffwechsel und den Gallenfluß fördern.

Schwendtage
17. und 30. Juni

Einstimmig

Hiaz't miaßt's amoi losn a Bois

Zauchtal-b.Altenmarkt

Fröhlich

(Im Pongau und Pinzgau noch zu hören)

Hiaz miaßt's a-moi lo-sn a Bois, i sing enk a Gsang-gl a Nois, wia lus-tig daß is auf da Höh, wann oa-na ins

Gams-ge-birg geht, da Schildhäh'der gru-dlt und schreit, daß en Hall i - bas Gwänd ä - bi geit wo da Gu - gu schö schreit.

2. Aft werd's enk hâlt denk'n dêa Stroach, dêa hât **âllwei** so a saggarisch Gschroa,
i kunnt's hâlt nit grâth mâinthalb'n, weil's so lustig is auf da Âlm,
dö Gams springan her üba d'Schneid und d'Senndrin dö jodlt und schreit jä Bua dôs is a Freid.

3. Aft tua is an Juhschroa a zwâ, siacht mi d'Senndrin vō da Weit'n schö stēh͂,
griaß di Gott hât's g'sâgt mei liaba Bua, kehr bö meina Hütt'n a amoi zua
und i moa͂ ôs roit di gwiß nit, geh her i zoag da mei͂ Bett ob's da gfâllt oda nit.

4. Aft bi͂ is hâlt eini in d'Hütt', öba âll's sâg'n tua i enk's nit,
mia setz'n uns hi͂ auf'n Heascht, da Hoagâscht hât a hibsche Zeit gweascht,
dôs Koch'n, dôs is jä wâs Âlts, - sie schlâgt a sex Oa in a Schmâlz, daß i stârch wia zen Pfoiz.

5. Auf da Âlm is ganz ândascht mei͂ Bua, kâ͂st s'Hêsei aufhânga mit Ruah,
brauchst di nit scheidn vo koan Hund und koan Hâh͂, mâgst a niadsmal dazua und davo͂
âba netta um oa͂s muaßt di gra, wânn da Tag aufalâcht muaßt di drah͂ daß͂ no hoamkimmst auf's Mah͂.

6. Hiaz muaß i amoi singa aufhêan, wer dôs probiat hât, der glâbt ma's recht gêan,
wann oana a frischa Bua is und hât Schneid, so is eahm sgen Almgeh͂ nit z'weit,
denn dahoam is oana âllwei e da Gfâh͂, daß oan da Vâta nit packt bei dê Hâa͂r, gelts Buam dôs is wâh͂r.

Um 1930 von meiner Mutter gelernt, aber auch von meinem Vetter, dem „Glemm-Simon,"-Alten-
markt, gekonnt. Im Pinzgau hab' ich das Liedl dreistimmig gehört, es verliert aber dadurch seinen Wert. Wir dürfen nicht aus unseren echtesten Gsangl'n, grad wegn dem Schö͂ toa, Kärntno-
liadln draus mach'n.- Der Walchauer ist von meinen Verwandten im Flachauwinkl.- Nov. 43: S.W.

Dreistimmig

Da Walchauer

Flachauwinkl.

Djä-i o-u â di rillei-djä, di rillei djä, di rillei dja,

drâ-e hâ-e de-i rillei djâ, di rillei djâ jä i-ba d'Âlm.

JULI

Juli schön und klar,
gibt ein gutes Bauernjahr!

Mit Freude wollen wir nun den Heumond Juli begrüßen und vorerst einmal wettermäßig in die alten Kalender schauen. Karl der Große nannte ihn Heumonat, und nach dem altrömischen Kalender hieß er Quintilis. Als Julius Cäsar im Jahre 46 vor Christi Geburt die seinen Namen tragende Neuordnung des Kalenders einführte, wurde ihm zu Ehren sein Geburtsmonat in Julius umbenannt.

2. Juli

„Wie Maria ins Gebirge geht, so 40 Tage das Wetter steht" – dieser Spruch begleitet das Fest „Mariä Heimsuchung". Die gläubige Überlieferung sagt, daß sich die werdende Mutter Maria auf die Wanderschaft über das Gebirge gemacht hat, um ihre Base Elisabeth aufzusuchen. Diese war die Ehegemahlin des Zacharias und ebenfalls in guter Hoffnung. Mariä Heimsuchung wird daher auch der „Liebfrauentag im Juli" genannt. Auf jeden Fall brauchen wir schönes Wetter, denn: „Geht Maria übers Gebirge naß, bleiben leer Scheune und Faß!" Noch in unserer Zeit finden sich bäuerliche Familien bei Wegkreuzen und Kapellen zusammen, um im Gedenken an den Weg Mariens um gutes Wetter zu bitten. Die Sonne steht nun hoch, und die Tagestemperaturen sollten Höchstwerte erreichen.

3. Juli

„Bringt der Juli heiße Glut, so gerät auch der September gut" – diese Hoffnung verbinden wir mit dem Apostel Thomas. Für den Ernteerfolg wäre nun eine große Hitze notwendig, denn es heißt: „Was der Juli und der August nicht kochen, kann der September nicht braten!"

4. Juli

Der Kalender erinnert an den heiligen Ulrich. Aus dem Germanischen übersetzt: „der Herrscher in seinem Stammgut". Das Kalenderbild zeigt ihn mit Bischofsstab und Fisch, mit dem sich eine Legende verbindet. Ein Mann wollte Ulrich verleumden, daß er das Fastengebot für den Freitag nicht einhalte. Als er ein Stück Fleisch vom Abendessen des Vortages vorzeigte, hatte es sich in einen Fisch verwandelt. Um 890 in Augsburg geboren, wurde Ulrich in St. Gallen zum Kleriker ausgebildet und 923 zum Bischof von Augsburg ernannt. Beim Angriff der Ungarn auf Augsburg im Jahre 955 leitete er selbst die Verteidigung und schickte am 8. August seine Mannschaft unter Führung seines Bruders zur Schlacht auf dem Lechfeld, wodurch er Otto I. zum Sieg verhalf. Die Kirchen in Großarl, Unternberg, Scheffau und Walchen in Piesendorf sind diesem Heiligen geweiht. St. Ulrich starb im Jahre 973.
Von Wärmetagen sprechen wir nun, wenn der Mond in den Tierkreiszeichen Widder, Löwe und Schütze steht. Nach alten Erfahrun-

gen verbinden wir damit schöne Ausflugstage, die wir auch bei bewölktem Himmel angenehm empfinden. Man soll aber für ausreichende Getränke vorsorgen, denn vor allem Löwetage wirken austrocknend und machen durstig. Ein alter Stammtischbruder meinte: „Heut werd i d' Leber a weng tratz'n" – und hat a Wasser trunkn!

Antonius Maria Zaccaria sollte sich nun mit Schönwetter ankündigen. Dazu heißt es: „Wenn's im Juli nicht donnert und blitzt, wenn im Juli der Schnitter nicht schwitzt, der Juli dem Bauern nicht nützt! Hagelt's aber im Juli und August, ist's aus mit des Bauern Freud und Lust!" *5. Juli*
Die Natur läßt nun die ersten Kräuter und Pflanzen reifen, die wir auch zum Vertreiben von unliebsamen Störenfrieden nutzen können. So sollen z. B. „ausgegeizte" Tomatenstauden oder ein Bündel von der Schafgarbe Fliegen und Gelsen vom Fenster fern halten. Die Schafgarbe ist aber auch ein besonderes Heilkraut bei Erkrankungen der Leber und Nieren, bei Blasenschwäche und Frauenleiden.

Wenn der Mond zunimmt, begünstigt er alle Pflanzarbeiten. Alles, was wachsen soll, muß im zunehmenden Mond beschnitten werden. *6. Juli*
Dabei stärken „Jungfrautage" die Wurzeln, sagen alte Blumengärtner und empfehlen jetzt das Umtopfen von Balkon- und Zimmerpflanzen. Die „Jungfrau" unterstützt alle Arbeiten in Garten, Feld und Wald. Ausgenommen ist das Pflanzen von Kopfsalat, da dieser an Jungfrautagen ins Kraut schießt und nur schwer Köpfe macht. Auch manche Menschen reagieren an diesen Tagen „kopflos"! In unserem Körper ist dieses Zeichen für die Verdauungsorgane zuständig, und übermäßiges Essen und Trinken wird in diesen Tagen noch schlechter vertragen.
Sollte der Mond aber durch den Widder gehen, bringt er uns Fruchttage im Element Feuer. Diese Tage vermitteln uns eine angenehme Grundstimmung und laden zu Ausflügen in die Natur ein. Mit dem Widder beginnen die Einflüsse auf unseren Körper wieder beim Kopf. Migräneanfällige spüren verstärkt diese Widdertage und behelfen sich durch Verzicht auf zuviel Kaffee, Schokolade und Zucker. Weiters sollte man an Widdertagen viel klares Wasser trinken.

„Einer Reb und einer Geiß ist's im Juli nie zu heiß" – diesen Spruch *7. Juli*
verbinden wir mit der Hoffnung auf schöne Badetage zu Ferienbeginn. Gleichermaßen für Schüler und Lehrer. Der zunehmende Mond in der Jungfrau wäre dabei günstig für Reiseplanung, Einkäu-

Zwei Badende

fe und Ausflüge. „Andere Länder, andere Sitten!" hat die Lehrerin g'sagt, wia s' gles'n hat: „Der kongolesische General speiste mit seinem Stab."
Der Kalender erinnert dabei an den kühnen Willibald, den Mönch mit dem entschlossenen Willen. 720 verließ er mit seinem Vater und seinem Bruder Wunibald England und lernte in einer mehrjährigen Reise Rom, die Stätten der Bibel und Byzanz kennen. Von Papst Gregor III. wurde er in die deutsche Mission berufen und missionierte als Bischof von Eichstätt bairische, fränkische und schwäbische Stammesangehörige.

8. Juli

„Kilian, der heilige Mann, stellt die ersten Schnitter an!" Dieser Spruch bedeutet uns, daß nun das Korn reift und sonnige Tage das Tagwerk des Bauern lohnen. Seine Sorgen verbindet er vor allem mit drohenden Gewittern und meint: „Wann koa' Sturmwind übern Acker geht, wann die Sunn so hoaß am Himmel steht, daß dös Troad schö gelb und schwa' is und ah koa' oanzigs Halmal laa' is, wann die Wetter kloa' und frumm san, bis der Schnitt und 's Einführn um san, wann die Obstbam troupat voll hängan, auf da Alm die schönstn Küah stehngan, wann's nia schauert, nix vermurt, nachher is der Juli guat!" Eine alte Lebensweisheit aber meint: „Es is net, wia's kimmt, es is, wia ma's nimmt, drum is netta oan Ding, nimmst as schwar oder gring!"

9. Juli

Veronika v. Giuliani und Gottfried feiern ihr Namensfest. Mit ihnen nennen alte Kalender noch die hl. 19 Märtyrer von Gorkum. Der Verfasser des Hundertjährigen Kalenders, der 1613 in Franken geborene Abt Dr. Mauritius Knauer, meint zum Wetter: „Trifft auch nicht alles auf ein Nägelein zu, so wird sich doch das meiste befinden, doch ist dem allmächtigen Gott kein Ziel und Maß vorgeschrieben!" Manch emsiges kleines Getier zeigt uns jetzt die ersten Aussichten auf den Winter, denn es gilt der Spruch: „Wenn im Juli die Immen noch baun, kannst du dich nach Holz und Torf umschaun."

10. Juli

Der Kalender verweist auf die heiligen sieben Brüder, die heute mit Engelbert und Amalia Namenstag feiern. Wie am Siebenschläfertag heißt es: „Wie 's Wetter am Siebenbrüdertag, es sieben Wochen bleiben mag!" Die Bezeichnung „Siebenbrüder" weist darauf hin, daß der eigentliche Siebenschläferzeitraum erst Anfang Juli liegt. Der Grund findet sich in der gregorianischen Kalenderreform von 1582, die das „Wetterlos" um 10 Kalendertage verschoben hat. Der wahre Siebenschläfer ist demnach der 7. Juli bzw. der Zeitraum vom 5. bis 10. Juli. Auch unsere wissenschaftlichen Wetterkünder schreiben diesen Tagen eine Besonderheit zu, da der Kampf polarer Luftmassen mit tropischer Warmluft um diese Zeit die sommerlichen Wetteraussichten bestimmt.

11. Juli

Benedikt steht im Kalender, der hl. Abt von Nursia, der auch als Patron Europas gilt. Er war der Begründer des Benediktinerordens, und sein Wahlspruch lautete: „Ora et labora (Bete und arbeite)." Seine Schwester war die heilige Scholastika, die als Patronin für erwünschten Regen und gegen Blitzgefahr angerufen wird. Benedikt wurde um 480 zu Nursia in der heutigen Provinz Perugia geboren, studierte in Rom und lebte anschließend als Einsiedler in einer Höhle bei Subiaco. Später wurde er Vorsteher einer Eremitengemeinde und übersiedelte mit diesen Mönchen 529 nach Monte Cassino, das die Wiege des Benediktinerordens wurde. Benedikt gilt als Retter der antiken Kultur und Begründer des christlichen Abendlandes.

Hl. Benedikt

12. Juli	„Wenn die Schwalben im Flug das Wasser berühren, ist ein Gewitter bald zu spüren" – so beobachten wir den Flug unserer gefiederten Freunde. Auch die Petrijünger verweisen auf tierische Wetterboten: „Geht der Fisch nicht an die Angel, ist an Regen bald kein Mangel." Springende Fische bringen uns Gewitterfrische, und wenn die Forellen früh laichen, soll es einen schneereichen Winter geben. Vorerst hoffen wir aber auf heiße Julitage, denn im Juli will der Bauer schwitzen und nicht hinterm Ofen sitzen!
13. Juli	Der Kalender erinnert uns an Kunigunde und an Heinrich II. Dieser wurde 973 in Hildesheim geboren und nach dem Tod seines Vaters, Heinrich des Zänkers, Herzog von Bayern. Am 14. 2. 1014 krönte ihn Papst Benedikt VIII. in Rom zum Kaiser. Der 13. Juli ist sein Todestag, er starb 1042 in der Nähe von Göttingen. Seine Gebeine ruhen nun im Dom zu Bamberg.
14. Juli	Camilla, Roland und Ulrich lassen uns ein wenig den Mondlauf beachten. Der Mond geht übersich oder untersich, heißt es in manchen Gegenden, wobei Schütze bis Zwilling aufsteigend ist und von den Zwillingen bis Schütze von der absteigenden Kraft gesprochen wird. Für unsere Natur wären nun heiße Tage besonders wichtig, denn nur in der Juliglut wird Obst und Wein dir gut! Ein Waldspaziergang mit „offenen Augen" kann uns aber auch schon an den Winter denken lassen: „Wenn im Juli die Ameisen ungewöhnlich tragen, wollen sie einen frühen und harten Winter ansagen!"
15. Juli	Am heutigen „Apostelscheidetag" sollte uns die Sonne scheinen, denn es heißt: „Ist Apostelteilung schön, so kann das Wetter der sieben Brüder (10.) gehn!" Vertrauen wir aber auf den Namenspatron Bonaventura, der uns ein günstiges Geschick verheißt. Um 1221 zu Bagnoreggio geboren, erhielt er in der Taufe den Namen Johannes. Mit vier Jahren erkrankte er tödlich und wurde durch das Gebet des hl. Franziskus von Assisi plötzlich gesund, weshalb dieser ausrief: „O buona ventura – O glückliches Geschick!" Bonaventura trat 1243 in den Franziskanerorden ein und wurde zum 7. General des Ordens gewählt. „Was der Juli verbricht, rettet der September nicht!"
16. Juli	Das Skapulierfest Unserer Lieben Frau auf dem Berg Karmel nennt auch den Namen der seligen Irmgard vom Chiemsee. Sie starb als Äbtissin im Jahr 866. Für unser Wohlbefinden empfehlen alte Kräuterbücher die Malve, die nur in grünem Zustand verwendet werden

soll. Malvenkraut und Wurzeln mit Fenchel und Anissamen gekocht und in Wein getrunken, hilft bei Schmerzen in den Gedärmen und der Blase und erweicht zu harten Stuhl! In Zeiten des Überflusses sollten wir eigentlich nur dann essen, wenn wir einen richtigen Hunger verspüren. Damit zeigt uns der Körper an, was er wirklich braucht. Ein Knecht meinte einmal: „Möchst as net glaub'n, mit lauter Ess'n hab i mir jetzt den ganz'n Appetit verdorb'n!"

Der Innsbrucker Stadtpatron „Alexius unter der Stiegen" feiert sein Namensfest. Er ist auch Patron der Bettler, Pilger und Gürtler. „Wenn's an Alexi regnet, wird die Frucht teuer, und wenn sie zum Dach hinaus wächst!" Dieser alte Bauernspruch unterstreicht die nun notwendige Hitze zur gehaltvollen Reife. „Juliwind und Juliregen nimmt des Bauern Erntesegen, und nur in der Juliglut wird Obst und Wein dir gut!"

17. Juli

Almmüasei
½ kg Weizenmehl, ³/₈ l Wasser oder Milch, Salz, ¼ kg Butter. Das Weizenmehl salzen, mit kochendem Wasser oder Milch abrühren und einen leicht mehligen Teig machen. In einer eisernen Pfanne reichlich Butter zergehen lassen und erhitzen. Den Teig hineingeben und durchdünsten lassen. Dabei mit der Schmarrnschaufel das Muas zerstechen, so daß es ganz bröselig wird. Dazu wird Kaffee aus der Schüssel gelöffelt.

„Der Wein heilt und erfreut den Menschen mit seiner gesunden Wärme!" Diesen weisen Spruch verdanken wir der heilkundigen Klosterfrau Hildegard von Bingen. Sie lebte von 1098 bis 1179, war Ratgeberin von Päpsten und Fürsten und besaß erstaunliche Kenntnisse der Medizin und der Naturwissenschaften. Bei schmerzhaften Krampfadern riet sie zu einer Einreibung mit Mariendistelsaft und je nach Jahreszeit zu Brennesselumschlägen.
Zum Wetter meinte ein geduldiger Urlaubsgast: „Wegn an Wetterbericht mach ma ih koane Sorgn, weil stimmt er a heut net, dann stimmt er halt morgn!"

18. Juli

Am Namensfest von Justa und Bernulf nennen alte Kalender auch den heiligen Vinzenz von Paul. Er wurde im Jahre 1576 in der französischen Gascogne geboren und gilt als Patron der Armen, deren Leibes- und Seelennot ihm sehr zu Herzen ging. Als Wetterprophet soll er uns Sonnenschein bringen, denn es heißt: „Vinzenz Sonnenschein füllt die Fässer mit Wein!"

19. Juli

„Wer sich zum Lamm macht, den fressen die Wölfe, und wer sich zum Esel macht, dem wird aufgeladen!" Solche Sprüche begleiten uns auch durch den Jahreslauf und vermitteln Lebensweisheiten, die wir vielfach selber verspüren.

20. Juli

„Margaretenregen wird erst nach Monatsfrist sich legen", so nennt der Bauernkalender einen Spruch zum heutigen Tag. Mit dem Propheten Elias ist Margareta eine Wetterheilige und Nothelferin, die gerne zum Schutz vor Ungewitter angerufen wurde. „Gegen Margareten und Jakoben die stärksten Gewitter toben", sagt dazu eine alte Bauernweisheit. Der Mandlkalender zeigt die heilige Margareta mit Kreuz und Drachen. Zur Zeit der Christenverfolgung unter Diokletian soll ihr im Kerker der Teufel in Gestalt eines Drachen erschienen sein, den sie mit dem Kreuz besiegte. Seit dem 7. Jahrhundert ist ihre Verehrung weit verbreitet, und in der frühen Neuzeit war ihr Name der am häufigsten gewählte Mädchenname. Nach alten Erfahrungen eröffnet sie meist einen sommerlichen Gewitterreigen und wird deshalb gerne als Fürsprecherin angerufen. Margaretenregen bringt nämlich keinen Segen!

21. Juli

Mit Laurentius von Brindisi hoffen wir nun auf Schönwetter, denn es heißt: „Die Sonne hat noch keinen Bauer aus seinem Hof hinausgeschienen, aber das Wasser schon manchen hinausgeschwemmt!" Manche Tiere können uns nun gute Wetteraussichten ankündigen. „Fliegt die Fledermaus abends aus, steht anhaltend gutes Wetter ins Haus!" Auch das häufige Rufen der Wildtaube verweist auf schönes Wetter. Wenn aber das Vieh auf der Weide nach Luft schnappt und die Schwänze in die Höh reckt, dann ziehen bald Gewitter heran! Auch gähnende Katzen sind Gewitterkünder. Gleichzeitig kann uns die Beobachtung der Pflanzen Wetterprognosen erleichtern. So wird das Wetter schön, wenn die Anemonen weit die Blüten öffnen und die Bibernelle am Vormittag aufrecht stehende Blätter aufweist.
Schon im Altertum als „Zierde des Berges" hoch geschätzt, blüht nun der „Wohlgemut", eine uralte nervenstärkende und krampflösende Heilpflanze, die bei uns den Namen „Dost" oder „Wilder Majoran" trägt.
In der Festspielstadt Salzburg wiederum gilt es nun, kunstsinnige Gäste und bedeutende Künstler zu begrüßen. Nach altem Brauch mit Ehrensalut und Fackeltanz zur Festspieleröffnung. Der Prangerstutzen ist ja keine Waffe, sondern ein lautstarker Handböller zum Ehrensalut für besondere Festlichkeiten im Jahreskreis. Nach Dr. Karl Zinnburg läßt sich in der Stadt Salzburg das Reverenz- und

Dost *(origanum vulgare)*

Flachgauer Prangerstutzenschützen

Salzburger Fackeltanz

Stutzen von 1693

Festschießen bis zum Jahr 1628 zurückverfolgen. Damals wurden zur Domeinweihung donnernde Schüsse abgefeuert. Während man im ganzen Abendland zum Abfeuern dieser Schüsse Böller, Salutkanonen oder Gewehre verwendete, entwickelte sich im Salzburger Flachgau und im angrenzenden Tennengau gegen Ende des 17. Jahrhunderts ein in seiner Form einzigartiges Schießgerät, der „Prangerstutzen". Der älteste erhaltene Stutzen mit einem Stutzenrohr aus „gerolltem Eisen" wurde im Gemeindebereich von Ebenau aufgefunden und trägt die Jahresprägung 1693. Daß ein Ehrensalut von einer wohlklingenden Blasmusik weitergetragen wird, ist in unserer Gegend eine Selbstverständlichkeit. Vor allem dann, wenn der Altsalzburger Fackeltanz in das Blickfeld der Ehrengäste rückt. Als Hochzeitstanz auf mittelalterlichen Fürstenhöfen, bei Turnieren und Ritterspielen und als festlicher Auftanz der Zünfte hat der Fackeltanz eine uralte Tradition und liefert seit 1952 ein beeindruckendes Bild unserer Salzburger Volkskultur. Über hundert Paare in festlicher Tracht eröffnen den prächtigen Reigen rund um den Residenzbrunnen.

22. Juli

„Zu Maria Magdalenen fehlt es selten uns an Tränen." Wir verbinden mit diesem Spruch die Überlieferung, daß Magdalena in großer Trauer um den Herrn viele Tränen vergossen hat. Maria Magdalena wurde durch Jesus von schwerer Krankheit geheilt und gehörte fortan mit Johanna und Susanna zum Kreis der Frauen, die ihn unterstützten. Im späteren Mittelalter wurde sie in der Verehrung mit Maria von Bethanien verwechselt, die als bekannte „Sünderin" Jesus die Füße salbte. So gilt sie auch als Patronin der Büßer.

23. Juli

Birgitta und Apollinaris eröffnen nun die sogenannten „Hundstage", die ihren Namen vom Stern Sirius, dem Hundsstern, ableiten. Dieser ist in klaren Nächten vom 23. Juli bis zum 23. August am südwestlichen Himmel zu sehen. Ein großer hellglänzender Stern, der 14mal größer als die Sonne sein soll. „Hundstage voll Sonnenschein bringen rasch die Ernte ein; wenn aber Regen sie bereiten, kommen nicht die besten Zeiten!" So beobachtete man früher den Sternenhimmel und meinte ängstlich: „Wenn der Hundsstern aufgeht mit trübem Glantz, so bringt er allzeit Pestilantz. Zeigt er sich aber hell und klar, erhoffen wir ein g'sundes Jahr." Dieser Spruch reicht bis in das Mittelalter zurück und unterstreicht die enge Verbindung früherer Generationen mit dem Lauf der Gestirne. Glaube und Aberglaube verknüpfen so Naturgewalten mit der Hoffnung auf Unterstützung durch Heilige und Nothelfer.

Neben dem Hinweis auf das Namensfest der hl. Birgitta aus Schweden verweist der Mandlkalender auf Apollinaris und meint: „Klar
muß Apollinaris sein, soll sich der Bauer freun!"

Der Märtyrer Christophorus gilt als Patron gegen jähen Tod und ist   *24. Juli*
Helfer im Transportgewerbe. Die Legende erzählt, daß um 250 in
Kleinasien ein hundsköpfiger Riese lebte, der durch das Sakrament
der Taufe von seinem Schicksal erlöst wurde. Von nun an wollte er
dem Mächtigsten dienen und bot dem König und dem Teufel seine
Dienste an. Ein Kind, das von ihm getragen werden will, erweist sich

St. Christophorus

als der Allmächtige, und so wurde Christophorus zum Christus-
träger! So wie heute noch auf der Burg Mauterndorf, gab es früher
vielerorts riesige Fresken an der Außenseite von Türmen und Kirchen, die den Reisenden Schutz boten. Wer eine solche Darstellung
auch nur von weitem sah, glaubte, daß er an diesem Tage vom plötz-
lichen Tod verschont sei!

Die Tage um Jakob und Anna werden bei uns „d' Joggastag" ge-   *25. Juli*
nannt, an denen die Bauernfamilien ihre Almleute besuchen. Die
Glocken der Schloßkirche in Kaprun sind dem hl. Jakobus geweiht
und werden im Volksmund „Joggashündl" genannt. Das „Bellen"
dieser Wetterglocken soll die Hagelkörner kleiner machen! Jakob

St. Jakob

der Ältere war ein Sohn des Fischers Zebedäus und der ältere Bruder des Evangelisten Johannes. Um Ostern des Jahres 44 erlitt er als erster der zwölf Apostel den Märtyrertod.

„Wenn Jakobi klar und rein, wird das Christfest frostig." Wie sein jüngerer Bruder Johannes war Jakobus Fischer am See Genezareth. Wegen ihres stürmischen Temperaments „Donnersöhne" genannt, gehörten sie mit Petrus zum bevorzugten Kreis der Jünger Jesu. Jakobus soll bei der Erweckung der Tochter des Jairus dabei gewesen sein, bei der Verklärung auf dem Berge und beim Leidensbeginn im Garten Getsemane. In unseren Kirchen wird er als Apostel mit dem Buch dargestellt, als Pilger mit dem Stab und der Pilgermuschel, aber auch in Kriegerrüstung zu Pferd als Sieger über die Mauren. Er gilt als Patron der Hutmacher und Wachszieher, der Pilger und Kettenschmiede.

„Was Juli und August nicht kochen, kann der September nicht braten" – so lautet ein alter Wetterspruch, der nach den Temperaturen der letzten Tage reiche Ernte verspricht. Grund zum Ausrasten und Feiern, zum Innehalten und zur geselligen Einkehr. All das bringen uns die nächsten Tage, wenn sich um Jakobi Einheimische und Gäste in festlicher Runde zusammenfinden: beim Fest zur Festspieleröffnung in der Stadt, bei Kirtag und Volkstanz oder nach altem Brauch bei einem Besuch auf der Alm.

Pinzgauer Weisenbläser

Jakobus verheißt uns den ersten Blick in den Herbst. „Hundert Tage nach dem ersten Reif nach Jakobi schneit es zu", berichtet eine alte Bauernweisheit, und: „Wenn Jakobi klar und rein, wird das Christfest frostig sein."
So weit die „Aussichten" auf die zweite Jahreshälfte. Noch sind wir aber mitten in der heißen Zeit, hält der Sommer Mittagsrast und gönnt uns erholsame Stunden. Die Almen stehen nun in voller Blüte, liefern inhaltsreiches Futter, und die „Kaskeller" beginnen sich langsam zu füllen. Grund genug, dem Almpersonal einen Besuch abzustatten, Abwechslung und Unterhaltung in die Hütten zu bringen und für Fleiß und Treue zu danken. Gottlob finden sich immer wieder Menschen, die Mühen und Verantwortung des Almlebens auf sich nehmen und damit eine Region lebendig erhalten, die für Mensch und Tier letzte Rückzugsmöglichkeiten in eine noch intakte Natur garantieren. Umso mehr müssen wir hier die Verpflichtung erkennen, in unserem Wirtschaften und Handeln die Grenzen der Natur zu beachten und nicht Fehler der Landbewirtschaftung im Tal in die höheren Regionen zu tragen.
Ein Almweg ist vielfach zur Bewirtschaftung notwendig, aber nicht um jeden Preis und in jedem Gelände. „Und i ließ ma koa' Landstraß'n bau'n über mei' Alm, aber a bißl a Gangsteigal ließ i ma g'falln", so heißt es in einem alten Volkslied und mahnt uns ans

„Maßhalten". Entscheidend ist, daß die Alm bewirtschaftet ist, daß Wanderer und Almgeher Ansprache erleben, daß eine Stärkung möglich ist und der Ruhesuchende von Lärm und Auto verschont bleibt. Hier kann die bergbäuerliche Landwirtschaft ihre Stärken betonen, ihren unverzichtbaren Wert beweisen und den so oft strapazierten Begriff „Naturschützer" in die Tat umsetzen. Nur Spezialprodukte „aus der Heimat" können den Wert des Bauernstandes vermitteln, können seine jahrhundertealte Kulturarbeit beleben und Verständnis der übrigen Bevölkerung erzeugen. Dazu braucht es Ausbildung und Wissen, klare Richtlinien, ehrliches Bemühen und das Vertrauen in ein natürliches Produkt, für das man auch bereit ist, mehr zu bezahlen.

So wird man nicht nur um den Jakobitag gerne eine Alm besuchen, sondern den natürlichen Lebensquell auch in der übrigen Zeit zur Labung und Erholung nutzen.

Viele sind es im Bereich des Hundsteins im Pinzgau, wo sich um Jakobi die besten Ranggler des Alpenlandes einfinden, um den „Hagmoar vom Hundstoa" zu ermitteln. Der beste Ranggler aus dem Salzburger Land wird mit diesem begehrten Titel ausgezeichnet. Früher war es Brauch, dem Hagmoar als äußeres Zeichen eine weiße Hahnenfeder – die „Schneidfeder" – auf den Hut zu stecken. Seit fast 50 Jahren wird der Hagmoar mit einer goldenen Plakette und einer Siegesfahne geehrt. Der alte Pinzgauer Spruch aber gilt immer noch: „Dirndl, heut geht's um die Ehr, i oder er."

Rangglplatz in der Naturarena am Hundstein

Neben diesem friedlichen Wettstreit am Hundstein führt uns der hl. Jakob auch in die stürmisch bewegte Zeit der Türkenkriege. Am Beginn des 15. Jahrhunderts unternahmen die Türken von der Save-grenze aus Streifzüge bis in den Lungau herein und bedrohten somit auch das Salzburger Land. So kam es im Jahre 1476 zur Gründung einer „Jakobibruderschaft" in St. Jakob am Thurn, deren Mitglieder sich auch gleichzeitig zu einer Bauernwehr zusammenschlossen. In der Festschrift zur 500-Jahr-Feier erzählt der unvergessene Geistl. Rat Gilbert Buchmayr, Feldkurat der Jakobischützen, die Legende vom hl. Jakob: „Demnach soll Jakobus im Pilgermantel, mit brei-tem, muschelbesetztem Hut und Pilgerstab hierher gezogen sein. Ein Flurschütze habe ihn angehalten, weil er schnurgerade durch die saftgrünen Wiesen und goldgelben Getreidefelder schritt. Wer aber Flurschaden anrichtete, der hatte seinen Hut verwirkt. Der heilige Pilgrim bat den Schützen, ihm den Hut zu belassen, dafür werde er angesichts der drohenden Gefahren St. Jakob unter seine Hut neh-men ..." Diese Überlieferung ist heute noch im alten Schützentanz lebendig, der alljährlich am letzten Sonntag im Juli zu Ehren des Heiligen aufgeführt wird.

Joachim und Anna, Eltern der Muttergottes,
Patrone der Ehepaare, Hausfrauen und Mütter

Laut alter Überlieferung sollen nun die kühlen Nächte und Morgen beginnen, die für Mensch und Tier einen erfrischenden Tagesanfang bringen. Diese Weisheit hängt mit dem Namensfest der heiligen Anna zusammen. „Werfen die Ameisen auf am Annentag, ein stren-ger Winter folgen mag!" So hat man früher in die Zukunft geblickt und auch den gestrigen Jakobitag schon als ersten Herbsttag be-zeichnet. Wir wollen uns aber an die heilige Anna wenden und um sommerliche Tage bitten. Sie wurde als aller Mütter Leitstern be-zeichnet und schenkte uns mit ihrem Kind die Gottesmutter Maria.

26. Juli

Die Pfarrkirche in Annaberg und die Filialkirche Weng in der Pfarre Goldegg sind der hl. Anna geweiht.

„Ist St. Anna erst vorbei, kommt der Morgen kühl herbei!" Die Namenspatrone Anna und Joachim, die Eltern der Gottesmutter Maria, fanden im Hochmittelalter große Verehrung und gelten als Helfer in Familienangelegenheiten.

27. Juli

„Denken darf man alles, aber nicht sagen!" So denke ich, daß das Wetter in den nächsten Tagen sommerlich wird, und verlasse mich auf natürliche Wetterkünder und Boten kurzzeitiger Veränderungen! Wenn z. B. die Bienen früh ausfliegen, sich aber nicht weit vom Stand entfernen und bald zurückkehren, kommt schlechtes Wetter. Morgens lauter Finkenschlag kündet Regen für den Tag!

28. Juli

„Ein Löffel Gunst, ein Scheffel Kunst ist ungleich oft gemessen, doch macht die Gunst, daß wir die Kunst des öfteren vergessen!" Solche Lebensweisheiten geleiten uns durch den Festspielsommer. Viele sonnen sich jetzt im Glanz hoher Persönlichkeiten, doch gilt auch hier der Spruch: „Besser ein kleiner Herr als ein großer Knecht!"

29. Juli

„Regnet's mit Martha und Lucilla zum Juli hinaus, schaut der Bauer nicht gern aus dem Haus!" Dieser Spruch trifft sich auch mit den Hoffnungen unserer vielen Gäste, denen wir schöne Urlaubstage und einen erholsamen Schlaf wünschen. Hier schenkt uns die Natur mit einem Veilchenabsud ein heilsames Mittel. Zwei Eßlöffel getrocknete Veilchenblüten mit kochendem Wasser übergießen und darin ein Fußbad nehmen, bringt einen beruhigenden Tagesausklang. Das sommerliche Wetter scheint bedroht, wenn die Krebse das Wasser und ihre Höhlen verlassen und am Ufer umherkriechen!

31. Juli

Der Kalender erinnert uns zum Monatsende an Ignatius von Loyola, der in der ersten Hälfte des 16. Jahrhunderts die „Gesellschaft Jesu" gründete. Ein Offizier und baskischer Adeliger, der nach einer schweren Verwundung Priester wurde. Während seiner Genesung las er das „Leben Christi" und die „Goldene Legende des Jakobus". Die Jesuiten kümmerten sich von Anfang an um Hungernde, Gefangene, Vertriebene und Ausgestoßene, also um Menschen, denen wir auch in unserer Zeit tagtäglich begegnen.

ZWEISTIMMIG

Da Wildbratschitz

PONGAU

Und recht lus-tig is wer dês Ding recht mooaß, Gams-bock schiaß do-na von da Goaß, i kunnts koan
wânn i an

Men-schn sagn wia mi dês Ding tuat gfraû, jâ auf da Welt ko gâr nix Schö-nas saiñ.

2. Wânnst willst ês Gamsbirg steign muaßt a Schneid hâb'n, dârfst koan Jaga scheich'n und koa Puiva spârn,
wânnst an Jaga scheichst ât is scho gscheh'gn um di, schiaßn tuat er glei und du wast hiñ.

3. Und en Stoanakaᵉl is a fleck schoñ apa, dâ wâxt dês schênste Grâs, da schönste Wildbroatfrâß,
Bua dâ gibt's Gamsei drob'n dês hâᵇ i lâng schoñ gwißt, traut eahm koa Jagaaufi glei a Schitz.

4. Hâᵉ an Gamsbock gschoss'n dona vôñ da Goaß, jâ ês is a Freid - saiñ tuat er wuᵉlfpast,
hât dês Teifelsviech an Zentn und an halb'n, i hâᵇs selba gwâg'n drob'm auf da Alm.

5. Daß i a Gamsei schiaß zwegn da Noᵗt was nix, s'is netta wegn dafreid mit meina Kuglbix,
wânnst a Stutzal hâst muaßt a an Acht hâb'n drauf, daß dir da Schuß nit einirost en Lauf.

Dr. Rotter hat dieses Liedl in einer etwas abweichenden Melodie aufgeschrieben und
spricht von Wanderstrophen, die meistens angehängt werden. Von meiner Mutter
und Tante Rosl hab' ich es so gelernt, allerdings auch mit Wanderstrophen, die ich
nachstehend anführe.   Aufgeschrieben in . . . . , im November 1943.I.W.

•

I und d'Sennarin sanᵈ s'Pergei auffigtieg'n und dô Senndrin hât ma d'Gamsei vuratriebn,
i nimm mai Stutzal her und hâᵇs frisch übaspannt und schiaß dê Senndrin für an Gamsbock z'sâmm.

Bua wânnst schiaß'n willst muaßt da auffitrauñ, dârfst nit d'Senndrin für a Gams âñschauñ,
wânnst a Stutzal hâst muaßt a an Acht hâb'n drauf, daß dir da Schuß nit einirost en Lauf.

Und da Berchtsgâdna Jaga is a feina Mâññ, er hât an graûñ Rock âñ und greane Aufschlâg drâñ,
er hâtn scho âchzehn Jâhr, âba zâhlt no nia, wânn i a Jaga wa dês wa ma z'schiañ.

I kenn an Jagasknecht der glei Ochshoᵉrn hoaßt und zen Schütznfânga is er woitan hoaß,
er muaß oft selba laffn, daß da Steck'n krâcht, daß eahm da Bettlsâck en Buggl schlâgt.

Und en Bleah'bâch dreiñ sanᵈ drei Grâfnjaga und an Hunga hâbn's drum schaun's aus so haga,
und zen Schütznfânga hâbn's an extrâñ fund, jâ dâß's koan dawischn is eah gsund.

Und en Bleah'bâch dreiñ sanᵈ drei Grâfnjaga und anHunga hâbn's drum schaun's aus, so haga,
und a Bettlweiwô dôs hâbn's a ausgrâbᵗ, hâbn iah s'Mehl davoñ dês Ding hât gitâubt.

Und dês Weiwô sâgᵗ jâ i bitt recht schöñ, meine liab'n Jaga lâßt's ma s'Mehl grâd stehñ,
und dê Jaga sâgn, dês Mehl dês muaßt uns gebn, mir sanᵈ drei Grâfnjaga und hâbñ nix z'lebñ.

Kraut des Monats: Kraftwurz und Arnika

Im Juni und Juli ist die Blüte- und Sammelzeit einer besonderen Alpenpflanze. Sie wird im Volksmund Blutblume, Kraftwurz, Engeltrank und Bergwohlverlei genannt. Gemeint ist damit das Korbblütengewächs Arnika. Einer am Boden aufliegenden Blattrosette entspringt ein hoher Stengel mit zwei bis drei Paar in entgegengesetzter Richtung abstehenden Blättern. Die Blüte zeigt einen gelben bis rotgelben Schimmer, und die Pflanze verbreitet einen angenehmen, aromatischen Duft.

Ein Aufguß der Blüten oder eine Abkochung der Wurzel (etwa 1 Eßlöffel voll auf $^1/_4$ Wasser) fördert die Schweiß- und Harnabsonderung, beschleunigt den Blutkreislauf und die Atmung. Bekannt ist die „Arnikatinktur" zur Heilung von Wunden aller Art. Eine Handvoll Arnikablüten werden mit etwa $^1/_4$ Liter gutem Spiritus oder starkem Branntwein aufgegossen und in einer verschlossenen Flasche 14 Tage lang an der Sonne stehengelassen. Dann wird die Flüssigkeit abgeseiht und der Rückstand gut ausgepreßt. Die Tinktur wirkt schmerzlindernd und kann auch bei Quetschungen als Umschlag hilfreich sein.

Schwendtage
Verworfen sind der 19., 22. und 28. Juli

Arnika *(Arnica montana)*

AUGUST

Was der August nicht kocht,
kann der September nicht braten

Der August schreitet in königlicher Pracht ins Land, wie einst der Römerkaiser Augustus, von dem er seinen Namen erhalten hat. Als Erntemond soll er auch den Gebirgsbauern das Korn rösten und die Grummeternte mit gutem Wetter bedenken. So heißt er auch Ähren- und Hitzmonat. Der römische Kalender sah ihn an der sechsten Stelle im Jahreslauf und nannte ihn bis zum Jahre 23 vor Christi Geburt „Sextilis". „Ist der August im Anfang heiß, wird der Winter streng und weiß; und stellen sich Gewitter ein, wird's bis Ende auch so sein!"

2. August

„Eine Portiunkulawoche ist immer gut, entweder die vor oder nach dem Portiunkulasonntag." Alte Kalender benennen heute Portiunkula. Damit ist kein weiblicher Vorname gemeint, sondern die Ortsbezeichnung der Kirche Santa Maria degli Angeli südwestlich von Assisi. Als Franz von Assisi um das Jahr 1211 immer mehr Zulauf bekam, suchte er eine Kirche, in der seine Minderbrüder – so nannte Franz seine neue Gemeinschaft – die Tagzeiten beten konnten. Auf seine Bitte schenkte ihm der Benediktiner-Abt vom Monte Subiasio die kleinste und ärmlichste Kirche, die die Benediktiner besaßen, die S. Maria di Portiunkula. Portiunkula bedeutet Parzellchen oder Anteilchen. Am 2. August 1216 wurde sie neu geweiht und der Jahrestag mit einem päpstlichen Ablaß verbunden. Für gute Wetteraussichten kann der morgendliche Tau ein Zeichen sein, denn es heißt: „Wenn's im August stark tauen tut, bleibt das Wetter meistens gut!"

3. August

Lydia läßt uns heute an unsere Gesundheit denken. Schonende Kost sollte dabei die Verdauungsorgane entlasten, wobei besonders mit dem Salz sparsam umgegangen werden soll. Eine Grundregel lautet: „Jede Speise soll so gesalzen werden, daß die Speise zum Geschmack mehr beiträgt, als das Salz in ihr wahrgenommen wird!" Der Körper ist auch für eine gesunde Nierenspülung besonders dankbar, wobei Hildegard von Bingen eine Dinkelgrießsuppe empfiehlt. Außerdem meinte sie, daß schlecht funktionierende Nieren das Altern beschleunigen. Also feingehackte Zwiebel in Butter hellbraun anrösten und mit ca. 1 Liter Wasser aufgießen. Solange das Wasser noch kalt ist, vier Eßlöffel voll Dinkelgrieß einrühren. Mit Salz, Muskatnuß, Petersilie, etwas Galgantpulver und Bertrampulver würzen. Das Ganze aufkochen, ein paarmal gut umrühren, ziehen lassen, und schon kann der „Jungbrunnen" serviert werden.

Im Bauernjahr versprechen nun heiße Tage Erntesegen in Acker und Feld, und so ist ein trockener August des Bauern Lust. Ein alter Spruch beschreibt dazu den Tageslauf: „Am Morgen bet zu deinem Gott, zu Mittag iß vergnügt dein Brot, am Abend denk an deinen Tod, verschlaf des Nachts dann deine Not!"

4. August

Die Bauern wünschen sich mit St. Oswald schönes Wetter, denn: „Der Oswaldtag muß trocken sein, sonst wird teuer Korn und Wein!" Alte Kalender benennen für den heutigen Tag noch „Mariä Schnee" und meinen dazu: „Regen an Maria Schnee, tut dem Korn wohl tüchtig weh!" St. Oswald war ein frommer König der Angelsachsen, der von einem christenfeindlichen König angegriffen und am 5. August 642 grausam getötet wurde. Seine Verehrung wurde durch schottische Mönche zu uns gebracht. Im Mandlkalender ist er als König mit Szepter und Reichsapfel, auf dem ein Rabe sitzt, dargestellt.

5. August

Ein frisches Lüfterl am Abend könnte in diesen Tagen ein guter Wetterbote sein. Bläst der Wind nämlich im August von Nord, so dauert gutes Wetter fort. Für Erholungsuchende und Wassersportler am See heißt es: „Wenn der Wind kommt vor Regen, ist wenig daran gelegen; kommt aber Regen vor Wind, zieh die Segel ein geschwind!"

6. August

„St. Afra im Regen, kommt dem Bauern ungelegen!" Damit erinnert der Kalender an Afra von Augsburg, eine um 303 gestorbene Patronin der Büßerinnen.

7. August

„Hitze an Dominikus, ein strenger Winter folgen muß!" Mit diesem Spruch erinnern wir an den Sproß einer angesehenen spanischen Familie, der 1216 den Orden der „Predigerbrüder" gründete. Heute kennen wir diese christliche Gemeinschaft als Dominikaner. Der Mandlkalender zeigt ihn als Kanzelprediger und verweist auf sein Todesjahr 1221 in Bologna. Ein scherzhafter Spruch deutet auf „durstige" Tage, die auch vor Klostermauern nicht halt machen: „Trinkt's no'", hat der Dominikaner zu seinen Konfratres gesagt, „damit euch der Teufel nicht müßig finde!" Ein weltlicher Bierbruder meinte: „Der Herrgott läßt sinken – aber nit leicht ertrinken!"

8. August

„Je mehr Regen im August, desto weniger Wein." Für die Wetterbeobachtung kann uns das Verhalten der Tiere nützlich sein; so zeigt der hohe Flug der Schwalben gutes Wetter, und auch die Rotkehl-

9. August

chen künden von guten Wetteraussichten, wenn sie abends am äußersten Zweig eines Baumes unermüdlich singen.

Neunhäuter oder Nei(n)häutling
Ein Kochlöffelstiel wird zuerst ins heiße Fett getaucht und dann in einen nicht zu dünnen Palatschinkenteig getunkt und wieder ins heiße Fett getaucht. Ist der Teig am Kochlöffel gebacken, wird er wieder in den Teig getunkt und im heißen Fett herausgebacken. Dies wird so oft wiederholt, bis das Gebäck am Kochlöffel einen Durchmesser von etwa 10 cm erreicht. Dann wird der Kochlöffel vorsichtig herausgedreht und das Loch mit „Granggen" (Preiselbeeren) gefüllt.

10. August

Heute heißt es um gutes Wetter bitten, denn das Wetter sollte schön sein, wenn wir damit die Hoffnung auf einen schönen Herbst verbinden wollen. „Laurentius heiter und gut, einen schönen Herbst verheißen tut!" sagt ein alter Wetterspruch und: „Regnet's am Laurenzitag, gibt es große Mäuseplag!" Die Südtiroler Bauern sagen: „Ist Laurenz ohne Feuer, gibt's ein saures Weinlein heuer!"
Der hl. Laurentius war ein römischer Diakon, der am 10. August des Jahres 258 den Märtyrertod fand. Nachdem er die Armengelder der Kirche nicht auslieferte, ließ ihn Kaiser Decius auf einen glühenden Rost legen. So dürfte er zum Patron der Köche geworden sein, die heute in der Stadt Salzburg ihren festlichen Jahrtag begehen.

Hl. Laurentius

„St. Laurenz zu St. Barthel spricht: Schür, Barthel, schür, in 14 Tagen ists an dir!" Dieser Spruch erinnert an den hl. Laurentius und an die notwendige Hitze. 14 Tage später, am 28. August feiern, wir die Erinnerung an St. Bartholomäus, der ein ähnliches Schicksal erleiden mußte. Ein wüster Heidenkönig ließ ihm die Haut abziehen. Ob er aus diesem Grund Patron der Gerber und Fleischhauer ist, ist schwer zu sagen; die beiden Tage waren aber bis in unsere Zeit wichtige Viehmarkttermine. Bedeutend war hier der Jahrmarkt in Maria Plain, der von jung und alt gerne besucht wurde. Von weither kamen

Mit einem festlichen Jahrtag ehren Salzburgs Köche ihren Schutzpatron

die fahrenden Kaufleute, priesen ihre Waren an und waren Meister im Feilschen und Handeln. Auch die Stadtbevölkerung nutzte diesen Tag gerne zu einem Ausflug mit Kind und Kegel, bat um die Fürbitte der Muttergottes und stärkte sich anschließend beim Plainwirt. In der überlieferten Zweiteilung der bäuerlichen Viehnutzung in Milchwirtschaft im Flachgau und Viehzucht inners Gebirg, war der Laurenzimarkt eine bedeutende Drehscheibe. Der Plainmarkt fand jeweils am 10. August vor der Wallfahrtskirche statt; war dieser Tag ein Sonntag, wurde der Markt am darauffolgenden Montag abgehalten. Alte Bauern erzählen, daß dieser Markt früher in Bergheim stattfand. Die Legende berichtet, daß die Bergheimer zur Zeit einer Hungersnot ihr Marktrecht „um einen Laib Brot" nach Maria Plain verkauft hätten. Für die gläubige bäuerliche Bevölkerung war Maria Plain damit ein zweifaches Ziel, da sie ihre Sorgen und Nöte dem Gnadenbild von Maria Plain anvertrauen konnte. Das ursprünglich im niederbayrischen Ort Regen sehr verehrte Marienbild kam im 17. Jahrhundert nach Salzburg und wurde zuerst auf dem Plainberg in einer Holzkapelle untergebracht, bis dann dafür Antonio Dario von 1671–1674 die heute bedeutendste Wallfahrtskirche des Landes schuf. Zur Geschichte des Plainmarktes, der heute leider der Vergangenheit angehört, hat der Volkskundler Dr. Karl Zinnburg berichtet: „Bis zum Jahr 1963 wurde der Standlmarkt mit einem Viehmarkt verbunden, wobei Auftriebe von 2000 Stück keine Seltenheit waren. Noch vor dem Ersten Weltkrieg soll das Vieh für den Plainmarkt in langen Fußmärschen aus Siebenbürgen und der Gottschee aufgetrieben worden sein; auch unmittelbar nach dem Zweiten Weltkrieg mußte das Vieh noch oft 50 bis 60 Kilometer lange Wegstrecken zurücklegen."

Ganz interessant ist in diesem Zusammenhang eine Rückschau auf den ersten Plainmarkt nach dem Zweiten Weltkrieg: „Schon am Vortag wurden etwa 2500 Stück Vieh aufgetrieben. Die Marktbesucher, vor allem Bauern, waren nicht nur aus dem ganzen Salzburger Land, sondern auch aus Oberösterreich, Kärnten und Tirol herbeigeeilt, um eine Wallfahrt zum Dank für ihre glückliche Heimkehr aus dem Krieg mit einem Marktbesuch zu verbinden. Den ganzen Tag über war die geräumige Kirche bis auf den letzten Platz mit Menschen gefüllt, auch vor der Türe der Kirche standen voch viele, die drinnen keinen Platz mehr finden konnten. Man schätzte an die 7000 Besucher. Der Viehbestand wurde an diesem Tag mit 429 angegeben. Davon waren 220 Stück Kühe, 104 Ochsen, 32 Stiere, 2 Pferde und der Rest Kälber. Noch bevor sich die Stadtbewohner von Salzburg einen „Guten Morgen" wünschten, waren auf dem Marktplatz 10 Hektoliter Bier vertrunken und auch die Plainwirte hatten Hochbetrieb; allein bei der „Plainlinde" wurden damals am frühen Vormittag 400 Bratwürste und 100 Paar Frankfurter verkauft. Dazu war das „Verkehrsaufkommen" für heutige Begriffe gering: Man zählte 30 Autos, 60 Motorräder und 120 Fahrräder!"

O heiliger Laurentius am Rost,
du hast dir ein besondres Sterben auserlost.
Ich sag nichts gegen Rad und Spieß und Strick,
gegen ein gutes Hauschwert ins Genick,
nichts gegen Löwenwut und Kerker karg –
doch einen Menschen rösten, das ist arg.
O heiliger Laurentius am Rost,
du bist uns dieserhalb ein großer Trost.
Zwar gibt es heutzutag kein Rösten mehr,
doch haben wir's mitunter auch recht schwer.
Man schmort und wendet uns, daß es raucht und brennt.
Nur kommen wir halt nie in die Legend.

Kein geringerer als Josef Weinheber hat diese Zeilen geschrieben
und so dem Patron nicht nur der Köche, sondern auch der Armen
Seelen, Bibliothekare und aller, die mit dem Feuer zu tun haben, ein
gereimtes Bildstöcklein geschenkt.

Seit rund 170 Jahren gibt es am Prebersee im Lungau ein einzigartiges Schießen, bei
dem die Schützen nicht auf die Scheibe, sondern auf das Spiegelbild im Wasser zie-
len (Wasserscheibenschießen). Veranstalter ist die „Privilegierte Schützengesell-
schaft Tamsweg-Prebersee". Das Projektil taucht rund 3 cm in das Wasser ein und
trifft als „Geller" die Scheibe, die in einer Entfernung von 120 m aufgestellt ist. In
früheren Zeiten ist man von Tamsweg aus mit Pferdegespannen und genügend Pro-
viant zum Prebersee gefahren und das Schießen hat oft eine ganze Woche gedauert.

11. August

Klara und Susanna geben uns Gelegenheit zur Beobachtung von Pflanzen, die uns sogar die Uhrzeit angeben können. So öffnen sich z. B. die Zaunwinde und die gelbrote Taglilie um ca. 6 Uhr, die weiße Seerose breitet um 7 Uhr ihre Blüten, und wenn sich die Gemeine Wegwarte und der Bocksbart schließen, ist es Mittag. Wohlgemerkt, die Pflanzen richten sich nach der Sonnenzeit, und wir müssen eine Stunde Sommerzeit dazurechnen. Klara, die „Helle" und „Glänzende", begründete im 13. Jahrhundert den Klarissinnenorden, verschrieb sich nach den Lehren des hl. Franziskus der Armut und läßt nun die ersten Äpfel reifen. In der mundartlichen Abkürzung werden diese „Kläräpfel" genannt.

12. August

„Der Tau ist dem August so not wie jedermann sein täglich Brot", und: „Ist der August ohne Feuer, macht er das Brot uns teuer." Diese beiden Sprüche lassen uns kühle, taufrische Nächte und heiße Tage erhoffen. Mit einem Wort – sommerliche Tage. Auch die Wetterstatistik der letzten Jahrzehnte nennt für die Monatsmitte mit ganz wenigen Ausnahmen hochsommerliches Wetter. Nun beginnt die hohe Zeit der Kräutersammler, wobei vor allem die Melisse bei den Teemischungen nicht fehlen darf. Adamo Lonicero schreibt in seinem Kräuterbuch von 1679: „Man mag das Frauenkraut (Melisse) an der Sonne dörren, danach in den Schatten hängen. Hat die Tugend, die leiblichen Geister zu kräftigen, stärkt das Herz, macht den Frauen ihre Zeit wieder kommen, reinigt die Mutter und bringt den Frauen Kraft zu gebären. Die Blätter von Melissen in Wein getrunken, benehmen auch den vergifteten Biß!"

13. August

Pontianus nennt uns der Kalender, und dazu finden wir noch die Namen Hippolyt, Gertrud und Kassian. Dieser zeigt das Wetter der nächsten Tage an, die schön und trocken sein sollten. Zeit zum geselligen Einkehren, wie es auch geistliche Herren gerne tun: „A guats Essen und a paar Halbe Bier", hat der Pfarrer g'sagt, „ist nach der Gnade Gottes des Schönste auf der Welt!" Frischer Morgentau läßt uns jetzt auf gutes Wetter hoffen, denn: „Wenn's im August stark tauen tut, bleibt gewöhnlich auch das Wetter gut!" Grund für den morgendlichen Tau sind die nun schon längeren Nächte, in denen sich die Luft bei sternklarem Himmel stärker abkühlt. Sonnige Tage und klare Nächte mit Taubildung treten vor allem in Hochdruckgebieten auf.

14. August

Maximilian K. steht heute im Kalender, mit dem kein großer Wetterspruch und keine besondere Kirchengeschichte verbunden ist.

Und doch ist es traurige Pflicht, sich dieses Ordensmannes ehrenvoll zu erinnern. Maximilian Kolbe erlitt 1941 den Märtyrertod im KZ. Er ging freiwillig für einen Familienvater in den Tod!

15. August "Mariä Himmelfahrt"

„Scheint die Sonne hell und zart an Mariä Himmelfahrt, wird es schönen Herbst bedeuten", sagt ein Sprüchlein allen Leuten. Auch die Weinbauern hoffen mit uns auf gutes Wetter, denn „Himmelfahrt im Sonnenschein, wird der Wein gesegnet sein!" Der „Große Frautag" wird als kirchliches Fest schon seit dem 5. Jahrhundert gefeiert. Einige Jahrhunderte später wurde dieser Tag mit der Kräuterweihe verbunden, um uralten heidnischen Zauber mit christlichem Sinn zu versehen. Es sind mindestens neun verschiedene Kräuter, die in der Kirche vom Pfarrer gesegnet werden. Dazu zählen das Hirschkraut, der Speik, der Beifuß, die Aberraute, der Wermut, das Labkraut, das Tausendguldenkraut, der Rainfarn, das Johanniskraut, die Schafgarbe oder die Kamille. Zu allen Zeiten war die Vorstellung verbreitet, daß die Kräuter im sogenannten „Frauendreißiger", das ist vor allem die Zeit zwischen dem großen und dem kleinen Frautag (8. September), besonders heilkräftig seien. In der Gesamtheit ist damit aber der Zeitraum zwischen dem 15. August und dem 14. September, dem Tag der „Kreuzerhöhung", gemeint.

Tausengüldenkraut
(Centaurium erythrea)

19. August

„Aller Menschen Sinn und Mut geht auf Ehre, Geld und Gut, und wenn sie's haben und erwerben, dann legen sie sich hin und sterben!" Nach der Kräuterweihe zieren nun Gartenfrüchte und Blumengebinde den Eingang vieler Wohnungen und bäuerlicher Gehöfte. Gar manche sollen die Heilkraft von 72 Kräutern verbinden. „Um Mariä Himmelfahrt, das wisse, gibt es schon die ersten Nüsse" – hier ist wohl auch die Haselnuß gemeint, die an Waldrändern anzutreffen ist. Zerstoßene Nüsse wurden gerne mit Honig vermischt und bei Husten gegessen. Das Öl enthält wertvolle Mineralstoffe. Aus zerstoßenen Haselnüssen und frischer Hefe wurde früher ein alkoholischer Extrakt hergestellt, der mit Olivenöl vermischt zu Umschlägen auf Wunden benutzt wurde.

Haselnuß
(Corylus avellana

20. August

Das Namensfest bezieht sich auf Bernhard von Clairvaux. Um 1090 aus burgundischem Adel stammend, trat er in das junge Reformkloster Citeaux ein und gründete viele weitere Klöster. Der 20. August 1153 war sein Sterbetag.

21. August

Pius X., Maximilian und Balduin übernehmen das heutige Namens-patronat und führen bei feuchter Witterung und heißen Tagen in den Wald. Nun haben die Schwammerlsucher Hochsaison, und manch Waldspaziergang treibt uns den würzigen „Schwammerlgeruch" in die Nase. Am häufigsten treffen wir auf unseren Waldwanderungen Milchlinge (Reizker) und Täublinge. Für diese gilt eine alte Regel: „Was nicht scharf oder bitter schmeckt und nicht unangenehm riecht, ist eßbar!" Ein Wetterspruch besagt: „Keine Pilze im Sommer, kein Schnee im Winter!" Der heutige Tag erinnert aber auch an Franz von Sales, der am 21. August 1567 auf Schloß Sales bei Thorens in Savoyen geboren wurde. Er war Bischof von Genf und wurde 1665 heiliggesprochen.

22. August

Das heutige Fest Maria Königin beendet nun die „Hundstage". Der Stern Sirius, der in klaren Nächten seit dem 23. Juli am südwestlichen Himmel, im Sternbild des Großen Hundes zu sehen war. Eine alte Erfahrung meint: „Wie die Hundstage eingehen, so gehen sie auch aus!"

23. August

Neben Rosa von Lima, einer Mystikerin des 17. Jahrhunderts, nennen alte Kalender auch die selige Richildis. Sie war eine oberbayerische Nonne und galt als Helferin gegen Unwetter, Blitz und Steinleiden.

24. August

„St. Bartholomä kennt keine Not, der Bauer backt schon neues Brot" – so beschreibt ein Bauernspruch den heutigen Tag im Erntemond. Bartholomäus wurde vom Herrn zum Apostel erwählt und starb den Märtyrertod. Ein wüster Heidenkönig ließ ihm bei lebendigem Leib die Haut abziehen. „Bartlmä" ist einer der wenigen Lostage, der mit Schlechtwetter „gute Aussichten" verkündet; denn es heißt: „Regnet's zu Bartholomä auf den Hut, so wird der Herbst trocken und gut." Der Bartholomäustag war früher ein bedeutender Zins-, Markt- und Schlachttermin. Der Ausdruck „Saubartl" wird damit heute noch in Verbindung gebracht und auch die weitum bekannte Redensart: „I wer' da schon zoagn, wo der Bartl den Most holt." Damit wird eine persönliche Überlegenheit zum Ausdruck gebracht.

Als bekannten Markttag finden wir den 24. August in alten Kalendern, aber auch als Wallfahrtstag. Im Mittelpunkt der großen Gebirgswallfahrten stehen das „Steinerne Meer" und der Königssee. Einem alten Gelübde entsprechend pilgern die Almer mit ihrer Musikkapelle über Riemannhaus, Baumgartl, Funtensee und Sau-

St. Bartholomäus

gasse nach St. Bartholomä am Königssee, um Schutz und Segen zu
erbitten. Mit dabei ist aber auch die Erinnerung an ertrunkene Pilger, die 1688 mit einem Floß im Königssee versanken. Sie waren auf
dem Rückweg vom Marienwallfahrtsort am Dürrnberg, der früher
Ziel der Pinzgauer Wallfahrer war. Heute beginnt die Wallfahrt mit
einer eindrucksvollen Meßfeier am Samstag früh beim Riemannhaus, ehe sich der Zug mit über tausend Pilgern, Bergwanderern und
Schaulustigen in Bewegung setzt.

Wallfahrer

Auf in Gotts Nam'

Ohne viel nachzudenken, gebrauchen wir auch in unserer Zeit Aussprüche und Redewendungen, deren Inhalt wir nicht mehr bedenken. Grußformen werden zu leeren Hülsen, Fragen nach Gesundheit und Wohlergehen eine alltägliche Floskel, und auch den Herrgott nehmen wir oft gedankenlos in den Mund. „Auf in Gotts Nam'", so gibt Klaus Morocutti, der Vorgeher bei der „Bartholomä-Wallfahrt" seit fünfzig Jahren, das Zeichen zum Aufbruch und dachte dabei sicher immer an die notwendige Hilfe von „oben".

Wallfahrt ist immer wieder Begegnung, und Begegnungen sind immer wieder Überraschungen. So werden die Wallfahrer vom geistlichen Beistand in der Predigt eingestimmt. Auf Begegnungen mit der Schöpfung, mit Regen und Sonne, Begegnung aber auch mit der herrlichen Bergwelt, mit den Blumen und Wäldern, mit den sprudelnden Quellen, mit Wolken und Nebel, Begegnung mit Menschen und in der wichtigsten Erkenntnis der Wallfahrt: Begegnung mit Gott.

Auf die Frage nach besonderen Erlebnissen verweist Klaus Morocutti auf die Wallfahrt 1986. Ein mächtiger Wettersturz überraschte die Wallfahrer im „Bamgaschtl", während Pfarrer Rainer den Almsegen erteilte. Innerhalb von 10 Minuten wurde es dunkel, ein orkanartiger Sturm fegte über den Viehkogel und hüllte die Wallfahrer in Schneegestöber. Zur gleichen Zeit sind in der nahegelegenen Watzmannostwand vier Bergsteiger erfroren. Solche schicksalhaften Erlebnisse prägen den naturverbundenen, gläubigen Menschen, und so bekommt der Ausspruch „Auf in Gotts Nam'" eine tiefe Bedeutung.

Nach verdienter Rast beim Kärlingerhaus schweifen die Blicke zum Ingolstädterhaus, und die Gedanken umrunden über Kallbrunn und Hirschbichl die „Ramsauer Dolomiten" im Herzstück des Nationalparks Berchtesgaden. Dieser Übergang in den Pinzgau läßt auch an die Zeit der Schmuggler denken, an Salzsäumer und Triftleut', die im Lauf der Jahrhunderte ihre mühevolle Arbeit taten. Vielfach treffen wir auf stumme Zeugen, Gedenktafeln, Marterln und Kapellen, die zum Verweilen mahnen und uns wieder zum tiefen Sinn der Wallfahrt führen. Leider können viele Teilnehmer den geordneten Aufbruch nicht erwarten, stürmen voreilig in die „Saugasse" und haben, am Königssee angelangt, den Grund ihrer Wanderschaft vergessen. Viele erwarten Pfarrer, Vorgeher und Musikanten nicht mehr, und in der Sorge um einen bequemen Sitzplatz am Schiff hat sie der Alltag wieder eingeholt. Die eigentlichen Wallfahrer ziehen unter den Klängen der Musik in St. Bartholomä ein, danken im Gebet für die unfallfreie Pilgerschaft und bitten um Linderung der eigenen Mühsal und Sorgen. Jeder nach seinem Dafürhalten, laut oder leise, hoffentlich aber ehrlich „in Gotts Nam'".

Der Königssee wurde namentlich erstmalig in der Weiheurkunde vom 24. August 1134 für die auf der Halbinsel St. Bartholomä errichtete Kapelle „Basilica Chunigesse" erwähnt. Die Namensgebung erfolgte damals nach dem Landherrn Chuono von Horburg, einem Mitbegründer des Stiftes Berchtesgaden. Im Mittelalter wurde der See vor allem von der einheimischen Bevölkerung auch „Bartlmä-See" genannt, da auf der Insel Christlieger die Statue des hl. Bartholomäus stand. Der See diente während dieser Zeit den Herren des Chorherrenstiftes als Haussee und hatte zunächst nur für Fischer, Jäger und Hirten Bedeutung. Heute steht eine beachtliche Flotte im Dienste des Fremdenverkehrs, und die neuen Boote „Funtensee" und „Hoher Göll" verweisen auf die herrliche Bergwelt im „fernen" Nationalpark „Kalkhochalpen".

Der Kalender erinnert heute an St. Ludwig, König von Frankreich. *25. August* Dieser empfing als Kreuzfahrer die Dornenkrone Jesu Christi vom Kaiser von Konstantinopel. Der schwarze Tod bereitete seinem irdi-

Lebhaft -

O wia schön is Gebirg

(Schütz'nfreiheit)

PONGAU

1. O wia schön is Ge-birg' wo mir Brüa-da har sand, denn mir sanft halt dö kreiz-lus-tign, habn oa Herz und oan Sinn; jo i steig ins Ge-birg, jo wo's Wild-broat umrschleicht; jo dös is halt dem Schü-tz'n sei oan-zi-ga Freud. Djä ho-dl-i, hui-di-ri-tu-li-o, djä-tu-li-o, djä-tu-li-o djä-hol auf da Alm.

2. Und mit fröhlichem Herz'n steig is s'Gamsgebirg o,
   Jo i tausch' mit koan Burga-mit koan Bauasmo;
   Und da Schütz' in Gebirg, jo der hat's halt so fein,
   Er braucht gar nix ei'zliesan, was er schlaßt dös ghört sei'.

3. Und wann halt am Himmi koa Stern neama laucht' -
   Und da Gamsbock schö stad übä's Lab daherschleicht,
   Ei do lad'n i mei Stutzal-und geh' da Alm zua,
   Schreit dö Senndrin vo da Weit'n, griaß di Gott liaba Bua.

ANMERKUNG: Dieses Liedl hab' ich mit 5 Jahrn von der Mutter gelernt. - Es ist im Pongau noch öfters zu hören.

....., 1. 7. 1943

Im vorliegenden Volkssatz haben wir das Liedl daheim gesungen.

schen Leben um 1270 ein jähes Ende. Zugleich feiern unsere bayrischen Nachbarn den Namens- und Geburtstag von König Ludwig II., der am 25. August 1845 in Schloß Nymphenburg geboren wurde.

„Im Sommer eine Distelkur, im Winter recht viel Möhren, dann wird dich in dem Pferdestall der Tierarzt nicht mehr stören!" So weist ein Spruch auf die Heilkräfte der Natur hin, die vor allem in der Tierheilkunde Anwendung fanden. Die Tiere selbst wissen aber ganz genau, was ihnen gut tut! So fressen z. B. die Pferde, die im Sommer auf unseren Almen weiden, mit Freude die Blüten der Disteln. Bei den angesprochenen Möhren sind wohl die Mohrrüben gemeint, die von den Pferden gerne aufgenommen werden und eine die Verdauungstätigkeit anregende Wirkung haben. Ein alter Bauernspruch meint: „A Roß und a G'wehr leicht ma nit her!"

26. August

Erste Höhepunkte im bäuerlichen Erntejahr sind die Rößlmärkte in Mauterndorf und Abtenau. An die zehntausend Besucher machen sich jährlich auf den Weg nach Mauterndorf, zum „Barthlmämarkt" im August. Früher war dies der 1. Pferde- und Hornviehmarkt mit einigen Krämerwaren. Im Schutz des Apostels Bartholomäus beleben auch heute noch über 200 Marktfahrer den Mauterndorfer Krämermarkt und zur Fohlenversteigerung werden an die hundert „Rößl" aufgetrieben. Früher wurde ohne Versteigerung gehandelt. Es galt der Handschlag, und gar manches Tier wechselte mehrmals den Besitzer. In der Hoffnung auf ein kleines Geschäft in der „Hinterhand" wurde es sozusagen einige Male „überhandelt". Im Mittelpunkt des Bartholomämarktes im Lungau stehen natürlich die „Tiger": Gescheckte Noriker, die mit ziemlicher Sicherheit durch die Einkreuzung spanischer und neapolitanischer Warmbluthengste entstanden sind. (Als „Stiegl-Pferde" vielen Lesern bekannt!) Finden sich nun einige Liebhaber für ein besonderes Rößl, so kommt Leben in den Ring und der Preis für ein „Tigerrößl" kann durchaus auf fünfzigtausend Schilling klettern. Ähnlich geht es am Rößlmarkt in Abtenau zu, der früher immer am 6. August abgehalten wurde. Hier trifft man sich anschließend zum traditionellen „Bockfleisch" beim Postwirt, eine Kultspeise, die von der Familie Windhofer seit Generationen herrlich zubereitet wird. Die Ziegenböcke müssen unbedingt vor dem Annatag geschlachtet werden, wobei es für den „Post-Hans" gar nicht einfach ist, die Böcke im Land aufzutreiben. Für einen kleinen Kreis gibt es vor dem Rößlmarkt „Pimperlinge", eine besondere Männerspeise, die ich hier aber nicht näher beschreiben will!

Abtenauer Rößlmarkt

Eine andere Abtenauer Spezialität erwartet die Almbesucher auf der Möllnhütte, in der noch die Tennengauer „Haubeikrapfen" zubereitet werden. Eine Köstlichkeit aus Weizenmehl, im tiefen Schmalz herausgebacken. Kein Luftzug darf die feinen Gebilde stören, und so heißt es beim Backen: Fenster und Türen zu! Die Haubeikrapfen gab es früher nur an den hohen Festtagen im Weihnachtsfestkreis.

Abtenauerwasser
„Salzburgs Umgebung wird eine Bereicherung erfahren. Eine der schönsten Perlen im Strahlenkranze, den die Natur verschwenderisch um die Mozartstadt gelegt, wird ein neuer Anziehungspunkt werden. Die Schönheit von Abtenau Bad, die Heilkraft seiner wundertätigen St. Rupertusquelle werden in Bequemlichkeit aufgesucht, inmitten von Komfort genossen werden können." So berichtet die „Salzburger Chronik" vom 23. September 1913 und wirbt mit elektrischer Beleuchtung, Zentralheizung, Automobilverkehr und Tennisplatz um betuchte Kurgäste. Fast hundert Jahre später scheint sich nun diese Hoffnung zu wiederholen und die Gemeinde Abtenau plant ein großes Kur- und Erholungszentrum mit dem Wasser der immer noch sprudelnden „Annenquelle"; ein Alpenbad mit Meerwasser! Das seinerzeitige „Badrutt's Kurhaus", vom Schweizer

Hotelpionier Peter Robert Badrutt im April 1914 eröffnet, hat die Wirren des vergangenen Jahrhunderts nicht überstanden und mußte letztlich einem Kinder- und Jugendheim Platz machen. Einige gesundheitsbewußte Abtenauer schwören jedoch auf das Heilwasser, holen es in Flaschen und Kanistern heim und trinken täglich ein Achterl zum Wohle ihrer Verdauungsorgane. Auf einer Flaschenetikette aus dem Jahre 1932 lesen wir: Die Trinkkur sei angezeigt bei Stuhlverstopfung, bei chronischem Bronchial-, Magen- und Darmkatarrh, bei Fettsucht, Leber-, Gallen- und Milzleiden, das Wasser sei in seiner Zusammensetzung und Wirkung dem „Großen Sprudel" von Karlsbad überlegen. Vielleicht wirkt diese alkalisch-salinische Bitterquelle nun zur Belebung des Fremdenverkehrs und bringt Gesundheit für Kranke, Erholung für Leidende und Stärkung für Gesunde!

27. August

Die Namenstagskinder sind Monika, der Vorarlberger Patron Gebhard und Cäsarius. Monika, die Mutter des hl. Augustinus, wird als Patronin der Müller verehrt und sollte bei ungeratenen Kindern helfen. Alte Kalender verweisen nun nach schönen Wettersymbolen oft auf „Veränderlich". Wetterumschwünge registrierte man zu früheren Zeiten mit einem einfachen „Natur-Barometer", dem sogenannten „Hanichel": einem dürren Fichtenwipfel, dem man einen Hauptast belassen hat. Der Wipfel wird einseitig abgeplattet, damit er gut an einer Holzwand befestigt werden kann. Der seitwärts abstehende Ast krümmte sich bei zu erwartendem schlechten Wetter nach oben, bei gutem Wetter hingegen nach unten – außer man hat ihn verkehrt aufgenagelt!

28. August

Augustinus bringt uns heute einen Wetter-Lostag. Mit ihm, so heißt es, ziehen die Wetter dahin, und die heißen Tage sind vorbei. Augustinus lebte von 354 bis 430, wurde von Ambrosius getauft und war einer der großen lateinischen Kirchenväter. Unter seinen Schriften ist besonders der „Staat Gottes" zu nennen. Die Kalenderdarstellungen zeigen ihn auch mit drei Ähren in seiner Hand, wodurch sich die Bezeichnung „Augustin im Schnitt" ableiten läßt. Er gilt auch als Patron der Bierbrauer, was wir bei einem kühlen Schluck in einem schattigen Gastgarten bedenken sollten. So nach dem Motto: „Man soll die Früchte des Lebens genießen, sonst wird man ungenießbar!" Dabei heißt es aber auch „Maßhalten", um nicht singen zu müssen: „Oh, du lieber Augustin, alles ist hin ..."

Aurelius Augustinus

29. August	Alte Kalender erinnern an die Enthauptung Johannes des Täufers, aber auch an die Märtyrerin Sabina, die 125 in Rom zu Tode kam. Sie gilt als Patronin der Hausfrauen und Kinder und soll bei Regen und Blutfluß helfen.
30. August	„Bischof Felix zeiget an, was wir vierzig Tag für Wetter han!" Mit der Witterung Ende August und Anfang September versuchte man den Wettercharakter der nächsten Wochen abzuschätzen. Dabei ist die Aussage „40 Tage" nicht wörtlich zu nehmen, sie soll lediglich einen längeren Zeitraum beschreiben. Auch heißt es: „Wie der August war, wird der künftige Februar", und: „Fällt das Laub zeitig im Garten, ist schöner Herbst und gelinder Winter zu erwarten!"
31. August	„St. Raimund treibt die Wetter aus" – so beschließen wir den Ähren- oder Wallfahrtsmonat August und verweisen noch auf seine „verworfenen" Tage.

Schwendtage
Es sind dies der 1., 17., 21., 22. und 29. August.

SEPTEMBER

Der September ist der Mai des Herbstes

„Bringt der Juli heiße Glut, so gerät auch der September gut!" Diesem Spruch wollen wir bei den oft verregneten „Heumondtagen" keine große Bedeutung zumessen. Vertrauen wir lieber dem heiligen Ägidius, der uns in den Herbstmond führt. Bei den Römern hat der September – das heißt der Siebte, vom März an gerechnet – mit Recht den Namen getragen. Bei uns ist er der neunte der zwölf Gottesknechte, wie ein alter Bauer einmal die zwölf Monate genannt hat.

1. September

„Wenn St. Ägidius bläst ins Horn, heißt es: Bauer, sä dein Korn!" St. Ägidius war ein heiliger Einsiedler, dem eine Hirschkuh täglich ihre Milch zur Stärkung angeboten hat. Wird als Nothelfer verehrt, gilt als Patron der stillenden Mütter, wird um „Ehesegen" angerufen und deutet uns das Wetter für den September: „Ist's an St. Ägidi rein, wird's so bis Michaeli sein!" Vergessen wir aber nicht: „Was der Juli verbricht, rettet der September nicht!"

2. September

Die schwedische Nonne Ingrid geleitet uns durch den 2. Herbstmondtag und erinnert an das Ernten und Trocknen von Heilkräutern. Vor allem dann, wenn der Mond durch den Skorpion geht. Häher und Eichkätzchen sind nun dabei, die letzten Nüsse zu ernten. Uns Menschen bleiben die Stauden, die aber vielfach auch eine besondere Bedeutung hatten. So wie die Haselnuß bei Gewitter schützen soll, so war früher die fettblättrige Haus- oder Dachwurz eine begehrte Schutzpflanze. Man schwörte auf sie, denn sie besaß

Hexe und Teufel

nicht nur die Kraft, den Blitz Donars vom Hause abzuwenden, sondern auch Seuchen und Hexen abzuhalten. Deshalb hat man sie immer in der Nähe eines Kamins angepflanzt, der als bevorzugter Einlaß für die „Unholdinnen" galt. Die Hauswurz war außerdem eine Art Lebensorakel und ein begehrtes Hausmittel bei Brandwunden.

Der Namenspatron Gregor der Große läutet nun den Herbst ein. *3. September*
Er war Papst und Kirchenlehrer und gilt als Patron der Musiker, Sänger, Lehrer, Schüler, Studenten und Maurer. Als Nothelfer wurde er bei Gichtschmerzen angerufen. „Ein Mensch, der weichliches Fleisch hat und infolge von Unmäßigkeit im Trinken an einem seiner Glieder von der Gicht geplagt wird, soll Petersilie nehmen und das Vierfache davon Raute und in einer Schüssel mit Olivenöl rösten. Die Kräuter soll er so heiß, wie sie sind, auf die schmerzende Stelle legen." So schrieb Hildegard von Bingen schon vor 800 Jahren. Alte Wildschützen schwören dabei noch auf die Leber des Brunfthirschen und meinen: „Wenn einer Hirschleber ißt, benimmt sie ihm die Gicht, reinigt seinen Magen und erleichtert ihn!" Grünes Gemüse mit viel Vitamin E gehört auf den Speiseplan.

Die Namenstagskinder Rosalia von Palermo, Ida von Herzfeld, *4. September*
Rosa von Viterbo und Irmgard von Köln führen uns in die letzten Ferientage. Dabei hofft man auf gute Wetteraussichten. Aber heutzutage wird viel versprochen und nicht gehalten. Hoffen wir aber trotzdem auf sonnige Tage.

Roswitha von Gandersheim, Albert und den Laurentius Justian *5. September*
nennt uns der Kalender. Als Wetterspruch galt früher: „Donnert's im September noch, wird der Schnee um Weihnacht hoch", und: „Nach Septembergewittern wird man im Hornung vor Schnee und Kälte zittern."
Vor dem Almabtrieb wird nun von den Sennerinen der „Schnuraus" gebacken. Ein kleines, daumennagelgroßes Gebäck aus Germteig mit Weinbeerln, im tiefen Schmalz herausgebacken.
Tradition in unserer Familie sind die „Schnurauskrapfen" meiner Großmutter. Dazu braucht man: 2 kg griffiges Mehl, 2 Würfel Germ, 1 l Milch, ½ kg Butter, 8 ganze Eier, Anis, Salz, 4–5 Eßlöffel Zucker. Mehl in einen Weidling sieben, in ein Grübchen Germ zerbröseln und etwas Zucker und ¼ l warme Milch darüber geben und aufgehen lassen. Rund um das Dampfl Mehl etwas salzen und Anis beigeben. Butter zergehen lassen, Milch, versprudelte Eier und Zucker über das Mehl gießen und zu einem Germteig verarbeiten.

Die „Schnurausköchin" Rosina Schwarz

Almabtrieb nach einem unfallfreien Almsommer

Eine Stunde gehen lassen, mit einem Löffel Teig herausstechen und Krapferl formen. Liegen lassen bis zum letzten Krapfen – die Großmutter machte immer genau 98! – und den ersten mit Weinbeerln füllen. Sodann die Krapfen der Reihe nach auf ein Tuch legen, zudecken und nochmals gehen lassen. Inzwischen 1¹/₂ bis 2 kg Ceres erhitzen (nicht zu heiß) und die Krapfen mit der oberen Seite nach unten im schwimmenden Fett ausbacken.

6. September

„An Sankt Mang sät der Bauer den ersten Strang." Hinter dem Namen St. Mang verbirgt sich Magnus, ein Mönch und Glaubensbote aus dem Allgäu. Um 750 gestorben, wurde er als Patron für das Vieh und gegen Mäuse, Ungeziefer und Schlangenbiß angerufen. Manche Kalender aber bringen den Magnustag mit den berühmten Gelehrten Albertus Magnus in Verbindung. Wir finden bei ihm erste Hinweise auf Wettervorhersagen. In einer Abhandlung über die Bedeutung des Windes schrieb er: „Wind in der Nacht am Tage Wasser macht!" Bäuerliche Naturbeobachter verbanden mit seinem Namensfest einen Wetterlostag und meinten: „Wie das Wetter am Magnustag, so es vier Wochen bleiben mag!"

Die Namenspatronin Regina soll von einer christlichen Amme erzogen worden sein. Der Legende nach wurde sie von ihrem heidnischen Vater aus dem Hause gejagt, hat als Hirtin gedient und erlitt durch Enthauptung den Märtyrertod. Im Mandlkalender ist sie mit Kreuz und Palme abgebildet und gilt in manchen Gegenden als Patronin der Zimmerleute. Zum Wettergeschehen heißt es: „Ist Regine warm und sonnig, bleibt das Wetter lange wonnig!"

„Laurenz setzt den Herbst an die Grenz; Bartlmä bringt ihn her." Dieser durch Jahrhunderte beobachtete Wetterspruch bedeutet uns, daß der Sommer seine heißesten Tage hinter sich gebracht hat und der „kleine Frautag" – Mariä Geburt – zu herbstlichen Gedanken mahnt. Es sind dies die Tage, wo die Sicht im Gebirge weit wird, morgendliche Nebel vom nahen Herbst künden und der Föhn oft erfreuliche Temperaturen mitbringt. So nach dem Motto: „Durch des Septembers heitern Blick schaut einmal noch der Mai zurück!" Trotzdem wissen wir, daß damit nur Erinnerungen und Träume verbunden sind. Die Natur zeigt uns den untrüglichen Lauf des Jahres, und die Zugvögel rüsten sich für den Flug nach dem Süden. „St. Gorgon treibt die Lerchen davon", und: „Am Tag Mariä Geburt nimmt die Schwalbe ihren Reisegurt!" Dazu meint der Salzburger Mundartdichter Erwin Rutzinger:

„A Spatz, der schaut grad d' Schwalbma nach,
wia s' gegn Südn ziagn,
und moant, des bracht er ah wohl zsamm,
da kannt er ah mitfliagn.

Doh weit is er net kema, gell,
san d' Schwalbm schon lang am Meer,
da fliagt der Spatz noh zwischn Puach
und Oberalm daher.

Und siahgst, iatz wird's eahm eh schon z'stark,
des gspürt er und draht um;
da hoaßt's, er häd a Spatznhirn –
ih find'n gar net dumm.

So mancher hat sih schon verflogn,
hat sih ganz schiach verrennt
und hat des seiner Lebtag lang
net eingsehgn und net kennt!"

In Anlehnung an den „großen Frautag" zu Mariä Himmelfahrt wird nun an die Geburt der Muttergottes gedacht. Nach alten Schriften geht das Fest auf das Weihefest der Annakirche in Jerusalem zurück, die am Ort des Geburtshauses Marias im 5. Jahrhundert erbaut wurde. Das Fest wurde in der Ostkirche bereits im 6. Jahrhundert gefeiert, und der Termin gilt bei uns als Zeichen für den Aufbruch der Schwalben. „Mariä Geburt, fliegen die Schwalben furt; bleiben sie da, ist der Winter nicht nah!" Das Kalenderbild zeigt die Mutter Anna im Wochenbett, dahinter steht die Hebamme mit dem Marienkind.

9. September

Mit Gorgonius hoffen wir nun auf spätsommerliche Tage und beobachten unsere gefiederten Geschöpfe, die sich zur Abreise in den Süden versammeln. Regnet es um diese Zeit, so verspricht dies nichts Gutes, denn man sagt: „Bringt St. Gorgon Regen, folgt ein Herbst mit bösen Wegen!" Auch Viehhirten vergangener Zeiten schlossen aus dem Verhalten der Vögel auf die folgenden Wetteraussichten. Stellte sich die Bachstelze als Begleiterin von Viehherden ein, verband man dies mit windigem, kaltem und regnerischem Wetter. Solange aber der Kiebitz im Land war, rechnete man mit einer milden Witterung. „Halten aber die Krähen Konzilium, so sieh nach Feuerholz dich um!"

10. September

Der um 1305 verstorbene Einsiedler Nikolaus von Tolentino ist unser Namenspatron. In Bayern hoch verehrt, galt er als Patron der Armen-Seelen-Bruderschaften und Fürbitter um das tägliche Brot.

11. September

Helga, Felix, Regula und Exuperantis sind die Namenstagskinder. Die letzten drei waren Mitglieder der thebäischen Legion und kamen um 300 als Märtyrer in Zürich ums Leben.

12. September

„An Maria Namen, sagt der Sommer Amen", und: „Blühn die Disteln reich und voll, ein schöner Herbst dir blühen soll!" Das Fest „Mariä Namen", im 16. Jahrhundert in Spanien gefeiert, erhielt bei uns am 12. September 1683 eine besondere Bedeutung, da an diesem Tag in Wien die entscheidende Schlacht der zweiten Türkenbelagerung stattfand. Papst Innozenz XI. dehnte dieses Fest zum Andenken an das Ende der Belagerung Wiens durch die Türken auf die ganze Kirche aus.
Unser Kalender nennt uns heute den Namen Eberhard. Dieser stammte aus Tüntenhausen bei Freising, starb um 1150 und wird als Volksheiliger verehrt.

Dreistimmig

Da Rinnegger

Vom Onkel Heinrich und meiner Mutter gelernt. Aufgezeichnet in ..., August 1943 S. W.

Langsam

i-ti ri e-hå, i-ti ri e hå, hå-i ri-ti ri hå-e-hå,

Dra-e hå i-di ri-a dra-e hå i ri, dra-e hå i ri-a dra-e hå i-di-ri,

djo-e hå i å di-e-e hå i å,

i-ti ri hå e hå, hå-i ri-ti ri e hå i-ti ri hå e hå, hå-i ri.

dra-e hå i di ri-a dra-e hå i ri, dra-e hå i ri-e hå.

di-e-e ha i å di-e-e hå i å di-e-e hå-i å-e hå.

Dreistimmig

Hoi-Dadl-i

Von meiner Mutter vergessen; erstmals vom Onkel Heinrich gehört

Langsam

Hoi da-e-dl-i-di hå i-di ri, hå i-di ri hå i-di-ri.

Hoi-da-dl i-di hå hå-e-hå, djo hå-e hå djå hå e hå.

13. September	Johannes Chrysostomos und die hl. Notburga, die im Jahre 1313 gestorben ist, feiern ihr Namensfest. „Notburga mit der Sichel" war in früheren Zeiten Leitstern und Zier aller Mägde, die bei den Bauern dienten. Die in Rattenberg am Inn geborene Patronin der „dienstbaren Geister" lebte zuerst als Küchenmagd auf Schloß Rottenburg, sodann als Magd bei einem Bauern und schließlich wieder als Köchin auf Rottenburg. Sie gilt als großes Vorbild an opferbereiter Nächstenliebe und tiefer Frömmigkeit.
14. September	Mit dem Fest der „Kreuzerhöhung" endet der „Frauendreißiger". Jene dreißig Tage, vom 15. August bis zum 14. September, in denen die Natur den Menschen am freundlichsten gesonnen ist. Alles Giftige in den Pflanzen sollte in dieser Zeit an Schärfe verlieren, während alle Heilkräuter dreifach so stark und wirksam sein sollen. Die Kräuter, die in dieser Zeit gesammelt wurden, werden nun trocken aufbewahrt und sollen im Notfall Unreim und Krankheit vertreiben. Das Fest, das in der römischen Kirche seit dem 7. Jahrhundert bekannt ist, geht auf Kaiser Konstantin zurück, der um 335 am mutmaßlichen Ort der Kreuzigung Christi eine Kreuzkirche errichten ließ. Auch die griechisch-orthodoxe Kirche feiert diesen Tag mit ganz besonderen Riten und Gesängen.
15. September	Zur bäuerlichen Erntezeit und zur Beurteilung der Feldfrüchte galt früher die Meinung: „Rühme das Korn erst, wenn du es in der Scheuer hast, und deinen Herrn erst im Grabe!" So hoffen wir am Namensfest Maria Mater Dolorosa auf schönes Erntewetter. Empfindsame Menschen spüren nun Wetterumschwünge in ihrer Wirkung auf Kopf, Gehirn, Augen und Nase. Hildegard von Bingen empfiehlt dazu einen Lavendelwein, der für einen klaren Kopf sorgt. „Wer ihn oft lauwarm trinkt, dem mildert er die Schmerzen der Leber und Lunge und die Dämpfigkeit in der Brust und macht rein sein Wissen und klar seine Gedanken." Ein Imkerspruch meint: „Wenn die Bienen ihre Stöcke früh verkitten, kommt ein harter Winter geritten!" „Hiatz hebt schön stad der Hiröst an. Der Summer is voblüaht. Schon farbt sih 's Laub in Wald hidan, und d' Sunn wird langsam müad. 's Oachkatzl tragt schon d' Nussn z'samm und grabt eahms hoamli ein. Auf geht's zur Arnt in Gottes Nam'. Was d' hoambringst, des is dein!" So beschreibt Erwin Babureck den Bauernherbst und verweist auf den Erntedank, der diese Jahreszeit prägt.

Norikergespann mit Erntekrone

Kornelius und Ludmilla begleiten uns durch den Tag. Kornelius, ein Papst des 3. Jahrhunderts, gilt als Patron der Bauern und des Viehs und soll bei Fallsucht und Krämpfen helfen. Auch Mond und Tierkreiszeichen haben ihren Einfluß auf unser Wohlbefinden. Schon Hippokrates wußte um die Kräfte des Mondes und schrieb: „Wer Medizin betreibt, ohne den Nutzen der Bewegung der Sterne zu berücksichtigen, der ist ein Narr!" Heute würde er wahrscheinlich anfügen: „Wer dazu nicht die Kunst der Ärzte und den Fortschritt der Medizin nutzt, wird frühzeitig als Narr sterben!"
„St. Ludmilla, das fromme Kind, bringt gern Regen mit und Wind." Dieser Spruch bezieht sich auf die vom Volk geliebte Ludmilla, die während der Regentschaft ihrer Schwiegertochter Drahomira großen Einfluß auf deren Sohn, den späteren Herzog Wenzel, ausübte. Sie war die Gemahlin des Herzogs von Böhmen und wurde auf ihrem Witwensitz in der Nähe von Prag am 15. September 921 im Auftrag ihrer Schwiegertochter erdrosselt.

16. September

Der Kalender erinnert heute an Hildegard von Bingen. Nach fast einem Jahrtausend wurde sie in der Sorge um unsere Umwelt wiederentdeckt, und ihre medizinischen Aufzeichnungen bedeuten für viele Menschen eine Richtschnur in ihrem Leben. „Guter Mut ist halbes Leben", meinte sie und verwies auch darauf, daß jeder selbst

17. September

für seine Gesundheit verantwortlich ist. Jede Krankheit hat uns etwas zu sagen, und so sollten wir nicht jedes Wehwehchen mit Pillen wegzaubern. Viel hielt Hildegard von Bingen von der Edelkastanie und schrieb: „Alles, was an diesem Baum ist und auch seine Frucht ist nützlich gegen jegliche Schwäche im Menschen!"

Hildegard von Bingen, Mystikerin und heilkundige Klosterfrau des Mittelalters

18. September „Trocken wird das Frühjahr sein, ist Sankt Lambert klar und rein!" Ein Bauernspruch meint: „Lamberti, nimm die Kartoffel heraus, doch breite ihr Kraut auf dem Felde aus; der Boden will für seine Gaben doch ihr Gerippe wieder haben!" Dieser Spruch zeigt uns den Sinn der Kreislaufwirtschaft, die Grundlage des biologischen Landbaus. Lambert oder „Lantpert" starb 957, war Bischof in Freising und wurde bei Nierenleiden angerufen.

19. September „Wer koan Kopf hat, muaß Füaß haben" – dieser Spruch erinnert uns an die Vergeßlichkeit und an die vielen Wege, die oft umsonst gemacht werden. Dabei mahnt uns ein Spruch an den notwendigen Fleiß im Tageslauf: „Faul in der Arbeit und fleißig im Beten ist Orgelspiel ohne Balgentreten!"

Wie uns alte Erfahrungen bestätigen, hat der September meist zwei Hochdruck- und damit Schönwetterperioden. Zu Beginn des Monats um Ägidi und nach wechselhaften Tagen um die Monatsmitte den stets erhofften „Altweibersommer". Der Nothelfer „Stacherl" sollte nun diese Schönwetterperiode einleiten. Eustachius war ein edler Feldherr, der bei der Jagd auf einen Hirschen zu Christus bekehrt wurde. Er teilt sein Namensfest mit Candida und Fausta. Wie Hubertus wird auch der hl. Eustachius gern mit einem Hirsch dargestellt, in dessen Geweih ein Kreuz leuchtet. St. Eustach zählt zu den 14 Nothelfern und gilt besonders als Patron der Förster, Jäger und Händler.

Der Apostel und Evangelist Matthäus beschreibt uns nun das Wetter der nächsten vier Wochen. Er gilt als Patron der Bank-, Finanz- und Zollbeamten, Wechsler und Buchhalter. Außerdem soll er bei Trunksucht helfen. Im Arbeitsjahr bringt er einen bäuerlichen Termin für die Obsternte und Saat: „Matthäus packt die Birnen ein, mit ihm muß die Saat beendet sein!" Matthäus wird im Kalender mit einem geflügelten Engel dargestellt. Für die Weinbauern heißt es: „Wenn Matthäus weint statt lacht, aus dem Wein er Essig macht!"

Der September nennt uns für die nächste Zeit eine Reihe „verworfener" Tage, so auch an Mauritius. Zur Erinnerung: Verworfene Tage, auch „Schwendtage" genannt, bedeuten uns, daß man zu solchen Zeiten nichts Neues beginnen soll. Keine neue Arbeit, keine Liebschaften und Reisen. Der früher gebräuchliche Aderlaß wurde an diesen Tagen vermieden und jeglicher „Unreim" diesen Tagen zugesprochen.
„Mauritius" bringt uns einen Blick in die herbstliche Wetterkarte: „Zeigt sich klar Mauritius, er viel Sturm uns bringen muß!" Eine Lebensweisheit sagt: „Bedacht im Rat, bedacht beim Wein, wird euer Spruch ein weiser sein!"

„Da Summa is uma. Da Herist is da,
ma ko's fast nit glaubn no, und do is' a so.
Des Jahr geht ent ochi, sche langsam, nit gach,
es is wia a Wettertann oit worn und zach.

Ma soi davo lerna, schau eini ins Treibm,
wia's wugelt und wachst drinn, und do is koa Bleibm.
De schenste Bliah bricht, und da stolze Bam foit,
nit gestan, nit heit, oba do am End boid.

An Lassing derfst hoffn, an Summa greif zua,
an Herist tua de bsinna, wa's nit am End gnua?
Sinst kimmt da da Sturm und de Köt am End z'gach,
da hilft da nit 's Jungsei, nit 's Oitsei und zach.

Da Summa is uma, da Herist is da,
ma ko's fast nit glaubn no, und do is' a so.
Es hoaßt oanfach reif sei, für ois a Vasteh,
do wird so a Herist recht müd und recht sche."

Andreas Winding, der Pinzgauer Mundartdichter, mahnt uns mit
diesen Zeilen ans Abschiednehmen und Danken und an die natürlichen Kreisläufe in unserem Leben. Ein Dank der besonderen Art
gebührt nun den vielen Salzburger Almbauern und Sennerinnen, die
nach einem arbeitsreichen Almsommer in ihre Heimhöfe zurückkehren.
Thekla und Linus bringen uns nun die ersten herbstlichen Tage. Der
Name „Thekla" bedeutet „die durch Gott Berühmte" und erinnert
an eine Schülerin des Apostels Paulus um 170 nach Christus. Durch
die vergangenen Jahrhunderte galt sie als Patronin gegen Pest und
Feuersbrunst. Ein weiser Spruch dazu meint: „Wer in das Feuer
bläst, dem fliegen leicht die Funken in die Augen!" Linus war der erste Papst nach Petrus und starb im Jahre 79.

24. September

Stadt und Land feiern heute den Ehrentag unseres Landespatrons,
und man erinnert sich an die Lebensgeschichte des hl. Rupert. Da
ein Bischof gemäß den kanonischen Vorschriften seinen Sitz weder
auf dem Land noch in kleinen Orten haben sollte, wandte sich
Rupert nach der alten Römerstadt Juvavum, dem heutigen Salzburg.
Herzog Theodo schenkte ihm 696 die Reste der Talsiedlung an der
Salzach einschließlich der herzoglichen Burg an der Stelle des heutigen Klosters Nonnberg. In den folgenden Jahren erbaute Rupert
eine „stattliche Kirche", das Kloster St. Peter. Der Portalaufsatz
zeigt ihn heute noch mit Bischofsstab und Salzfaß und erinnert an
die geistige und weltliche Bedeutung unseres Landespatrons. Schon
früh wurde um „Ruperti" ein Markt abgehalten und den Marktfah-
rern und Händlern „geduldet", ihre Waren anzubieten. Davon leitet
sich der Name „Dult" ab, als Bezeichnung für eine Marktveranstal-
tung, die bereits im Jahre 1331 in einer Nonnberger Urkunde als
„sant Ruobrechts tult in dem herbist" bezeichnet wird.

St. Rupert, Landespatron von Salzburg

Mit Nikolaus von Flüe und mit Kleophas verbinden wir winterliche Wetteraussichten. „Nebelt's an St. Kleophas, wird der ganze Winter naß!" Sollte nun der Mond abnehmen und in das Zeichen Jungfrau wechseln, bringt er einen guten Zeitpunkt zum Verpflanzen von Apfelbäumen. Auch Stecklinge wachsen leicht an, wobei der abnehmende Mond im Herbst besonders günstig ist. Holz soll man schlagen, wenn der Mond am kleinsten ist. Es zerkliebt nicht, dörrt nicht zusammen und wird von den Würmern verschont. Holz bei Neumond und im Zeichen der Waage gefällt, widersteht sogar den Flammen. Aus diesem Grund wurde es hauptsächlich bei den früheren offenen Feuerstellen zum Kaminbau verwendet. Ein Wetterspruch sagt: „Wie im September tritt der Neumond ein, so wird das Wetter den Herbst durch sein!"
Nach der Aussage meiner Großmutter, der Schwarz Rosl aus Radstadt, sind Jungfrautage „Dauerwellen-Tage", die sie jedoch selber nicht nutzte, da sie bis in ihr 93stes Lebensjahr eine „Gretlfrisur" trug. Um sich vor einer Verstopfung zu schützen, trank sie jedoch an diesen Tagen vor dem Frühstück ein Glas lauwarmes Wasser und sagte dazu: „Hilft's nit – so schad's nit!"

25. September

An die hl. Ärzte Kosmas und Damian (Märtyrer aus dem Jahre 303) erinnert uns der Kalender und meint: „Kosmas und Damian zünden

26. September

uns die Lichter an!" Damit begannen nun die langen, finsteren Abende, die vergangenen Generationen früh das Tagwerk beendeten. Das Stundenglas im Mandlkalender trägt die lateinische Zahl XII und beschreibt damit die Zeit von Sonnenaufgang bis Sonnenuntergang. Kosmas und Damian wurden aber auch gerne als „Maler" bezeichnet, da sich mit ihrem Termin das Laub zu färben beginnt.

27. September

Vinzenz von Paul, der Patron aller karitativen Vereinigungen, erinnert uns an die notwendige Nächstenliebe und soziale Verpflichtung. Auch ein Blick in die Natur kann uns verwobene Wunder näherbringen. Ein prächtiges Spinnennetz vor dem Fenster, das eine fleißige Spinne immer wieder erneuert, läßt auf gutes Wetter hoffen: „Wenn die Spinnen weben im Freien, kann man sich lange schönen Wetters erfreuen. Weben sie nicht, wird 's Wetter sich wenden, geschieht's bei Regen, wird er bald enden!"
So wie in der zweiten Jahreshälfte die Sonne die Zeichen Zwilling bis Schütze durchwandert und dabei ihre Kraft abnimmt, so macht sich diese auf- und absteigende Kraft auch bei der 28-tägigen Reise des Mondes bemerkbar. Zwillinge, Krebs, Löwe, Jungfrau, Skorpion und Waage bezeichnen dabei den „absteigenden" Mond, bei dem die Pflanzensäfte mehr nach unten ziehen und die Wurzelbildung fördern.

29. September

Das Kalenderbild zeigt heute den hl. Michael, Erzengel und Patron der Kirche. Er gilt im Alten und Neuen Testament als einer der höchsten Engel und wird auch als Kriegsobrist Gottes im Kampf mit dem höllischen Drachen dargestellt. Dazu finden wir die Abbildung des Erzengels mit der Seelenwaage, mit der die guten und bösen Taten jedes Menschen gewogen werden. „Kommt Michael hell und schön, so wird es noch vier Wochen gehn", und: „Sind die Zugvögel zu Michaeli noch hier, steht kein harter Winter vor der Tür!" Auch das Weihnachtswetter sagt er uns voraus: „Wenn der Erzengel sich die Flügel badet, zu Weihnachten der Regen schadet!"
Nach einer alten Pinzgauer Weisheit heißt es, daß es drei Tage nach einem schönen und sonnigen „Michaelitag" bis in das Tal herunter schneit. Schöne Aussichten für den Oktoberbeginn! Mit Michael beginnen nun die „Goldenen Samstage", die vielerorts für Wallfahrten genutzt werden. Der Herbst bringt uns im Jahreslauf auch die Zeit des Erntedankes, der geselligen Einkehr und wohlverdienten Ruhe. Von der späten Sonne vergoldete Tage locken zu erholsamen Ausflügen und kurzweiligen Plaudereien.

Schaföschö und Schofaufbratln

Ein besonderes Herbstereignis zieht nun immer wieder mehr Besucher und Schaulustige an, die sogenannte „Schaföschö".

Nachdem der Großteil unserer Schafe den Sommer auf den Hochalmen verbringt, werden sie nun zusammengetrieben und an einem besonderen Platz auf die einzelnen Besitzer aufgeteilt; sozusagen „auseinandergeschält". Die Pinzgauer sagen zu diesem Vorgang „gschöscht". Dabei geht es natürlich lustig zu, oft wird musiziert und gesungen und natürlich allerlei Geschichten aufgetischt.

Aufgetischt werden aber auch ein gutes „Schöpsernes" und ein selbstgebranntes Schnapsl. Im Lungau wird zum „Schofaufbratln" geladen, einem geselligen Umtrunk, bei dem ein bekömmlicher Lammbraten im Mittelpunkt steht.

Schöpsernes

1 kg Lammfleisch mit Knochen (Schlegel oder Schulter) gut mit Salz, Pfeffer und Kümmel würzen und in eine Pfanne geben. Mit Wurzelwerk, Zwiebel, Lorbeerblätter, Thymian, Wacholderbeeren und viel Knoblauch im Rohr dunkelbraun auf beiden Seiten braten. Immer wieder mit etwas Fleischsuppe oder Wasser aufgießen und weich dünsten lassen. Rohe, geschälte Erdäpfel in der Pfanne mitbraten. Zum Schluß das Ganze mit etwas Mehl stauben und den Saft nochmals aufkochen lassen. Dazu serviert man einen Salat vom schwarzen Rettich, der mit Salz, Zucker, Essig und Rahm angerichtet wird.

30. September

Mit dem Kirchenlehrer Hieronymus beenden wir den Herbstmond September. „September warm und klar, verheißt ein gutes nächstes Jahr", sagt ein alter Spruch, und so wären wir für schöne Tage dankbar. Hieronymus lebte zwei Jahre als Asket in der Wüste und wurde 382 Sekretär des Papstes Damasus. Er beherrschte die drei Sprachen Hebräisch, Griechisch und Latein und schuf die „Vulgata", die mustergültige Übersetzung der Bibel in die lateinische Sprache. Der Legende nach ist er am Ort der Krippe des Herrn anno 420 in Bethlehem gestorben.

Kraut des Monats: Wegwarte

Von Juli bis September blüht an Wegrändern und Wiesenrainen die Wegwarte oder blaue Sonnenwende. Aus Zeiten karger Lebenshaltung ist sie uns als „Feld-Cichorie" bekannt und diente als Kaffeeersatz. Gesammelt werden Wurzel, Blätter und Blüte, und der behaarte Stengel enthält einen bitteren Milchsaft. Die hellblauen Blütenkörbchen sind von einer drüsenhaarigen Hülle umgeben.

Wegwartetee reinigt Magen, Leber und Nieren und ist harntreibend. Die getrocknete Wegwartewurzel ist stark insulinhaltig und ein hervorragendes Heilkraut bei Leberleiden, Gelbsucht und Milzbeschwerden.

Der Name „Wegwarte" steht für die liebende Gattin eines Kreuzfahrers, die täglich ihren Blick nach Osten richtete, um ihren Gemahl zu erwarten. Auch die Wegwarte richtet ihr blaues Blütenköpfchen im Tageslauf der Sonne entgegen.

Schwendtage
Die Tage vom 21. bis zum 28. September gelten als verworfene Tage.

Wegwarte *(Cichorium intybus)*

OKTOBER

Oktoberwind – glaube es mir –
verkündet harten Winter dir

Das lateinische „octo" gab dem Welkmonat seinen Namen. Als Weinmonat verspricht er uns wohl auch schöne Nachsommertage, in welchen die Natur den Abend ihres Lebens feiert. Alte Beobachtungen meinen, daß auf einen heiteren und warmen September gern ein trüber und rauher Oktober folgt. Auf jeden Fall ist der Oktober keiner von den lauten und hitzigen Monaten; er läßt die Sonne nicht mehr heiß vom Himmel scheinen, wehrt sich aber auch nach Kräften gegen den Winter. „Oktober im Anfang schön, heißt am Ende im Regen stehn" und „Ist Oktober warm und fein, kommt ein strenger Winter hintendrein!" In manchen Gebirgstälern hält sich in diesen Tagen der Morgennebel, bis ihn die Sonne zu sich hinaufzieht. „Steigt der Nebel bis zur Hügelspitze hinauf, folgt in zwei, drei Tagen Regen zuhauf."

1. Oktober

Theresia vom Kinde Jesu bringt uns heute den Oktober. Das fromme Volk sieht sie als Heilige, die Rosen vom Himmel wirft, und verehrt die französische Ordensfrau als Patronin der Missionen.

2. Oktober

Die gläubige Bevölkerung feiert das „Schutzengelfest", das im 16. Jahrhundert in Spanien und Frankreich entstand. Auf Wunsch Kaiser Ferdinands II. schrieb es Clemens IX. 1667 für dessen Reich am ersten Sonntag im September vor. Dessen Nachfolger, Clemens X., setzte es für die übrige Kirche auf den 2. Oktober fest. Heute ist er ein Gedenktag, der die Heiligen der letzten Septembertage einschließt, die Erzengel Michael, Gabriel und Raphael. Sie sollen uns gemeinsam mit Franziskus, Dionysius, Lukas, Simon und Juda durch den Herbst führen.

3. Oktober

„Laubfall an Leodegar, kündigt an ein fruchtbar Jahr!" Damit verbinden wir die Erinnerung an einen französischen Bischof und Märtyrer aus dem 7. Jahrhundert. Er ist Patron der Müller und hilft bei Augenleiden und Besessenheit. Wir hoffen aber auch mit Irmgard und Ewald auf ein sonniges Wetter. „Oktober-Sonnenschein schüttet Zucker in den Wein", heißt nämlich ein alter Winzerspruch. Dies gilt besonders für Sebastian Karl, einen begabten Maler und Winzer aus Sam in Salzburg. Er hegt und pflegt einen kleinen Weingarten, zieht den „Uhudler" und keltert einen guten Tropfen. Der Weinmonat hat vom September manche schöne Tage verlängert, welche wir unter dem Namen Nachsommer dankbar annehmen.
„Ist der Oktober freundlich und mild, so ist der März dafür rauh und wild; schneit's aber im Oktober gleich, dann wird der Winter weich!"

„Oktoberhimmel voller Sterne haben warme Öfen gerne!" Mit diesem Spruch wollen wir heute das Gedenken an den hl. Franziskus von Assisi mit einschließen. Der Patron der Weber, Tuchhändler und Schneider erlebte in Portiunkula seine Bekehrung. Wegen seiner sprichwörtlichen Tierliebe wird sein Namensfest als Welttierschutztag begangen. Um 1181 in Assisi als Sohn eines Tuchhändlers geboren, erhielt er bei der Taufe zuerst den Namen Johannes. Da er aber mit seiner Mutter, die aus einer vornehmen französischen Familie stammte, französisch sprach, nannte ihn sein Vater Francesco, „den kleinen Franzosen".
Über den sprichwörtlichen „Vogel" schrieb der Ennstaler Mundartdichter Hans Waldried Moser:

4. Oktober

Franz von Assisi

„Wer anderscht wia die andern tuat,
der macht die andern rogl,
und nix is recht und nix is guat,
wann's geht, sekkiern s'n bis aufs Bluat
und sagn, er hätt an Vogl.

Mi ziemt doh, alls, was weiter wüll,
tuat anderscht wia die andern.
Drum schafft a so a Vogl vül,
denn was nit sterbn soll ohne Zül,
muaß do wohl weiterwandern.

Ham oft an Vogl gscheite Leut,
den andre nit begreifn.
Und fliagt er eahn aft z'hoch und z'weit,
so wern s' scho gscheiter mit der Zeit,
er braucht eahn nua was pfeifn."

Placidus, ein italienischer Mönch, Attila und das heilige Ehepaar Gotthelf und Delphine feiern ihr Namensfest. „Ziehen die Wolken dem Wind entgegen, gibt's am anderen Tage Regen" – so haben naturverbundene Menschen ihren Tageslauf beachtet und manches Vorhaben danach gerichtet. Gerade der Wein- und Welkmonat Oktober lädt ja zu letzten Ausflügen und Wanderungen. In vielen dörflichen Gemeinden sind diese Tage noch mit dem Erntedankfest verbunden.

5. Oktober

Oktoberstimmung am Prebersee

6. Oktober

„Hält der Oktober das Laub, wirbelt zu Weihnachten Staub!" Dieser Spruch berechtigt das Wetter zu den ersten Frösten und Schneefällen im Gebirge und kann uns damit eine erste eisige Winterbotschaft bringen. Der Kalender erinnert heute an den heiligen Bruno von Köln. Um 1101 gestorben, war er der Stifter des Kartäuser-Ordens, dessen Mitglieder in Armut und strengem Stillschweigen ihr Klosterleben verbringen. „Wie im Oktober die Regen hausen, so im Dezember die Winde sausen!"

7. Oktober

Der Mariengedenktag vom Rosenkranz erinnert an Papst Pius V., der angesichts der Türkengefahr 1569 zum allgemeinen Rosenkranzgebet aufgerufen hat. Nach dem Sieg der spanischen, venezianischen und päpstlichen Flotte unter Don Juan d'Austria bei Lepanto am 7. Oktober 1571 wurde zunächst für diesen Tag das Fest „Maria vom Sieg" gestattet. Seit dem Jahre 1716 ist das Rosenkranzfest für die ganze Kirche vorgeschrieben.

8. Oktober

Demetrius, Simeon und Marcellus nennt der Kalender, der auch manchmal noch an St. Pelei erinnert. „St. Pelei führt Donner und

Hagel herbei", heißt es dazu. Alte Bauern deuten die Gewitter um diese Jahreszeit so: „Oktobergewitter sagen beständig, der künftige Winter sei wetterwendig!" „Herbstgewitter bringen Schnee, doch dem nächsten Jahr kein Weh!"

Der Kalenderheilige Demetrius war ein griechischer Märtyrer im Jahre 306, und Simeon erkannte im Jesuskind den Messias.

Bischofshofner Amselsingen in der Hermann-Wielandner-Halle

Bischofshofner Amsel

Seit 1960 laden nun am zweiten Samstag im Oktober die Marktgemeinde Bischofshofen und der Heimatverein „D' Hochgründecker" zum großen Bischofshofner Amselsingen.

Volksmusik und Volkslied erleben in unserer Zeit einen großartigen und ungeahnten Aufschwung; Musiziergemeinschaften finden sich in jedem Ort, und noch nie gab es so viele Chöre, Musikkapellen und Tanzlmusikanten. Rundfunk und Fernsehen erreichen Einschaltzahlen, die über der Millionengrenze liegen, und so müßte man eigentlich annehmen, daß auch die überlieferte Volksmusik – ähnlich den „Stars" am volkstümlichen Schlagerhimmel – ihre Vorbilder präsentiert. Hier aber zeigt sich der wahre Kern der Volkskultur. Der treffende Ausspruch eines Pinzgauer Sängerfreundes:

„Amsel" als Wanderpreis

Pinzgauer Dreigesang beim Bischofshofener Amselsingen 1992

„A Star is a nur a Vogl", mahnt uns mit einem Augenzwinkern, daß wir in der großen Brauchtums- und Volksmusikfamilie keine „leuchtenden Sterne" brauchen. Unsere Sternstunden erfüllen sich vielfach im Verborgenen, sind besinnlich und heiter und auf Marktschreier nicht angewiesen. Das Bischofshofner Amselsingen hat diese erfreuliche Entwicklung all die Jahre in besonders schöner Weise bewußt werden lassen und begeistert seine Besucher durch die Auswahl bester Gruppen aus dem gesamten Alpenland und seiner Nachbarn. Wie in den Anfängen des Amselsingens gibt es nun am Sonntag wieder einen Frühschoppen mit einigen mitwirkenden Gruppen, die ihren Besuch in Bischofshofen mit einer gemütlichen Einkehr verbinden.

9. Oktober

Dionysius war ein heiliger Bischof, der sich zu Paris um Christi willen das Haupt hat abschlagen lassen! Er wird in Gewissensunruh und bei Kopfschmerzen als Nothelfer angerufen. In der bildlichen Mandlkalenderdarstellung sehen wir ihn mit dem Haupt in der Hand und lesen dazu, daß er, von einem Engel geleitet, sein eigenes Haupt zwei Meilen weit bis zur Begräbnisstätte getragen hat. Der heute seltene Name Dionysius wird als „Dio" verkürzt oder wie in der bayrischen Nachbarschaft als „Donisl". „Regnet's an St. Dionys, so ist der Winter naß gewiß!"

ZWEISTIMMIG

en Roßbichl Rüapl seina

ZAUCHTAL

Langsam

Dri-å i-å i-å i-å i-å i, dri-å i-å i-å i-å i-å i,

djä-i å ho-li å, djä-i å ho-li å, hol-jä-i å i-o-u å,

dri-å i-å i-å i-å i-å i, dri-å i-å i-å ri.

djä i å i-o-u å, hol- jä-i å ho-li å, djä-i å ho-li å ho-li å.

Tra-la-la

DREISTIMMIG

ZAUCHTAL

Getragen

Tra-la-la, tra-la-la ho-la re-di-ri, ho-e ho-la re-di-ri, ho-e

ho-la ra-da rai-tul-jo, tra-la-la, tra-la-la ho;

ho-la re-di-ri, ho-e ho-la ra-da rai-tul-jo, tra-la-la

tra-la-la ho-la re-di-ri, ho-e ho-la re-di-ri ho-e ho

BEIDE JODLER VON DEN „WIESERISCH'N" · AUFGEZEICHNET IN ....., SEPTEMBER 1943 · Schorsch Windhofer

10. Oktober	Heute erinnert der Kalender an Kassius, Florentinus und Viktor, Märtyrer des Rheinlandes aus dem 4. Jahrhundert. Gesundheitsbewußte beobachten nun besonders Mondlauf und Gestirne und wissen, daß manche Tierkreiszeichen alle Wohltaten und Belastungen für den Körper verdoppeln; leider aber auch die Folgen des Alkohols!
11. Oktober	Immer mehr rücken nun alte Erfahrungen in unseren Tageslauf. So ist z. B. der Fisch im zunehmenden Mond ein idealer Termin zum Suchen und Graben neuer Quellen. Auch Bachverbauungen sind dabei erfolgversprechend, da sich die Grundsteine gut einbetten und nicht unterspült werden. Wassertage im Zeichen der Fische wurden früher bevorzugt auch als Waschtage genutzt. Man sparte dabei Waschpulver und Lauge. An Wassertagen (Skorpion, Krebs, Fische) sollte man jedoch nur kurz lüften, da die Feuchtigkeit der Luft intensiver in das Bettzeug dringt.
12. Oktober	Der Märtyrer Maximilian von Cilli führt uns in das Land der Maronibäume. Diese liefern uns eine begehrte und bekömmliche Frucht, die schon Hildegard von Bingen empfiehlt: „Ein Mensch, dem das Hirn durch Trockenheit leer ist und der davon im Kopfe schwach wird, koche die inneren Fruchtkerne des Maronibaumes in Wasser und gebe sonst nichts dazu. Und wenn das Wasser ausgegossen ist, soll er sie oft nüchtern und nach dem Essen nehmen, und sein Gehirn wächst und wird gefüllt, und seine Nerven werden stark, und so wird auch der Schmerz im Kopf weichen!" Zum Wetter meint der Kalender: „Wenn's im Oktober friert und schneit, bringt der Jänner milde Zeit!"
13. Oktober	Der heilige Koloman, ein irischer Königssohn und Patron heiratslustiger Mädchen, soll auf seiner Pilgerschaft in das Heilige Land auch in Salzburg Rast gemacht haben: an der Stelle, wo jetzt die Kirche St. Koloman in der Taugl steht. Ich sitze sonntags gerne in St. Peter, in der ehrwürdigen Schenke aus dem Jahre 803, erfreue mich an jahrhundertealter Beständigkeit und wundere mich wohl auch über manchen dekorativen Firlefanz unserer Zeit. Mit dabei in der Runde sitzt Kathi Fötschl, eine ältere Tauglerin, die uns immer wieder mit besonderen Mundartausdrücken überrascht. „Die schönen und klangreichen Spracheigentümlichkeiten der Mundart des Tauglgebietes sind wie viele Kostbarkeiten in unserer Zeit bedrängt", schreibt der unvergessene August Rettenbacher in seinen „Taugler Gschichten". Daß aber trotzdem noch wohlklingende Lautungen zu hören sind – auch von Jüngeren und Jüngsten –,

bestätigt sich immer wieder bei Besuchen in der Taugl, in dem Gebiet um St. Koloman.

Voll klingt aus aller Munde das bayerische *ou* (grouß, Brout) oder das *öi*, das nur in einem schmalen Streifen von Berchtesgaden über Kuchl und Werfen bis ins Ennstal zu hören ist (Höih, Röisei).

Ab und zu steckt in einem Wort noch das alte *ui*, wenn z. B. von der Uisch (Ursula), von einer Wuichz (Wurzel) oder der Wuimasploak (Flurname: Wurmplaike) die Rede ist. Diese *ui* waren früher als echt salzburgerischer Laut im Flachgau allgemein daheim, sind nun aber fast ausgestorben. Das *o* in Wörtern wie frogn (fragen), lossn (lassen), Schof (Schafe), noh (nach) – ursprünglich im ganzen Mittelbayerischen verbreitet – ist im Salzburger Norden nun auch selten geworden, in der Taugl aber noch fest erhalten. Ebenso treffen wir häufig noch die Lautungen Goachtn (Garten) oder Gacht (Gerte), Bloh (Bloch) und mi und di nicht nur für mich und dich, sondern auch für mir und dir!

Für Ofen, helfen, raufen hören Sie in der Taugl noch allenthalben Ofm, höifm, raffm, die Wörter Boden oder Faden enden auch auf *m*, wie es in der Bauernsprache des Salzburger Nordens und Bayerns überall zu hören war: z. B. bei Bo(d)m. Und wie in Berchtesgaden wird hier von einer Bauerntruhe oder vom Lehn aufm Biö gesprochen (im Süden heißen die Wörter: Lechn, Truchn, Bichö). Typisches Beispiel dafür, daß die Landesgrenzen im Laufe der Geschichte die Menschen willkürlich getrennt haben.

Wie aber staunt man, wenn gar das Karei (Kathei) mit ach' Tasch auf a Stiamö (auf eine kleine Weile) za ihrch Godn geht oder der Kolmi (Koloman) mit ach' guatn Notn za seinch Muatter.

Diese bei unbeabsichtigten Gesprächen eingefangenen Spracheigentümlichkeiten hat uns August Rettenbacher noch in einem „Taugler Sprüchl" festgehalten:

De Taugl, mei Liaber, de wuicht da gfoi(ll)n!
Fandst Waider, grouße, und Lehn, wia hingmoi(l)n,
de Trattberg-Höih frogat: „Kimmst ned za mi?"
Da Tauglbah schickat sei Rauschn za di!
Drum lo(ß) di deancht lodna, loß hintn dein Gnöid,
nimm de Taugl als Gfiachtn (Gefährten), vergiß de laut Wäit!
Geh auf übern Biö und Bo(d)m da Höih zua,
und nohundstnoh gspürst es: A Stiamö findst Ruah!

Noch ein Rettenbacher-Spruch zu seinem ehrenden Angedenken: „In jedem Übermaß steckt eine Lüge!" Eine Weisheit, die uns gerade in der heutigen Zeit nachdenklich stimmen sollte.

14. Oktober

„Zum Denken stets bereit, zum Handeln nimm dir Zeit!" sagen alte Bauern und fügen an: „Erfahrungen nützen nichts, wenn man sie nicht durchdenkt!" Eine andere Lebensweisheit meint: „Uns ist beschieden dies und das, der eine sitzt trocken, der andere naß!"

Der Namenspatron Kallistus starb als Papst und Märtyrer im Jahr 222 und teilt sich seinen Ehrentag auch mit dem Mönch Burkhard, dem späteren Bischof von Würzburg. Dieser soll bei Gliederkrankheiten, Rheuma und Steinleiden helfen.

15. Oktober

Der Tag erinnert an die heilige Theresia, die im Kalender als Klosterjungfrau mit durchbohrtem Herzen abgebildet wird. Der Pfeil der Liebe wird damit angedeutet. Gemeint ist Theresia von Avila, die 1582 als Kirchenlehrerin gestorben ist. Theresia ist Patronin von Spanien, gilt als Vorbild für innerliches Leben und hilft in geistigen Nöten.

Für die Weinbauern gilt der Spruch: „Oktobersonne kocht den Wein und füllt auch große Körbe ein." „Zu Theres' ist Weinles", heißt es noch dazu und: „Wenn der Oktober nicht hilft, so ist dem Winzer nicht zu helfen!"

Wärme brauchen wir besonders an Stiertagen, denn sie wirken auf Kiefer, Zähne, Ohren und Hals. An solchen Tagen soll man sich daher besonders vor Kälte schützen, um nicht Ohren- oder Zahnschmerzen auszulösen.

16. Oktober

Den Tag beginnen wir mit der Erinnerung an den Mönch und Einsiedler Gallus, den Patron der Gänse und Hühner, und an Hedwig von Andechs. „Mit St. Hedwig und St. Gall schweigt der Vöglein Sang und Schall!" Dies bedeutete im Bauernjahr die Hinwendung auf „inwendige" Arbeiten, denn es heißt: „St. Gallen läßt den Schnee fallen, treibt die Kuh in den Stall und den Apfel in den Sack!" Gallus wurde um 550 in Irland geboren, ging als Klosterbruder mit dem hl. Kolumban auf Wanderschaft und kam mit ihm in die Gegend von Bregenz. Am Mühlentobel, dem heutigen St. Gallen, baute er sich eine Einsiedelei und sammelte eine große Schar von Schülern um sich.

Vom Wetter her sollte die Woche trocken beginnen, denn: „Einem trockenen Gallustag ein trockener Sommer folgen mag!"

17. Oktober

Der Kalender erinnert an den germanischen „Ruhmes-Wolf", den Namensvetter von Rudolf, der um 1060 zum Bischof von Gubbio ernannt wurde. Auch der Bischof und Märtyrer Ignatius von Antiochien findet seinen gebührenden Platz.

Trachtenerneuerung am Beginn des 20. Jahrhunderts. Der Vereinsgründer und Armbrustpionier Georg Windhofer im Kreis seiner Trachtenfreunde in St. Johann im Pongau.

Altweibersommer

„Heunt bei der Nacht hat d' Mondsichel ganz hoamli an letztn Oarkräutlhalm umgschnittn, und d' Sunn kimmt hiatz all Tag schwaarer vo der Bettstatt auf. 's Birg is weit, weit wegga, und von Zaun umma fliagn endslange Spinnawebm. In da Fruah, bein Aufstehn, da schiaßt's eahm schon a weng ins Kreuz. Doh z' Mittag, da haut er noh amal saggarisch auffe am oachern Stubmtisch. Nacha, glei nach der Knödlpfann, loahnt er sih schnaufad auf d' Hausbänk dane, kendt sih a Pfeifl an und napfizt a Weil. Ent in Voggawald, da hört er hiatz schon d' Hirschn röhrn, und im spatn Liacht glosn d' falladn Blattln auf, gluatrot und gelb und nußnbraun. Und auf d' Nacht, wia sih d' Sunnscheibm hintern Bründlholz pfüat', gwahrt er, wia 's Moosweibl übers nasse Wiesngroamat ganz hoamli an himmelfein' Schleier webt. Und der Mondschein straat noh a Handvoll Verlassnheit drauf." So beschreibt der Salzburger Mundartdichter Erwin Rutzinger den Altweibersommer im Weinmond Oktober. Eine Bezeichnung, die längst nicht mehr nur dem weiblichen Geschlecht zugeordnet ist. Auch Männer im Herbst ihres Lebens genießen die wärmenden Sonnenstrahlen und freuen sich über die milde und heilende Oktobersonne. So könnten wir ruhig auch „Altmandlsommer" sagen, wenn die Spinnen ihre herbstlichen Netze weben. Nach den ersten Nachtfrösten glitzern sie taufrisch im Licht der schräg einfallenden Sonnenstrahlen und wurden daher als lange, weiße Frauenhaare gedeutet. Eine Legende bringt aber auch den Teufel ins Spiel, der sich über die Himmelfahrt der Muttergottes erzürnte und sie an ihrem seidenen Mantel zurückhalten wollte. Dabei zerriß das feine Gewebe, und die seidenen Fäden woben sich in das milde Licht der herbstlichen Sonne.

Lukas, Patron der Ärzte und Maler

18. Oktober

Mit dem Evangelisten Lukas wollen wir nun einen Blick in den Winter tun: „Ist St. Lukas mild und warm, kommt ein Winter, daß Gott erbarm."

Im bäuerlichen Jahreslauf soll an diesem Tag das Winterkorn schon in die Stoppeln gesät sein. Die Heiligengeschichte berichtet, daß St. Lukas der Arzneikunst und der Malerei kundig war. Er ist von Paulus zum Christentum bekehrt worden und hat ein Evangelium geschrieben. Oft soll er von der lieben Mutter Maria erzählt haben, und es ist überliefert, daß er sie als Maler „abkonterfeit" habe. „Wer in der Lukaswoche Roggen streut, es bei der nächsten Ernte nicht bereut."

In früheren Zeiten nutzten reuige Sünder die Oktobertage verstärkt für das „Rosenkranzgebet", das dem Oktober den Beinamen „Rosenkranzmonat" einbrachte. Wenn in diesen Tagen sommerliche Temperaturen locken, die herbstliche Sonne lacht und in ihren warmen Strahlen die Mücken tanzen, so ist eines doch ganz gewiß: „Oktobermuck bringt keinen Sommer z'ruck!" Paul vom Kreuz nennt der Kalender und meint: „Warmer Oktober bringt fürwahr uns sehr kalten Februar." So bedeuten uns schöne Herbsttage auch winterliche Aussichten, denn es heißt noch: „Ist der Oktober warm und fein, kommt ein scharfer Winter drein!"

19. Oktober

„Wendelin und St. Vital grüßen mit hellem Sonnenstrahl." St. Vital wird in einem alten Bauernkalender als ein Nachfolger des heiligen Rupert genannt, der den noch heidnischen Pinzgauern die Lehre des Heils verkündete. Wendelin war ein Einsiedler aus dem Saarland und gilt seit dem 6. Jahrhundert auch als Patron der Hirten, Bauern und des Viehs. Er wird für gute Witterung und eine gute Ernte angerufen. Für die letzte Obsternte wären nun der abnehmende Mond und ein heiterer Himmel ein günstiger Termin.
Mittlerweile hat sich nun die Tageslänge auf 9 Stunden verkürzt, und der Mandlkalender verweist mit seinen Wettersymbolen gerne auf Regenwetter und Abkühlung. Dabei gilt die Regel: „Oktober und März gleichen sich allerwärts!"

20. Oktober

Die heilige St. Ursula nennt heute den letzten Termin zur Krauternte: „St. Ursula bringt 's Kraut herein, sonst schneien Simon und Juda drein." St. Ursula soll mit ihren elf Gefährtinnen, mit denen sie aus England nach Köln geflüchtet ist, von den Hunnen mit Pfeilen erschossen worden sein. Durch einen Lesefehler entstand in manchen Kalendern aus der Zahl der 11 Gefährtinnen die Vorstellung von 11.000 Jungfrauen. Sie ist Patronin der Ursulinen, der Universitäten Paris und Wien und der Lehrerinnen und wird um gute Heirat, in Kriegsnöten und gegen die Qualen des Fegefeuers angerufen. Ihr Tag bringt aber auch eine erste Vorahnung auf den kommenden Winter, denn es heißt: „Wie der St.-Ursula-Tag anfängt, so soll der Winter beschaffen sein."

21. Oktober

Kordula, eine Märtyrerin und Gefährtin der heiligen Ursula, ist das Namenstagskind und meint: „Es streiten viel, nicht daß sie recht haben, aber daß sie recht kriegen!"

22. Oktober

23. Oktober	Der Wanderprediger Johannes von Capestrano teilt sich sein Namensfest mit Severin von Köln. Eine Bauernweisheit meint dazu: „Wenn's Sankt Severin gefällt, bringt er mit die erste Kält!" Johannes von Capestrano wurde 1386 in den Abruzzen geboren, studierte Rechtswissenschaften und wurde Vertrauensmann des Königs Ladislaus von Neapel.

24. Oktober

Beifuß
(*Artemisia vulgaris*)

Antonius Maria Claret, ein kubanischer Bischof und Ordensgründer, ist der Patron des heutigen Tages.
Um Blase und Nieren etwas Gutes zu tun, nennt uns der Kräutergarten der Natur als Hilfe den „Beifuß", der als krampflösendes Mittel weitum geschätzt ist und im „Fraubuschen" nicht fehlen soll. Er hilft auch bei Appetitlosigkeit, bei Blähungen und bei nervösen Beschwerden. Im Volksmund wird er auch „Wilder Wermut" genannt. Ein von den Bauern stets bekämpftes „Unkraut" mit heilsamer Wirkung ist der Ackerschachtelhalm. Der Volksmund nennt ihn „Zinnkraut" oder „Katzenschwoaf". Die Hauptanwendung liegt bei Nieren- und Blasenleiden, wobei die getrockneten Sommertriebe einen blutreinigenden Tee ergeben.

25. Oktober

„Mit Krispin sind alle Fliegen dahin", so berichtet der Bauernkalender und weist damit auf die kalte Jahreszeit hin, die uns mit Simon und Juda den Winter heranrückt. Die Märtyrer Krispin und Krispinian starben 287 in Rom und gelten als Patrone der Gerber, Sattler, Schuhmacher, Weber und Schneider.

26. Oktober

Amadeus, der erste Bischof von Straßburg, geleitet uns durch den Nationalfeiertag.

27. Oktober

Frumentius und Wolfhard, der heilige Sattlergeselle von Augsburg, der 1127 als Einsiedler an der Etsch gestorben ist, bescheren uns meist veränderliche Tage. Dies bringt den Bauern jedoch keinen Verdruß, denn veränderliches Wetter mit Regen bringt die notwendige Feuchtigkeit für die Wintersaat. Gefährlich ist nur das Morgenrot, weil damit meist eine wolkenarme Nacht verbunden war. Diese kann niedrige Temperaturen und Fröste bringen, die die Keimung der Saat behindern.

28. Oktober

„St. Ursula bringt 's Kraut herein, sonst schneien Simon und Juda drein." So haben wir vor einer Woche den Kalender befragt und sollten daher heute nicht überrascht sein, wenn uns Simon und Juda den Winter heranrücken. Sollte der Neumond beim „Aufwachsen" sein und sich noch dazu im Tierkreiszeichen Skorpion befinden, brächte er uns damit einen guten Zeitpunkt zum Hartholzfällen. „Ist an Simon und Juda kein Wind und Regen da, so bringt ihn erst Cäcilia!" Damit lassen uns die beiden Apostel Simon und Judas Thaddäus einen Blick in die Zukunft tun. Nach der Überlieferung missionierten sie gemeinsam in Babylonien und Persien. Simon wird meist mit einer Säge dargestellt und gilt daher auch als Patron der Holzknechte. Ein anderer Spruch meint: „Wenn Simon und Juda mit Sturm einherwandeln, so wollen sie mit dem Winter verhandeln!"

29. Oktober

„Gibt's im Oktober Nebel viel, bringt der Winter Flockenspiel, und scharren die Mäuse tief sich ein, wird's ein harter Winter sein!"
Der „Jäger Hansei", ein alter Knecht und Wetterbeobachter aus meinen Bubentagen, verband damit seine Sorge über einen Wetterumschwung. Viel hielt er auf den Mond und verwies im ersten Viertel des wachsenden Mondes auf günstige Brennholztage. Holz schlagen, wenn der Mond am kleinsten ist, verband man immer mit vielen Vorteilen. Es zerkliebt nicht, dörrt nicht zusammen und wird auch nicht von Würmern zerfressen. Es soll auch nicht kleiner werden, wenn es grün verarbeitet wird.

30. Oktober

Mit Alfons Rodriguez gedenken wir auch der hl. Dorothea von Montau. Der immerwährende Heiligenkalender verweist dabei auf eine sonderbare Frau des 14. Jahrhunderts, die, allen irdischen Gelüsten entrückt, ihre Hoffnungen ganz auf den Himmel setzte. So soll sie beizeiten ihr Fleisch mit harter Kasteiung gequält haben. Hoffentlich hat sie ihren himmlischen Frieden gefunden und kann uns nun Fürsprecherin und Patronin sein.

31. Oktober

Vielfach sind unsere Lostage und Wetterregeln mit der Hoffnung auf schönes Wetter verbunden. An manchen Tagen aber deutet der Regen gute Aussichten an. Das Namensfest des hl. Wolfgang ist an so einen Termin gebunden. „St. Wolfgang Regen verspricht ein Jahr voller Segen!"
Der heilige Wolfgang hat als Missionar und dann als Bischof von Regensburg die Ehre Gottes gefördert und der Legende nach als Einsiedler auf dem Falkenstein am Abersee gelebt, bis ihn Gott wieder auf den Bischofsstuhl gerufen hat. Anno 994 ist er gestorben. Sein Herz und seine Eingeweide wurden in St. Otmar im oberösterreichischen Pupping beigesetzt, seine Gebeine ruhen in St. Emmeran in Regensburg. Er gilt als Patron der Hirten, Zimmerleute, Bildhauer, Köhler und Schiffer.

St. Wolfgang

Kraut des Monats: Weißdorn

Ein mittelgroßer Strauch mit kleinen, spitzen Dornen liefert uns seit alters her ein gutes Kreislaufmittel: der Weißdorn oder Hagedorn.

Schon im Mittelalter wurden die Blüten gegen Gicht und Blasenstein empfohlen. Die ersten Hinweise auf die Verwendung als Kreislaufmittel finden wir bei Quercetanus, der sie König Heinrich IV. von Frankreich gegen Alterserscheinungen verordnete. Auch heute wissen wir, daß Weißdorn die Leistungsfähigkeit des Kreislaufs erhöht, das Herz beruhigt und den Blutdruck senkt. Auch die Fettleibigkeit wurde früher mit Tee aus Weißdornblüten bekämpft.

Schwendtage

Nur drei Tage zählen wir zu den „verworfenen": den 3., 6. und 11. des Monats.

Weißdorn *(Crategaeus oxyacantha)*

NOVEMBER

November tritt oft hart herein,
braucht nicht viel dahinter sein

Das Jahr ist alt geworden und mieselsüchtig. Nebel lassen die Sonnenstrahlen nicht mehr wärmen, und der Nordwind pfeift über die leeren Felder und Wiesen. Eine Zeit, in der die Menschen nachdenklich werden, sich in ihre vier Wände „einheimen" und der Toten gedenken. Die Heiligen mit all ihren Nothelfern werden angerufen und die Wochen als Wind- und Nebelmonat bezeichnet. Im alten römischen Kalender der neunte Monat, woran noch heute sein Name – *novem* heißt im Lateinischen neun – erinnert. Frostige, meist von Westen kommende Winde treiben dichte Wolken über das Land, und der Volksmund meint treffend: „Zu Allerheiligen sitzt der Winter auf den Zweigen, aber im November sitzt hinter jeder Staude ein anderes Wetter!"

1. November
„Allerheiligen"

Unser Empfinden hat für alle Jahreszeiten und für alle Anlässe im menschlichen Lebenslauf Lieder und Weisen entstehen lassen und Anfang und Ende mit einbezogen. Allerheiligen, Allerseelen sind ernste Feiertage, die unsere Gedanken hinüberführen in eine andere Welt. Ums Sterben und um die ewige Ruhe rankt sich vielfältiges Brauchtum, das aber heutzutage vielfach in Vergessenheit gerät. Grabsprüche, Marterl und Totenbretter haben die Verbundenheit mit Heiligen und mit den Verstorbenen zum Ausdruck gebracht und somit hin zur Ewigkeit eine Brücke geschlagen, eine Brücke der Zuversicht und der gläubigen Hoffnung.

Heute scheint bei vielen die Hoffnung auf schlechtes Wetter im Vordergrund zu stehen, damit Pelzmantel und neue Garderobe auch richtig zur Geltung kommen. Papst Gregor IV. hat das seit dem 6. Jahrhundert bekannte kirchliche Fest „Allerheiligen" in der ersten Hälfte des 9. Jahrhunderts auf den 1. November verlegt. Im Brauchtum wird der Festtag, als gesetzlicher Feiertag, schon als Totengedenktermin aufgefaßt. In einigen Gegenden unseres Landes finden wir auch heute noch sogenannte Totenbretter, die uns an die Sterbestunde längst verstorbener Menschen erinnern. Diese Bretter wurden anfänglich wirklich als „Totenbretter" zum Aufbahren und Bestatten verwendet. Zu diesem Zweck wurde der Tote in Tücher gehüllt, auf dem Brett aufgebunden und darauf zum Friedhof getragen. Die ersten Totenbretter waren einfach, denn sie mußten oft schnell gerichtet werden. Meist finden wir nur Kreuze darauf und die Anfangsbuchstaben des Namens. Ab dem 18. Jahrhundert erfolgten die Begräbnisse in der heute üblichen Art, und die Totenbretter wurden nachträglich angefertigt. Sie wurden mit Malerei und Inschrift verziert und in Form eines Marterls an besonderen Stellen im Dorf angebracht. Interessant ist, daß sich der Brauch in Salzburg

Totenbretter oder Leichläden

vor allem im Pinzgau, Tennengau und Flachgau erhalten hat. Als bekannte Orte gelten Leogang, Maria Alm, das Gebiet um Lofer, im Tennengau die Gemeinde Krispl und im Flachgau Obertrum, das Gebiet zwischen Voggenberg und Obertrumer See, Nußdorf, Lamprechtshausen sowie Koppl. Oft ist es nur ein Zufall, daß wir einem solchen Totenbrett begegnen, weil sie durch Wind und Wetter verblichen und vermodert sind und nie erneuert wurden. Gott sei Dank haben sich Brauchtumsleute und Heimatforscher um diese vergessene Kostbarkeit angenommen, und wir finden in manchem Heimatmuseum diese stummen Zeugen irdischer Vergänglichkeit. Im Monatsschlößl, im Volkskundemuseum in Hellbrunn, können wir solche „Leichläden" betrachten. Einer davon trägt folgende Aufschrift: „Zum Andäncken an den in Gott verschiedenen Johann Madreiter, gwester Badhauswirth in Leogang. Er starb den 15. November 1876 in 65 Jahr seines Lebens. Er ruhet in Frieden."
Eine besondere Art des Totenkultes ist uns aus Dienten am Hochkönig überliefert. Dort nahm man dereinst mit einem Wachsfaden vom „Wachsstöckl" die Länge des Toten ab und hob diese „Nebenläng" vorsorglich auf.
Aus der Schulzeit ist mir ein Spruch der Großmutter in Erinnerung, die so um die ersten Novembertage das Heulen des Windes im Ofen den „armen Seelen" zuschrieb, denen eine Himmelfahrt noch nicht

gegeben war. Nach einem früher weit verbreiteten Glauben steht in dieser Zeit den Abgeschiedenen die „Erde offen", kehren ihre Seelen aus dem trüben Zwischenreich des Fegefeuers zurück in die Behaglichkeit ihrer einstigen Gehöfte.

Heute nützen wir diese Tage zur Erinnerung an liebe Verstorbene, bedenken unseren Lebenslauf und spüren immer wieder, wie sich in die herbstliche Freude nach einem fruchtbaren Jahr wohl auch Wehmut in unser Leben webt.

2. November
„Allerseelen"

Seit dem 2. Jahrhundert sind uns gewisse Tage überliefert, an denen besonders an die Verstorbenen gedacht wird. 998 rief Abt Odilo von Cluny in den ihm unterstellten Klöstern den 2. November für das festliche Gedenken an alle verstorbenen Gläubigen aus. Ein Brauch, der bald über Frankreich, England und Deutschland auch bei uns angenommen wurde und in manchen Gegenden zu „Gut-Tod-Bruderschaften" führte. „Allerheiligen – Sommer, Allerseelen – Winter"; dieser Spruch beschreibt die gefühlsmäßige Stimmung in diesen Tagen, in denen das Jahr in das Greisenalter tritt! Pert Peternell beschreibt diese Tage so: „Geht a Herrischa ins Land, recht an olta, foasta, führt an kaltn Unverstand und ön Nebl ba da Hand, und November hoaßt a. Seine Augn san trüab und kloan und sei' Nosn rotzat, seine Haar san grau wia Stoan und sei Gsprangs is, daß i moan, gabat wo a Hozat. Kathi, Trinerl und Kathrein oda Katharina stellt ön Leutn 's Tanzn ein. Hö, Novemba, muaß dös sein? Bist a rechta Spinna!"

3. November

„An scharfn Patroni, St. Hubertus hon i" – so beginnt ein Jagdlied, das uns heute an den Festtag des hl. Hubertus erinnert. Der Name Hubertus bedeutet soviel wie „der durch den Geist Glänzende". Bischof Hubert wirkte als Glaubensbote in Belgien und lebte von 655 bis 727. Als Patron der Jäger ist mit seinem Namen seit dem 15. Jahrhundert die Legende verbunden, daß ihm ein Hirsch mit einem leuchtenden Kreuz im Geweih erschienen ist. Eine Legende, die in Bayern auch dem hl. Eustachius zugeschrieben wird.

„Was wa's denn ums Leben ohne Jagen, koan Kreuzer nit gabat i drum. Is aber a Hirsch zum dafragen, wo's Gamsei gibt, da reißt's mi um!" So erklingt es auch heute noch, wenn sich die Weidmänner zum fröhlichen „Schüsseltrieb" in einem Wirtshaus zusammenfinden oder nach einer festlichen Hubertusmesse ihrem Jagdpatron die Ehre erweisen. Hubertus mahnt uns an den notwendigen Einklang mit der Natur. Vom weidgerechten Jagen ist die Rede,

Hubertusmesse der Salzburger Jägerschaft in Aigen

von der Verantwortung gegenüber der Natur und von der Vepflich-
tung, einen artenreichen, dem Wald angepaßten Wildstand zu erhalten.
Längst sind die Zeiten vorbei, in denen „fürstliche Jagdsitten" das
Weidwerk beherrschten und die Jagd dem Grundherrn und seinem
Gefolge vorbehalten war. Bereits 1523 hatte Erzbischof Matthäus
Lang ein Mandat erlassen, nach dem sich niemand unterstehen durfte, auf dem Land, im Gebirge, im Wald oder an anderen Orten
Büchsen, Armbrüste und Stacheln zu führen und in die Tavernen
und Kirchen mitzunehmen. „Jagen zur Lust und den armen Leuten
zu Leid, das Wild schirmen und den Leuten schaden, daran hat der
Teufel Freud" – so klingt ein überlieferter Spruch des Volkes, der
sich gegen die fürstlichen Jagdsitten richtete. Heute, wo die Natur
vielfach bedroht ist, wo unsere Lebensgrundlagen in Gefahr sind,
braucht es verstärkt Menschen, die Zusammenhänge der Ökologie
beachten. Der mit der Hirschlegende verbundene Bischof Hubertus,
dessen Namensfest wir heute feiern, soll dabei Fürsprecher und Helfer sein.

Karl Borromäus wurde 1538 in Arona am Lago Maggiore geboren
und war Geheimsekretär von Papst Pius IV. Bis in unsere Tage ist
uns sein aufopfernder Einsatz während der Pest im Jahre 1576 be-

4. November

kannt. 1610 heiliggesprochen, zeigt ihn der Mandlkalender als Bischof mit einem Haus, das unter dem Schutz des Kreuzes steht. Wetterkundige Naturbeobachter gehen in diesen Tagen in den Wald, nehmen von der Buche einen Span und machen sich damit einen Reim auf den kommenden Winter. „Ist der Span trucken, wird ein warmer Winter anrucken; ist er aber naß genommen, wird ein kalter Winter kommen. Tritt der November hart herein, braucht nicht viel dahinter sein; und donnert's im November gar, so folgt ihm ein gesegnet Jahr!"

5. November

Der kirchliche Jahreskreis erinnert an Zacharias und Elisabeth, die Eltern Johannes des Täufers. Der Namenspatron ist aber der hl. Emerich, ein königlicher Prinz aus Ungarn, mit dem wundertätige Legenden verbunden sind. Er war der erstgeborene Sohn des hl. Stephan, des Königs von Ungarn, und starb im Jahre 1031.
Zum Novemberwetter heißt es: „Novemberwind scheut Schaf und Rind." „Ist in diesen Tagen das Holz noch im Saft, siegt Regen über der Sonne Kraft. Ist aber das Holz starr und fest, große Kälte sich erwarten läßt!" Dazu meint eine Bauernregel: „Halten Birk und Weid ihr Wipfellaub lange, ist zeit'ger Winter und gut Frühjahr im Gange; friert im November das Wasser, wird der Jänner um so nasser!"

6. November

St. Leonhard

So wie der heilige Georg bei frühlingshaften Flurumritten vom gläubigen Volk um Beistand angerufen wird, so belegen vergangene Jahrhunderte große herbstliche Feste um den 6. November, den Todestag des heiligen Leonhard. Seit dem 12. Jahrhundert verbreitete sich seine Verehrung von Frankreich bis in unser Gebiet, und mit Maria als Königin der Heiligen zählt er zu den beliebtesten Volksheiligen. „St. Leonhard, mir bitt'n schen, laß Kalm und Kuah fei sicha gehn, Roß, Schafi, Facken und a Kitz vor Seuch' und Unreim alls beschütz." So findet man in vielen Gotteshäusern auch heute noch Votivtafeln, Ketten und Hufeisen, die von kranken oder wieder gesundeten Tieren stammen.

7. November

Mit dem Namen Engelbert erinnern wir uns an einen Bischof des 13. Jahrhunderts. Dazu nennt uns das Büchlein „Egyptische Geheimnisse" aus dem 17. Jahrhundert ein Sympathiemittel gegen Rotlauf, wozu die einzelnen Bestandteile erbettelt werden mußten: „Drei Bröckchen rotes Wachs werden zusammen mit einer Kupfermünze und drei Bröckchen Brot in ein rotes Fleckchen genäht, auf den Rücken gebunden und nach 9 Tagen weggeworfen!" Wie bei jeder „Anwendung" mußte diese Prozedur mit einigen Vaterunser für die armen Seelen begleitet werden.

Der Namenspatron Gottfried wird im Mandlkalender als „der im Frieden Gottes Stehende" bezeichnet. Er wurde um 1065 in der Nähe von Paris geboren, mit 25 Lebensjahren zum Priester geweiht und 1104 zum Bischof von Amiens gewählt. Durch seine Volksnähe hoch verehrt, stand er im Kampf um die städtische Freiheit auf der Seite der Bürger.

8. November

Der Soldat und Märtyrer Theodor von Euchaita ist der heutige Namensgeber. Der Kalender nennt mit 306 sein Sterbejahr.
„Ist der November kalt und klar, wird mild und trüb der Januar" – mit diesem Spruch ist ein trüber Nebelmond leichter zu ertragen. Angekündigte Regentage sind aber der Landwirtschaft willkommen, denn Novemberwasser auf den Wiesen läßt das Gras im Lenze sprießen!

9. November

Leo der Große, Papst und Kirchenlehrer, teilt sich den Tag noch mit Andreas Avellinus, der als Helfer zu einem guten Tod galt! Nicht zu verwechseln mit dem Apostel Andreas, der den Nebelmond November beschließt. Der Kalender erinnert aber auch an Johannes Prossek, Hermann Lange und Eduard Müller. Sie waren Priester und Märtyrer unserer Zeit und wurden 1943 in Hamburg enthauptet.
Im bäuerlichen Jahreskreis wird es nun still, und viele Sprüche deuten auf die gläubige Hoffnung hin, daß Heilige und vor allem die Muttergottes Maria den Schutz für Haus und Hof übernehmen. So gibt es eine Vielzahl von Votivbildern, die Verlöbnisse von Vieh und der ganzen Familie darstellen. Die Kühe stehen in der linken Bildhälfte bei der Bäuerin, Ochs und Stier beim Bauern. „Wer pflegt sein Vieh, den verläßt es nie!"

10. November

„Hat Martin einen weißen Bart, wird der Winter lang und hart, zeigt er aber ein bewölkt' Gesicht, ist nasses Wetter noch in Sicht!" So bedeutet uns das „Martiniwochenende" einen Blick in die Zukunft. Dazu heißt es: „Wenn die Martinigans auf dem Eis steht, das Christkindlein im Schmutze geht!" Die Gans, als Attribut des hl. Martin, führt zu einer überlieferten Legende. Demnach sollen Gänse durch ihr Geschnatter Martin verraten haben, als er sich vor der Wahl zum Bischof in einem Gänsestall verstecken wollte.

11. November

Lungauer „Kasmandl"

Pinzgauer „Alperer"

Kasmandl und Alperer

Aus der Frühzeit der Martinsverehrung spannt sich ein Bogen weit-
verbreiteter Martinsfeste bis in unsere Tage. So wurde Martin vom
Schutzherrn der Könige in der Babenberger Zeit zum allgemeinen
Volksheiligen und Viehpatron. Das Schimmelattribut, die Martinigans, die Legende von der Heilung einer teufelsbesessenen Kuh und
der bäuerlich-herrschaftliche Schlußtermin im Bauernjahr haben
hier zusammengewirkt. Die Legende der Mantelteilung verweist auf
die christliche Nächstenliebe und sein weißes Roß auf den Winterbeginn. Im Gegensatz dazu reitet der hl. Georg auf einem braunen
Roß, da sein Fest (Georgitag, 23. 4.) in die Saatzeit fällt. Neben
vielen Patronaten gilt er bei uns auch als Beschützer der Haustiere.
Etwas Öl von den Lampen des Martinsgrabes, mit dem Kopf und
Rücken der Haustiere bekreuzigt wurden, sollte vor Viehseuchen
schützen, und allerlei „inwendige" Geschichten wurden in den
Bauernstuben vergangener Zeiten erzählt.

Wenn Mensch und Tier die Almen im Herbst verlassen haben, machen sich nach alter Überlieferung die Kasmandl in den Almhütten
breit und verlassen diese erst, wenn ab dem Frühjahr die Almen wieder besiedelt werden. So berichten uns viele Sagen im Alpenraum
vom sogenannten „Kasmandlfahren". Dieser Einzug der „Kasmandl" wird heute noch in etlichen Orten des Lungaues mit dem
„Kasmandllaufen" um Martini (11. 11.) nachempfunden. Unter
Lärm und Gepolter ziehen verkleidete Kinder (früher Burschen)
durch den Ort, kehren in manchen Gehöften ein und weisen auf die
Übernahme der „Almherrschaft" hin. In gleicher Weise ist im Oberpinzgau zu dieser Zeit das „Alpererfahren" gebräuchlich, ein Rügegericht, das Mängel und Fehltritte der Bewohner in den dörflichen
Mittelpunkt rückt. Mit kleinen Gaben und Geldspenden werden die
„Alperer" zufriedengestellt.

Zu den Wetterprognosen meinen alte Kalender: „Wenn um Martini
Nebel sind, so wird der Winter meist gelind; zieht die Spinne ins Ge-
mach, kommt ihr gleich der Winter nach; hocken die Hühner in den
Ecken, kommt ein Winter mit Frost und Schrecken!"

Ein Jüngling mit dem Jesusmonogramm IHS ziert das heutige Ka-
lenderblatt. Es ist Stanislaus Kostka, der im Jahre 1550 als Sohn pol-
nischer Adeliger auf die Welt kam. Er studierte in Rom und wurde
1567 als Novize des Jesuitenordens aufgenommen. Eine fröhliche
Lebensart und das Streben nach Vollkommenheit verbinden wir mit
seinem Namen.

13. November

14. November	Der Namenspatron Alberich von Utrecht meint zum Wetter: „Je mehr Schnee im November fällt, umso fruchtbarer wird das Feld!" Maßvoll getrunken, kann uns nun ein „Jagatee" angenehm erwärmen. Als Zutaten nehmen wir: 1 Budei Rum, 1 Budei Obstler, 3 EL Zucker, Tee. Den Rum und den Obstler mit dem Zucker in ein vorgewärmtes Steingutkrügerl geben und mit siedend heißem Tee auf ¹/₂ Liter aufgießen. Aromatisch ist er nur in heißem Zustand.
15. November	Der heutige Namenspatron ist Leopold III., Markgraf von Österreich. Er kam um 1075 in Gars am Kamp auf die Welt, war seit 1095 Markgraf und stand im Investiturstreit auf der Seite des Papstes. 1105 wechselte er zu Heinrich V. über und erhielt die Hand der Kaiserstochter Agnes. Zu ihren Kindern gehören die Bischöfe Otto von Freising und Konrad II. von Salzburg. Leopold war der eigentliche Begründer der Größe Österreichs und kam am 15. 11. 1136 bei der Jagd ums Leben.
16. November	„Friert im November früh das Wasser, wird der Jänner umso nasser, ist er aber kalt und klar, wird mild und trüb der Januar!" Der Kalender erinnert an Margaretha, Königin von Schottland. Ihr Todesjahr wird mit 1039 angegeben.
17. November	Gertrud von Helfta, eine Nonne, Schriftstellerin und Mystikerin des 13. Jahrhunderts, finden wir im Heiligenregister, das für den heutigen Tag auch noch den hl. Gregor Thaumatourgos nennt, einen Wundertäter und Bischof, der um 213 bis 270 in Neucäsarea lebte und in verzweifelten Situationen angerufen wird. In der Stille dieser Tage soll uns noch eine Novemberbeschreibung von Josef Weinheber durch den Tageslauf geleiten: „Im Kirchhof brennt das stille Licht. Die Toten ruhen, weine nicht. Geborgen in der Erd, vergeht der Keim, umdaß er aufersteht. Martini Reif, Andreä Schnee, die Magd trägt aus ihr süßes Weh. Vom Hochwald dröhnt der Büchsenhall, es stampft das Vieh im warmen Stall, der Nebel hüllt das stille Land, die Kerze ist herabgebrannt. Laß frosten, laß vergehn, laß schnein! Der Mensch muß wach und einsam sein."
18. November	„Auf warmen Herbst folgt meist ein langer Winter!" Dies verkünden uns viele Wetterregeln und verweisen dabei auf allerlei Getier, das diese Regeln unterstreicht. Wenn z. B. die Bienen zeitig verkitten, kommt bald ein harter Winter geritten, und je fetter Dachse und

Vögel sind, desto kälter kommt das Christuskind! Auch große Ameisenhügel können einen straffen Winter bedeuten.

„St. Elisabeth sagt's an, was der Winter für ein Mann!" Auch die zu Martini verzehrte Martinigans kann uns eine Vorhersage auf den Winter erlauben. War das Brustbein der Martinigans weiß, so wird der Winter streng, war es aber eher bräunlich, so soll es mehr Schnee als Kälte geben. Dabei muß aber die Gans in natürlicher Haltung aufgewachsen sein. Die Namenspatronin Elisabeth war eine ungarische Königstochter und mit Ludwig von Thüringen vermählt. Nach kurzer, glücklicher Ehe auf der Wartburg starb ihr Gemahl als Kreuzfahrer. All ihrer thüringischen Witwengüter beraubt, errichtete sie bei Marburg an der Lahn ein Franziskus-Hospital und starb 24jährig am 17. 11. 1231.
„Wenn's im November donnern tut, wird das nächste Jahr recht gut!"

Der christliche Kalender war ursprünglich ein Verzeichnis der Kirchenfeste und Gedächtnistage bekannter Heiliger. Heute erinnert er an den hl. Korbinian, der im benachbarten Bayern hoch verehrt wird. 730 gestorben, ist er Patron des Erzbistums München-Freising. Die älteste römische Zeitrechnung reicht bis auf das 6. Jahrhundert vor Chr. zurück, wobei das Jahr vorerst in 10 ungleiche Monate mit 355 Tagen eingeteilt war. Erst König Numa Pompilius führte das Mondjahr mit 12 gleichen Monaten ein. Es war dies im Jahre 594 vor Christus.

Mariä Opferung nennt der Kalender. Wir finden dafür auch die Bezeichnung „Unsere Liebe Frau in Jerusalem" und damit den Bezug, daß Maria als zartes Kind Gott im Tempel dienen wollte. Manche Kalender führen auch die Bezeichnung „Laubrechfrauentag" und verweisen damit auf das früher gebräuchliche Laubeinsammeln als „Einstreu" für den Winter. Namenspatron für den heutigen Tag ist aber Gelasius I. Alte Wetterbeobachter verbanden mit diesem Tag eine Prognose für den Winter: „Mariä Opferung klar und hell macht den Winter streng und ohne Fehl!"

Mit musikalischen Klängen begehen wir den Tag der heiligen Cäcilia. Sie war eine frühchristliche Märtyrerin in Rom und wird in unserer Zeit als Patronin der Kirchenmusik verehrt. Der Legende nach sollen bei ihrer Hochzeit die Orgeln gespielt haben, doch dürfte es sich dabei um einen Übersetzungsfehler handeln. Die Orgel war nämlich bei den ersten Christen verpönt, da sie bei Tierhetzen und ausgelassenen Lustbarkeiten ertönte. Trotzdem wird die Heilige im Kalender mit einem kleinen Orgelpositiv dargestellt, und sie gilt auch als Patronin der Instrumentenbauer.

23. November

Die Namen der Märtyrer Clemens und Felicitas verbinden wir mit diesem Tag. Clemens I. war Papst im 1. Jahrhundert und ein Jünger des hl. Petrus. Nach Linus und Anaklet war er der dritte Nachfolger als Bischof von Rom. Seine Leidensgeschichte führte ihn unter Kaiser Trajan zur Fronarbeit auf die Halbinsel Krim, wo über 2000 Christen in den Marmorbrüchen gequält wurden. Der Kalender zeigt ihn mit einem Anker, manchmal auch mit einem Lamm und einer Quelle. Der Legende nach folgte Clemens einem Lämmlein zu einem Platz und stieß seinen Stab in den Boden. Da öffnete sich eine Quelle, und alle konnten sich erquicken. Clemens wurde jedoch zum Tode verurteilt und mit einem Anker um den Hals ins Meer geworfen.

24. November

Chrysogonus, ein Märtyrer um 300 in Aquileia, und Flora sind unsere Namenstagskinder. „Gott im Herzen, die Lieb' im Arm lindert Schmerzen und hält fein warm!" Solche Lebensweisheiten sind uns seit vielen Generationen überliefert und in allerlei Jahrbüchern zu finden.
Aber auch Anleitungen zum „Heilen" und „Anwenden" wurden niedergeschrieben, wie man es in den drei bekannten, im 17. und 18. Jahrhundert gedruckten „Segenssammlungen" findet: im „Geistlichen Schild", im „Romanusbüchlein" und in den „Egyptischen Geheimnissen". Hier finden sich Wundermittel gegen Warzen und sonstige Gewächse, Rotlauf, Kropf und Zahnweh.

25. November

Katharina von Alexandrien

„Wie das Wetter um Kathrein wird auch der nächste Hornung sein." Damit läßt uns dieser alte Lostag mit dem Namensfest der hl. Katharina einen Blick in das neue Jahr tun. Katharina war eine königliche Prinzessin, die einst als Nothelferin hoch verehrt war. Die Legende sagt, daß sie sich mit hoher Weisheit von den irdischen Torheiten löste und als Braut mit Gott verlobte. Darob wurde sie auf das Rad geflochten und grausam zu Tode gemartert. Als Patronin des Lehrstandes gehört sie zu den „drei heiligen Frauen" innerhalb der 14 Nothelfer. „Barbara mit dem Turm, Margaretha mit dem Wurm und Katharina mit dem Radl, das sind die drei heiligen Madl!" Im Brauchtumsjahr gilt: „Kathrein stellt den Tanz ein!"

Salzburger Kathreintanz im alten Kongresshaus

Da Lungötzer...

Zweistimmig

Den Walchauern eah „Bessana".

Vorderwies b. Altenmarkt

Lebhaft

Name des folgenden Jodlers unbekannt. Die Verwandtschaftsbezeichnung erstand aus der Ähnlichkeit mit dem „Lungötzer".

...und seiñ Basei

(Wird meistens hinterhergesungen)

Lebhaft

Da Lack'nkogler

Langsam

ALLE 3 JODLER VON DEN „VORDERWIESERN". – AUFGEZEICHNET IN ...., JULI 1943 · Schorsch Windhofer.

Der Kalender nennt die Namen Konrad und Gebhard und verweist damit auf zwei Bischöfe von Konstanz.

Virgilius, der Nachfolger des hl. Rupert, erinnert an den ersten Salzburger Dom.
Naßkaltes Wetter kann Beschwerden im Hüft- und Beckenbereich verstärken. Auch der Ischiasnerv kann sich bemerkbar machen. Dabei wird dem Jaspis eine lindernde Wirkung zugesprochen. Der Stein erwärmt sich gut, wenn man ihn fest andrückt. Der Fachmann kennt mehrere Jaspisarten: deutsche, französische, amerikanische, marokkanische und, als die wohl edelste Form, den indischen Blutjaspis. Die Größe richtet sich nach der Hautwärme, wobei bei Ischias dickere und größere Steine Anwendung finden. Bei kühler Haut verwendet man dünnere und kleinere Steine bis zu 5 mm Dicke, viereckig oder sechseckig, Durchmesser 4–5 cm, geschliffen, eine Seite poliert.

Gunther war der Sohn des Bayernherzogs Tassilo III. Ein weiser Bauer meinte einmal: „Vom Ochs kannst nit mehr als Rindfleisch verlanga!"

Der Kalender erinnert heute an den seligen Friedrich von Regensburg, einen Mönch, der um 1329 gestorben ist.
Sollte in diesen Tagen der zunehmende Mond durch den Steinbock gehen, sind einige Erfahrungen nützlich. Geschnittene Finger- und Zehennägel sollen schön kräftig bleiben und nicht so leicht abbrechen. Pfarrhaushälterinnen vergangener Zeiten verzichteten an Steinbocktagen auf das Bügeln empfindlicher Kleidungsstücke. Vor allem bei Seide und schwarzer Kleidung. Diese wurde schon vor dem Waschen umgestülpt und nur die Innenseite gebügelt. Damit wollte man die gefürchteten Spiegelungen vermeiden, an denen man sofort abgetragene Kleider erkannte. Dazu gilt der Spruch: „Schö schwarz is schöner als schiach weiß."

„Wirft herab Andreas Schnee, tut's dem Korn und Weizen weh!" So sagten alte Bauern und verbanden mit dem Andreasschnee hundert Tage Winter. In früheren Zeiten wohl eine Bedrohung – heute gilt der Andreasschnee als Vorbote einer guten Wintersaison. Der hl. Andreas war ein Bruder des hl. Petrus, wie dieser Fischer und ein Schüler Johannes des Täufers. Als „Menschenfischer" verkündete er das Evangelium in Griechenland und in den Ländern rund um das Schwarze Meer. An einem Kreuz mit schräg gestellten Balken erlitt

er am 30. November des Jahres 83 den Martertod. Als Wetterprophet bringt er auch noch einen Blick in die Zukunft: „Denn
Andreas kalt und klar, bringt fürwahr ein gutes Jahr!"

Kraut des Monats: Herbstzeitlose

Herbstzeitlose
(Colchicum autumnale)

D' Muatta Erd'n sagt zum Bleamal:
„Wann wüllst bliahn, wann hättst a Freid?
D' rechte Zeit wa 's Fruahjahr, Summa!"
„Hm", brummt 's Bleamal, „brauch koa Zeit."

„Wüllst guat riachn?" fragt sie weita.
„A – i pfeif drauf, 's wa ma z'dumm."
„Wüllst zum Essn wern?" – „Schon gar nit!"
„Wa'st gern scheen?" – „I bitt nit drum!"

„Sei wias d' wüllst!" sagt also d' Muatta,
schaut dann weiter nimma nach –
und so kimmt's verdrossn aussa
in der Herbstzeit, blaß und schwach.

Hat's vapaßt, des arme Bleamal –
's Jungsei' und die bunten Farbn!
Is alloan bei Wind und Wetta –
und a so is's giftig wordn!

Die Kräuter mit ihrer Zauberkraft hatten seit jeher eine große Bedeutung. Zur Bekämpfung von bösem Zauber, Gewitter, Krankheit
und Dämonen verwendete man gerne die Kamille, häufig das Eisen-
kraut und den Beifuß als Zutat für verschiedene Aufgüsse. Aber auch
für ganz „gewöhnliche" Wohltaten in der Haut- und Nagelpflege –
natürlich an Steinbocktagen – wird gar manches Kräutlein empfohlen. Baden Sie Hände und Füße etwa eine Viertelstunde in warmem
Wasser, dem Sie einige Tropfen Kamille-, Melisse- oder Rosmarinöl
beigeben. Feilen Sie anschließend die Nägel, und ölen Sie danach
Hände und Füße mit Rosenöl ein. Das Öl gut einmassieren, bis
Hände und Füße sich warm und gut durchblutet anfühlen. Einge-
wachsene Nägel jedoch nur bei zunehmendem Mond schneiden!
„Um des Leibes Weh zu stillen, schuf der Herrgott die Kamillen."
So schrieb unser unvergessener Karl Heinrich Waggerl und verweist
dabei auf ein „Ackerunkraut", das jedoch in keinem Bauerngärt-
lein fehlen soll. Der schweißtreibende Kamillentee hilft bei Halsentzündungen, Magenbeschwerden oder Blähungen, beruhigt und
heilt.

Kamille
(Chamomilla recutita)

Die bäuerliche Mundartdichterin Elisabeth Beyer, das Platten-Lisei aus Bischofshofen, empfiehlt die Kamille für „außtbei und innbei".

In der Muatter ihrn Gartl wachst allerhand Kraut:
Rotherzige Nagerl, der Rittersporn blaut,
Salatköpf und Schnittlah und Ribiselstaudn,
der Kren und der Radi, ganz untn beim Zaun.
Do oan so a Staudn kimmt ma nia ausn Sinn:
Weißbleamlat, goldaugert, es is die Kamilln.

Die habm mir als Kinder all sommerlang brockt,
a Zögerl in Händen, am Stüahlerl dort ghockt.
Fürs Bauchweh, fürs Zähntweh, woaßt, was ma da tuat? –
Da trinkst an Kamillntee, dann wird's wieder guat.
Dös Haferl hat d' Muatter zum Bett noh hintragn,
für Tausenderloa, ih kunnt nit alls sagn!

Für innbei und außtbei, und wann oans recht zkeit,
bei Frost und bei Hitzn, kannst sagn für all Zeit.
Zum Trinkn, zum Umschlag, zum Trucknauflegn,
es hat allweil gholfn, ganz bsunders is's gwen.
Ich woaß nit, mei Muatta, die hat dös halt kunnt.
Wia sollt's ah nit helfen, wann s' sagt: „Werst schon gsund!"

Znachst haben s' mih amoi ganz auf und auf zklaubt.
Zähntweh und Kopfweh – inn- und außtbei verstaubt,
voll Krätzn und Huastn, ja, wann ih da sag,
a so, daß ich mih selber scho frei neammer mag.
Es hilft ma koan Dokter und koan Medizin.
„Muatter, ich brauchat a Heferl Kamilln!"

Schwendtage
Der November, in dem uns die Heiligen ihren besonderen Schutz anvertrauen, gibt es nur einen verworfenen Tag, und zwar den 12. des Monats.

DEZEMBER

Kalter Dezember und fruchtbar Jahr
sind vereinigt immerdar

Schiachperchten beim Krampuslauf

Der Heiligenmonat Dezember war im alten römischen Kalender der zehnte Monat, woran noch heute sein Name – „decem" heißt im Lateinischen zehn – erinnert. Als einziger Monat im Jahreslauf hat der Dezember keine verworfenen Tage! Mit ihm beginnt mitten im finsteren Winter eine innerlich lichte Zeit. So steht es in einem alten Bauernkalender, der uns an besinnliche Bräuche erinnert. Die Adventglocken rufen zum Rorate, St. Nikolaus, der gebefreudige Gottesmann, geht auf Wanderschaft und mit ihm gar finstere Gesellen. Diese vermischen zur Zeit leider Perchtenbrauch und Krampus und dienen vielfach nur dem Geschäft und der Unterhaltung.

1. Dezember

Der Winter- oder Christmond Dezember führt nun das Jahr zu einem stillen Ende. Der erste Tag erinnert an Natalie, eine Offiziersgattin um 300, und an den hl. Eligius. Dieser war im 7. Jahrhundert Bischof in Frankreich und gilt als Patron der Gold-, Nagel-, Huf- und Waffenschmiede. Er war nämlich von Berufs wegen Goldschmied und Münzmeister unter Chlotar II., verließ 639 den Hof und wurde Priester. Er gilt aber auch als Patron der Bauern und Knechte und wird bei Pferdekrankheiten angerufen. „Fällt zu Eligius ein kalter Wintertag, die Kält' vier Monat dauern mag!"

„Dezember lind, der Winter ein Kind", so steht es im Bauernkalender, der uns die Namen Bibiana und Luzius nennt. Dieser war um 600 Bischof in Chur.

2. Dezember

Am Namensfest von Franz Xaver, einem Glaubensboten des 16. Jahrhunderts, leuchtet vielleicht die erste Kerze am Adventkranz. „Advent" heißt Ankunft und bedeutet im religiösen Sinn die Vorbereitungszeit auf das Weihnachtsfest. Im Volksglauben war jedoch diese Zeit um die Wintersonnenwende von dämonischem Zauber erfüllt. Alte Geschichten erinnern dabei auch an die „Brotperchten" – arme Leute, die Brot und Mehl erbettelten und meist weiß verkleidet und vermummt von Haus zu Haus gingen. „Wenn die Brotpercht nicht kommt, dann wird der Roggen nicht", lautete ein alter Pinzgauer Spruch.
Im bäuerlichen Jahreskreis sind nun kalte Tage geschätzt, da viele Samen und Keimlinge den Frost zu neuem Leben brauchen. „Kalter Dezember und fruchtbar Jahr sind vereinigt immerdar, und bringt Dezember Eis und Schnee, wächst das Korn auf jeder Höh'!"

3. Dezember

Der „Barbaratag" erinnert an die einzige Tochter des reichen Heiden Dioscorus. In väterlicher Eifersucht ließ er sie in einen Turm einschließen, zu dem nur er und eine alte Magd Zutritt hatten. Nachdem sie sich aber heimlich taufen ließ und trotz Folter standhaft ihren Glauben verteidigte, wurde sie von ihrem Vater eigenhändig enthauptet. Der Legende nach sollen auf ihrem Grab zur Weih-

4. Dezember

Hl. Barbara

Nikolaus und Krampus, Symbolfiguren für Hell und Dunkel, Gut und Böse.

nachtszeit die Blumen geblüht haben. Mit dem Einwässern von Kirschzweigen wird diese Erinnerung gläubig wachgehalten. Sie ist Schutzfrau der Bergknappen und wird vielfach mit Turm und Schwert dargestellt. „Geht Barbara im Grünen, kommt 's Christkind im Schnee!"

Gerald, Anno und Hartwig sollten heute mit dem ersten Kettenrasseln auf den Krampusbrauch verweisen, der jedoch in unserer Zeit völlig neue Formen entwickelt. Die das Jahr über kunstvoll geschnitzten Masken wollen vorgeführt und bei Krampusläufen zur Schau gestellt werden. Der heimelige Brauch hat sich damit auf die Straße verlagert und dem Lärmen unserer Zeit angepaßt. Geblieben ist uns Gott sei Dank der „Zwetschkenkrampus" als Teil eines früher gebräuchlichen „Nikologartls". Dieses wurde am Vorabend des hl. Nikolaus zusammengestellt und mit Moos, Äpfeln nd Nüssen geschmückt. Ein Nikolausgartl aus der Mitte des 19. Jahrhunderts ist im Monatsschlößl in Hellbrunn zu bewundern.

5. Dezember

Am 5. und 6. Dezember ziehen lichte und dunkle Gestalten von Haus zu Haus: der hl. Nikolaus als Symbol für das Gute und der Krampus als finsterer Begleiter mit der Rute. Wenn auch vielfach die wilden Gesellen überwiegen, so sind sie im Brauch dem Nikolaus untergeordnet und in einer „Paß" zusammengeschlossen.

Das Vorbild des heutigen Nikolaus stammt aus Lykien, einer Landschaft in Kleinasien. Hier wurde Nikolaus als Sohn frommer Christen geboren und erwies sich bei vielen Gelegenheiten als heimlicher Wohltäter. So berichtet die Legende, daß er drei Mädchen, die wegen ihrer Armut keinen Freier fanden, der Reihe nach heimlich in der Nacht einen Goldbeutel ins Zimmer geworfen hat. Bald wurde Nikolaus Bischof von Myra (um 300), und man sprach ihm wundersame Kräfte zu. So konnte er Stürme entfachen und besänftigen. Auf diese Weise wurde er Patron der Seefahrer, der Hilfsbedürftigen und Kinder. Und so ist er auch bei uns unterwegs, um aus seinem „Goldenen Buch" von guten Taten zu berichten und die „Bestrafung" kleiner Unterlassungssünden dem Krampus anzuvertrauen.

Das ursprüngliche Motiv dürfte im heidnischen Glauben zu finden sein, wo im Frühwinter mancherlei Geister der Finsternis den Menschen bedrohten. Hier vermischt sich vielfach Percht und Krampus, Schön- und Schiachpercht. Diese sind aber erst im Jänner unterwegs, wenn der Abend vor Dreikönig in unser Land zieht.

Christbaummarkt am Salzburger Residenzplatz

6. Dezember

„Regnet's an St. Nikolaus, wird der Winter streng, o Graus" – meint ein alter Wetterspruch. St. Nikolaus, ein überaus beliebter Heiliger, zählt seit dem Spätmittelalter zu den 14 Nothelfern. Viele Legenden über den mildtätigen Heiligen machten ihn zum adventlichen Gabenbringer.

7. Dezember

Der Kalender erinnert an Ambrosius, einen großen Kirchenlehrer und Bischof in Mailand. Er starb am 4. April 397 und gilt als Patron der Wachszieher und Imker. So ist er auch mit einem Bienenkorb abgebildet und verweist gerade jetzt auf die so wichtigen Produkte der „Zeidlerei", wie der Umgang mit den Bienen früher geheißen hat. Zu Ehren des hl. Ambrosius wollen wir eine Kerze anzünden, natürlich aus Bienenwachs.
Wettermäßig hoffen wir auf die notwendige Kälte, denn: „Ist der Dezember mild mit viel Regen, dann hat das nächste Jahr wenig Segen!"

8. Dezember

„Je dunkler es überm Dezemberschnee war, je mehr leuchtet der Segen im künftigen Jahr." So sagt es die Überlieferung und läßt uns auf kalte Tage hoffen. Der Marienfeiertag „Mariä Empfängnis" wird auch „Mariä Erwählung" genannt und vielfach mißverstanden. Im

Turmblasen vom Glockenspiel

Mittelpunkt steht nicht die immerwährende Jungfrauschaft der Muttergottes, sondern der Glaube, daß Maria in der Verbindung mit den Verdiensten Christi von jedem Makel der Erbsünde bewahrt worden ist. Ursprünglich, wie heute noch in der Ostkirche, feierte man das Fest der Empfängnis der heiligen Anna, neun Monate vor Mariä Geburt, am 8. September.

9. Dezember

Mit Valerie und Liborius freuen wir uns über die zweite Kerze am Adventkranz. Dabei gedenken wir des seligen Liborius Wagner, der als Jesuit 1631 den Märtyrertod durch die Schweden erlitt.
Für den Wetterbeobachter gelten nun vielfache Erfahrungen, die sich auf winterliche Aussichten beziehen: „Herrscht im Dezember strenge Kält, sie volle achtzehn Wochen hält", meinen alte Bauern und treffen sich dabei mit den Hoffnungen der Schiliftbetreiber. Der Dezember läßt verschiedene Prognosen auf das Winterwetter zu. „Wie der Dezember, so der Lenz", heißt es, und: „Ist der Dezember veränderlich und lind, so ist der ganze Winter wie ein Kind!"

10. Dezember

Ausgehend vom Agricultur-Museum in Schleedorf gibt es nun bei Obst- und Krippenausstellung alte „Christäpfelsorten" zu bewundern: rote Stettiner, rote Tiefputzer und Bellefleur, den geheim-

nisvollen „Roten Augustiner" oder den klassischen Salzburger
Weihnachtsapfel, die „Rote Sternrenette". Der Apfel ist uns ja als
Sinnbild der Erkenntnis und der Sünde bekannt, bei Friedrich Schil-
ler als Symbol der Hoffnung und Freiheit und in vielen Geschichten
und Märchen als Ausdruck der weisen Herrschaft und bösen Macht,
aber auch der Fruchtbarkeit. Eine alte Bauernweisheit sagt: Man es-
se vor dem Schlafengehen mindestens einen Apfel, der bewahrt vor
unkeuschen Gedanken und gibt voraussichtlich einen guten Schlaf!
Selbstverständlich bewahren uns der Apfelbaum und seine Frucht
vor Krankheiten; ob bei Warzen oder Hühneraugen, Schwind-
sucht oder Zahnschmerzen, überall empfiehlt die Volksmedizin in
irgendeiner Form den Apfel.

11. Dezember

Der Namenspatron Damasus war Papst im 4. Jahrhundert und gilt
als Patron gegen Fieber.

12. Dezember

Die französische Ordensgründerin Johanna Franziska Chantal ist
die Namensgeberin des heutigen Tages. Sie starb 1641 und half zu einer guten Entbindung.
Der Mundartdichter Walter Kraus meinte zum Jahreslauf: „Scho
ruck' ma wieda a weng zsamm. Es gehn scho d' Nebeln umma. Im
Ofn, wo ma einghoazt ham, vobrennt iatz in da erschtn Flamm de
Freud vom letztn Summa. As Joahr, des wird scho oiwei gringa. Da
Wintawind is auf da Geh'. Eahm hörst a anders Liadl singa, dessell
vom Friasn in de Finga und vo da Freud am erschtn Schnee."

13. Dezember

„An St. Luzia ist der Morgen dem Abend nah" – dies deutet auf die
immer kürzer werdenden Tage und auf die Sorge um das Licht. Daher wird die hl. Luzia gerne als Lichtbringerin dargestellt und gilt
vor allem als „Augenpatronin". Der Name Luzia – die Lichte, die
Leuchtende – gab wohl Anlaß zu ihrem Patronat als Beschützerin
des Augenlichtes. Manche „Augenbründl" wurden ihr geweiht, und
es heißt in der Legende: „Die Klarheit ihres Auges gleicht dem Kristall und der Reinheit des Wassers!" Luzia war eine Märtyrerin in
Syrakus in Sizilien. Ihr Fest erscheint schon in frühen Märtyrerver-
zeichnissen der Diokletianischen Christenverfolgung. Demnach soll
sie durch Ausrenken ihrer Glieder mittels eines Ochsengespannes
gemartert worden sein.
Prof. August Rettenbacher hat für die Chronik von Niedernsill dieser Heiligen nachgespürt und soll uns mit seinen Gedanken in seine
Zweitheimat führen: „Als ich nach Niedernsill kam, hörte ich mit
Staunen vom Niedernsiller Kirchenpatronat, sah im Fresko von

Hl. Luzia

Prof. Wolf Wiesinger auf der Pfarrhoffassade die Kirchenpatronin, die am hellichten Tage ein tröstliches Licht in Händen hält, und ich las die unterlegte Bitte: ‚Heilige Luzia, bitte für uns!' Gern bin ich in den folgenden Jahren durch den Luzienwald gewandert und habe in diesem herrlichen Baum-, Strauch-, Blumen- und Quellwunder Erholung gefunden und aus dem Pfarrerbründl das heilsame Wässerlein getrunken. Wer aber vom Dorfe aus unter, durch und über den Baumkronen gegen Westen schaut, vor dem liegt in der nun weißen, mit Flurgehölzen bestockten Weitung in ihrer Tiefung der Luzia-See. Niedernsill hat früh die Heilkraft des Wassers erkannt. Schon 1498 ist ein Bad urkundlich nachgewiesen. Im Hofmeisterurbar sind ‚Hofstatt, Haus, Bad und Garten am Luzienrain' angeführt."
Wenn auch die menschlichen Vorkehrungen, deren ein Heilbad bedarf, längst vergangen sind, so ist uns die von Natur aus gegebene Heilkraft geblieben, und man ist gut beraten, wenn man diese Kraft schätzt und nützt!

In diese Zeit fällt nun meist der zweite Donnerstag im Advent, an dem in der Gegend des Untersberges die „Wilde Jagd" unterwegs ist. Figuren aus der Sagenwelt des Untersberges und des winterlichen Maskentreibens sollen das Böse von Haus und Hof verscheuchen; ewig gültiges Ritual im menschlichen Lebenskreis. So begeg-

14. Dezember

Wilde Jagd vom Untersberg

nen uns Moosweibl und Hahnergickerl, Hexe und Riese Abfalter, Saurüßl, der unheilverkündende Rabe und der Tod. „Pfeif, Wind, pfeif übers Moos, pfeif, daß de Schneewolkn fliagn! Auswendi blas alls aus, einwendi kehr alls aus, bis daß sih d' Geister verziahgn."

15. Dezember Die Sklavin und Wundertäterin Christiane lebte im 4. Jahrhundert bei den Iberern, jenseits des Schwarzen Meeres, und führte durch die Kraft ihrer Wunderwerke die Menschen zum christlichen Glauben. Die Heilige stammte aus Griechenland und war nach einem Raubzug eines halbwilden kaukasischen Stammes gefangen genommen und als Sklavin verkauft worden.

16. Dezember Mit Adelheid und den von ihr abgeleiteten Namen Adele und Heidi brennt nun die dritte Kerze am Adventkranz.
In früheren Zeiten nutzte man die langen Abende zu „Spinnstubenplaudereien", wobei neben der Arbeit am Spinnrad auch absonderliche Geschichten erzählt wurden, die an übersinnliche Gestalten erinnerten. So sind auch bei uns noch Geschichten über „Wildfrauen" bekannt. Sie kehren an den Winterabenden bei den Bauern ein und spinnen bis elf Uhr nachts. Häufig wird von Spuren in der Landschaft berichtet. Der Fußtritt im Stein, den eine Wildfrau hinterläßt, verbürgt Glück für den Bauern und seine Nachkommen. Von der Länge der Fußspur hängt der Reichtum des Hofes ab.

Dreistimmig **Da Zauch'nseer** Zauchtal-b.Altenmarkt

Gezogen

Dri-e hå-i hå-e, djä-e dri hål-jå di ri-e hå-i hå-e djä-e, dri hål-jå di

ri-e hå-i hå-e djä-e, dri hål-jå di ri-e hå-i hå-e hå.

Zweistimmig **Da Moabåcha** Salzburgisches Ennstal

Lebhaft und frisch

Di ri-di å, di ri-di å,

Djä-e i, di å-e hå, hål-jå di-ri, hal-ja di-ri

djä-e i, di å-e i, di ri-di å, di ri-di a hå.

dri-e hå, dri-e hå, hål-jå di-ri, hål-jå di-ri ri.

„ZWOA", DÖ SI VON DÖ WIESARISCH'N' NIT WEGDENK'N LASS'N. – AUFGEZEICHNET IN . . . . , AUGUST 1943 · S.W.

17. Dezember

Der Kalender erinnert an den hl. Lazarus. „Ist St. Lazarus nackt und bar, wird ein gelinder Februar." Lazarus verweist uns auf die Not der Kranken und Armen und an Mäßigkeit im Advent. Ein Spruch für die vielen Feiern dieser Zeit meint: „Wer mit Bacchus kommt ins Spiel, seh' sich vor und trau' nicht viel; nimmt er dir den Kopf nur ein, sind die Füße nimmer dein!" Lazarus ist die verkürzte Form des hebräischen „Eleazar" und bedeutet „Gott hat geholfen"! Damit wird auf die Überlieferung verwiesen, in der Jesus den am Palmsonntag verstorbenen Lazarus vom Tod erweckte. Die Abbildung im Mandlkalender zeigt den in Tüchern eingewickelten Lazarus beim Verlassen des Grabes. Er soll unmittelbar vor dem Einzug Jesu am Palmsonntag gestorben sein und wurde vom Tode auferweckt. Der Legende nach kam er mit seinen Schwestern in die Provence und wurde Bischof von Marseille. Er ist Patron der Aussätzigen, der Leprosenhäuser und der Totengräber.

18. Dezember

Gatianus, der Scharfsinnige, ist unser heutiger Namenspatron. Er soll um 250 von Papst Fabianus als Glaubensbote nach Gallien gesandt worden sein. Später war er Bischof von Tours, wo sich auch seine Reliquien befinden.

19. Dezember

„A Gimpelmandl und a Zeislweibi und a Spinnradl zu an Bett – und a Saustei' ei zu an Kopfpolsterl, sunst hehnasteiglt se si nit!" So verpacken ganz hintergründige Sprüche alte „Weisheiten". Gimpelmandl und Zeislweibl sind nun häufig unsere gefiederten Gäste, nehmen dankbar einige Körner an und bringen gar manchen Wetterpropheten mit. So heißt es: „Kommt die Ammer in die Gärten, will der Winter sich verhärten!" Ein anderer Spruch meint: „Je fetter Dachse und Vögel sind, desto kälter kommt das Christuskind!"
Der Kalender erinnert heute an Papst Urban V., der 1370 in Avignon gestorben ist.

Kraut des Monats: Weihrauch und Myrrhe

Mia tragn d' Rauchpfann über d' Stiagn
und räuchern Kammer, Bett und Wiagn,
a Fuattatrögl, Roß und Kuah
Und Schaf und Lampl haufertsgnua.
Da Hoamaterdn gib die Kraft,
daß 's wachsert wird voll Trieb und Saft;

und laß ins wieder baun und sa'n
und ghoaß ins wieder 's Schneidn und 's Mahn;
und schenk die Bam eahn Ring im Jahr
und tritt dazwisch, drouht a Gfahr!"

So führt uns August Rettenbacher zum Brauch des „Räucherns",
der wohl auch eine gesundheitliche und desinfizierende Bedeutung
hat.

Weihrauch und Myrrhe werden ja auch die „Weisen aus dem Mor-
genland" bringen und uns damit eine uralte Kräuteranwendung
empfehlen, z. B. Myrrhenöl für Massagen und als wohlriechenden
Badezusatz. Man kann es mit Lavendel, Weihrauch, Sandelholz, Salbei und Zitrusölen mischen. Es kräftigt, hilft bei Erkältungen und
wirkt als Tinktur bei Entzündungen und Geschwüren. Das ätheri-
sche Öl der Myrrhe gewinnt man durch Destillation des Milchsaftes,
der aus Einschnitten der Rinde des Myrrhenstrauches rinnt. Es er-
starrt an der Luft zu Gummiharz und bildet unregelmäßige gelblich-
rötliche Körner. Bei den alten Ägyptern wurde die Myrrhe zum
Einbalsamieren und für Verjüngungskuren genutzt.

Der Tag führt uns zur Wintersonnenwende und zu der ersten der   *20. Dezember*
vier besonderen „Rauhnächte", in denen uns ein Blick in die Zukunft gegönnt ist. „Bettstatt, i tritt di, heiliger Thomas, i bitt' di, laß
mir im Traum erschein' den Herzallerliebsten mein!" So erhofften
früher heiratswillige Mädchen ein Zeichen, stiegen in der Thomasnacht aufs Bett und hörten gespannt in die Winternacht hinaus.
Hörten sie ein Hundegebell, so war aus dieser Richtung der
„Zukünftige" zu erwarten! Ähnlich aussichtsreich war auch das
„Pantoffelwerfen". Dabei wurde ein Pantoffel oder ein Schuh über
die rechte Schulter geworfen. Zeigte die Spitze zum Mädchen, gab es
im kommenden Jahr eine Hochzeit, stand sie von ihm weg, ging die
Liebschaft auseinander!

„Rauhnächt sand vier, zwoa foast und zwoa dürr." Mit diesem
Spruch verband man die Nächte zur Wintersonnenwende, die Heilige Nacht, Silvester und die letzte Rauhnacht vor Dreikönig. Zu
den „dürren" Rauhnächten zählt die Thomasnacht, die am Vorabend kein üppiges Essen erlaubte. Bräuche, die beim übervoll ge-
deckten Tisch unserer Zeit wieder neue Bedeutung erhalten könnten. In vielen bergbäuerlichen Familien gelten aber noch diese
überlieferten Formen, in denen sich alte Riten, symbolhaftes Verhalten und gläubiges Gebet verknüpfen.

Eine glückliche Fügung verbindet mich seit über zehn Jahren mit ei-

Der Palmbuschen verglüht als Heilssymbol in der Räucherpfanne

nem bäuerlichen Patenkind, in dessen Familie diese jahreszeitlichen Bräuche noch Selbstverständlichkeit sind. In diesen Tagen wird nun die Rauchpfanne hergerichtet, und mit dem Rosenkranzgebet führt der Vater seine kinderreiche Familie durch Haus und Stall. Die „Thomasnacht" gilt als erste Rauhnacht, die aufgrund der Wintersonnenwende auch mit vielen Orakelbräuchen verbunden ist. Ob der Begriff „Rauhnacht" von den rauhen Gestalten abgeleitet wird oder vom schönen Brauch des „Räucherngehens", läßt sich schwer begründen, und auch die Volkskunde ist sich hier nicht ganz einig. Das kalendermäßige Stundenglas zeigt uns am 21. Dezember den mit acht Stunden kürzesten Tag, bevor die Sonne zu Winterbeginn in das Zeichen des Steinbocks tritt und der Tag wieder zunimmt. Um ein „Mückengähnen" bis hin zum Weihnachtsfest!

In der Vorbereitung auf Weihnachten brennen nun drei Kerzen am Adventkranz, und in vielen Krippen sind Hirten und Schafe unterwegs zum Stall von Bethlehem. Sie beobachten auch das Wetter und meinen: „Donnert's im Dezember gar, bringt viel Wind das nächste Jahr!"

21. Dezember

„Hiatz is de halig Klöpflzeit! Hiatz, Leutln, is da Tag net weit, wo's stad werd draußt und innabei, wo's liacht werd a de Stubna drei; wo

van Ähnl bis zan Kindl, van Reh in Holz, in Stall van Rindl, van
Hauszaun bis zan Feichtnwald, de ganze Welt an Atm anhalt! Und
wia's hiatz schmeckt an ganzn Haus; van Bachofa ziagt de Muatta
raus as Kletznbrot. Ja, schen is's worn! De Kinda schluckand, spitzn
d' Ohrn. Na, Hiasei, Nandl, 's nutzt koa Bittn, 's werd erst am ha-
lign Abnd angschnittn!" So schrieb Wilhelm Steiner und verweist
damit auf den „Kletzenbrotbacktag" und „Saustichtag" zur Wintersonnenwende. Holz, das heute geschlagen wird, schwindet nicht!
Der Thomastag ist aber auch ein Lostag, und es heißt: „Wenn St.
Thomas dunkel war, gibt's ein schönes neues Jahr."

Die heutige Namenspatronin Jutta von Sponheim starb um 1120, **22. Dezember**
war Einsiedlerin und Nonne und Erzieherin der hl. Hildegard von
Bingen. Diese empfiehlt für einen guten Mut und eine hoffnungs-
frohe Erwartung einen „Hymelslozel"-Teeaufguß. Gemeint sind getrocknete Himmelschlüssel, die auch die Melancholie vertreiben.
Für den Jahresausblick wären nun kalte Tage wichtig, denn es heißt:
„Weißer Dezember, viel Kälte darein, bedeutet, das Jahr soll fruchtbar sein!" So wissen auch alte Bauern zu sagen: „Dezember mild,
viel Regen drein, wird für die Saat kein Segen sein!"

Mostkekse vom Kleßheimer Martin
20 dkg Mehl, 20 dkg Butter, 3 1/2 Eßlöffel Most. Mehl und Butter mit
dem Most zu einem Teig verkneten und diesen zugedeckt kühl
rasten lassen. Den Teig messerdick ausrollen und große, runde Keks
ausstechen. In die Mitte kommt ein Löffel Marmelade, und die Teigscheibe wird zu einem halbkreisförmigen Tascherl zusammen-
geschlagen. Rand fest andrücken. Bei Mittelhitze im Rohr goldgelb
backen und sofort heiß in Staubzucker wälzen.
Martin Greischberger war „Moar" im Landesgut Kleßheim und ein
weitum geschätzter Ratgeber in allen bäuerlichen Fragen.

„Nun es nahen sich die Stunden, daß mein Braut, des Herren Magd, **23. Dezember**
werden soll von dem entbunden, was sie in dem Leibe trägt. Aber
wo soll sie gebären ihr herzliabstes göttlichs Kind, wo soll ich mit
ihr einkehren, daß ich eine Herberg find'?" So verweisen heute
Johannes von Krakau und Viktoria auf das heilige Paar und auf
die Not aller Heimatlosen. „Wohin soll ich mich begeben, der
ich hier verstoßen bin, wer wird mir ein' Auskunft geben, daß ich
weiß woaus, wohin? Gott sei Lob, dort in der Ferne zeiget sich ein
off'ner Stall, dorthin leitet mich, o Sterne, denn ich hab kein' andre
Wahl."

Tobias Reiser, als Pinzgauer Hagmoar an der Harfe, im Kreis der legendären „Hüatabuam" beim Salzburger Adventsingen, 1961

So finden wir nun in unseren Krippen das heilige Paar auf Herbergsuche, Maria in Not und Bedrängnis und Josef als fürsorglichen Begleiter und väterlichen Freund. Viele Jahre durfte ich beim großen Salzburger Adventsingen in seine Rolle schlüpfen und so seien mir zum Jahresschluß einige persönliche Gedanken zum „Heiligen Josef" erlaubt.

Aus vielen Geschichten meiner Kindheit ist mir, wie wohl den meisten Menschen unserer Gegend, der Name „Josef" vertraut. Josef der Nährvater, der Zimmermann, Josef als Schutzpatron der Gesamtkirche und Fürsprecher der Bauern. Fast in jeder Familie gab es und gibt es wohl auch heute noch „Sepp'n und Josefinen". Als mich meine Mutter im Jahre 1942 zur Welt brachte, geschah dies unter der fürsorglichen Obhut meiner Tante „Sefal", die damals als Arztgattin in Gmünd in Kärnten lebte. Eine besondere Josefa war die Schwester meiner Großmutter, die ich als Schulbub des öfteren in St. Johann besuchen durfte. Es war dies die in Volksmusikkreisen weitum bekannte „Windhofermutter", die den großen Volkslied-und Jodlerschatz der „Vorderwieser" aus der Zauch in die Musikantenfamilie Windhofer einbrachte; in jene Familie, die mit dem „Pongauer Vier-

Bertl Göttl („Josef"), Michaela Maier („Maria")
beim Salzburger Adventsingen

gesang" über Jahrzehnte das Salzburger Adventsingen mitprägte. Der in unserer Verwandtschaft hochgeschätzte und weit über Radstadt hinaus bekannte „Ellmer Sepp" wob in seinem Mundartschaffen enge Bindungen zu Heimat und Familie, schuf trostvolle Hirtenspiele und war als begnadeter Herrgottschnitzer eine überzeugende „Josefs"-Persönlichkeit. Es war daher nicht verwunderlich, daß ich mich über die Mitteilung meines Freundes Josef „Pepi" Wimmer besonders freute, der mir im Herbst 1976 eröffnete, daß Tobias Reiser bei der Besetzung des „Josef" im Adventsingen an mich gedacht hatte.

Als Mitglied des Salzburger Volksliedchores waren mir Festspielhaus und Adventfamilie wohl vertraut und Freude und Auszeichnung gleichermaßen groß.

„O lieber Hauswirt mein, einmal erwacht!
Wir bitten inniglich dieses betracht:
Josef, Maria rein, bitten um Herberg heint,
o lieber Hauswirt mein, laß uns doch ein."

Diese stimmungsvolle Herbergsuche war in das musikalische Schaf-

Sepp Ellmer
„Herrgottschnitzer"

fen von Wilhelm Keller eingebunden und mit Christl Klappacher als Maria für mich erster persönlicher Höhepunkt im Salzburger Adventsingen 1976.

Für Tobias Reiser war dies die schwere Zeit des Neubeginns nach dem Verlust seines Vaters Tobi Reiser und des väterlichen Freundes Karl Heinrich Waggerl.

So wie das „Heilige Paar" aus der Geborgenheit der Familie dem Ruf des Kaisers Augustus in eine ungewisse Zukunft folgen mußte, so war es auch für Tobias Reiser ein Suchen und banges Hoffen, dem Adventsingen neuen Sinn und Wert zu vermitteln. Ich bin für diese gemeinsame Zeit mit all ihren Erfahrungen und neuen Wegen sehr dankbar, denn es gilt nicht die Asche zu bewahren, sondern die Glut, die immer neues wärmendes Feuer bringt. Christl Klappacher und Michaela Maier standen als Maria im Mittelpunkt des bühnenhaften Geschehens und keine noch so „bösen Mächte" konnten uns die Zuversicht und Hoffnung auf Frieden rauben.

Tobias Reiser mahnte uns, den Traum der Hilfsbereitschaft in die Tat umzusetzen und in Anlehnung an das „Exulanten-Lied" von Cesar Bresgen schenkte er uns einen berührenden Text auf dem Weg unserer Herbergsuche.

„O Vater unser der du bist im Himmel und auf Erden,
mei' liabste Frau ermattet ist, von Wehen und Beschwerden,
und koaner sich der Not erbarmt, dem Elend in der Fremde,
ist alle Menschlichkeit verarmt, neamd reicht zur Hilf die Hände!"

So bitten wir den hl. Josef um das Licht des Friedens, das jeder nach seinen Möglichkeiten weiterreichen soll, damit das Wunder der heiligen Nacht nicht umsonst geschehen ist.

„Geh Brüader wißt's es, wia des is mit'n End und was's mit'n Sterbn auf sich hat. Geschrieben steht, wer sich zum Herrgott bekennt an Friedn find durch seine Gnad. Und wer in sein Leben barmherzig gwen is, den werd da Herr Jesus beim Vater ganz g'wiß am End a guats Wörtl einlegn. Vergib eahna um meinetwegn."

Mit diesen Worten von Tobias Reiser gilt es nun wohl auch den Sinn unseres Lebens zu hinterfragen. Tobias Reiser ist nicht mehr, ein allzu früher Tod hat seine irdische Schaffenskraft erstickt und wir trauern um einen barmherzigen Menschen, um einen suchenden Weggefährten, der uns Freund und Bruder war. Von herzlicher Eintracht waren die letzten Tage im Dezember 1999 geprägt, voll dankbarer Harmonie und fürsorglicher Anteilnahme, voll froher Zuversicht für schöpferische Jahre. In väterlicher Verbundenheit hat er beim Krimpelstätter „seinen" Hüatabuam und Hüatadirndln gedankt, bei der Weihnachtsfeier des Volksliedchores bewegende Worte gefunden und sich bei seinen Freunden mit innigen Umarmungen verabschiedet. Als ob ihm der endgültige Abschied vorausgegangen wäre, als hätte ihm ein engelhafter Flügelschlag den Hauch der Endlichkeit gedeutet.

„Oh Herr, es wird dein Wille sein, daß wir noch weiter reisen. Es leuchtet ja dein heller Stern, der wird den Weg uns weisen. Und kommet dann für uns die Zeit, der Muttergottes Segen, so werdn ma dir in Dankbarkeit dein Buam ins Kripperl legen!"

Adam und Eva, die Patrone der Gärtner und Schneider, geleiten uns in die weihnachtliche Rauhnacht.

24. Dezember

Abgeleitet vom „backen" wird der 24. Dezember „Bachltag" genannt und im Pinzgau das „Bachlkoch" zubereitet. In vielen bäuerlichen Familien ist der hl. Abend ja ein Fasttag ohne Fleisch, und erst nach der Mette gibt es die „Würstlsuppe" zum Aufwärmen.

Für das „Bachlkoch" braucht man pro Person ¼ l Milch, 2 dkg Mehl, eine Prise Salz, 1 EL Butter. Die Milch wird zum Kochen gebracht, das Mehl langsam mit einem Stielsieb eingestreut und dabei dauernd mit der Schneerute gerührt, damit keine Klümpchen entstehen. Wenn das Koch dicklich geworden ist, nochmals aufkochen, mit einer Prise Salz würzen und mit frischer Butter verbessern. Vor

Salzburger Christbaumschmuck

dem Auftragen wurden mancherorts noch ein paar Löffel Muas über das Koch gestreut.

Nun wird es auch Zeit, die „Christrose" aus ihrem Schlaf zu wecken. Ein unscheinbarer, vertrockneter Knäuel, der in Verbindung mit dem Lebensspender Wasser zu einer grünen Pflanze wird; zur Auferstehungspflanze oder zur „Rose von Jericho". Diese Pflanze, die aus den Wüstengebieten Israels und Jordaniens stammt, wurde von den Kreuzrittern nach Europa gebracht und als Heilpflanze verehrt. So soll sie, unter das Bett gelegt, Schlafstörungen vermeiden, Erkältungen lindern und bei allerlei Krankheiten hilfreich sein. Da die Rose von Jericho auch als heilige Pflanze galt, dachten einige, man könne die Zukunft aus ihr lesen. Andere meinten in ihr den Stein der Weisen erkannt zu haben. Beim einfachen Volk jedoch war sie die Christrose, die nur zu Weihnachten den erstaunten Kindern vorgeführt wurde. Oft war auch ein kleines Geschenk in ihr versteckt, ein wertvoller Stein oder ein Ringlein, das beim Erblühen freigegeben wurde. „Selaginella Lepidophylla" ist ihr lateinischer Name, die Araber nennen sie „Il fatma bint el Nebi", was soviel wie „Die Fatima der Wüste" heißt.

25. Dezember

„Grünen am Christtag Feld und Wiesen, wird sie zu Ostern Frost verschließen; hängt zu Weihnachten Eis in den Weiden, kannst du zu Ostern Palmen schneiden!" So lassen uns alte Wettersprüche in die Zukunft schauen, wobei die Witterung im Weihnachtsfestkreis einen Schluß auf das ganze kommende Jahr zuläßt: „Wie die Witterung vom Christtag bis Dreikönig sich verhält, ist das ganze Jahr bestellt!"

26. Dezember

Mit dem hl. Stephan hat ein großer Bauernheiliger für den zweiten Weihnachtstag das Patronat übernommen. Neben dem heiligen Leonhard ist er Beschützer und Patron der Haustiere. Auch Kutscher, Maurer und Schneider tragen ihn im Banner. Da er als erster Märtyrer gesteinigt worden ist, soll er alle jene Leiden lindern, die mit Steinen in Verbindung stehen. Sein Tag war früher ein großer Pferdetag, an dem die Rösser zur Ader gelassen wurden.

27. Dezember

Der Kalender erinnert an den Evangelisten Johannes und meint damit den Lieblingsjünger des Herrn. Seit dem frühen Mittelalter ist damit eine Weinsegnung verbunden und der „Johanniwein" hilfreich in vielen Lebenslagen. Ein Trunk zu Ehren der Götter war das heidnische Vorbild. Nach der Legende wurde dem hl. Johannes ein

Giftbecher überreicht, den er mit dem Kreuzzeichen segnete und sodann unbeschadet austrank. Johannes starb hochbetagt um das Jahr 100.

28. Dezember

Der heutige Tag ist mit einer fürchterlichen Geschichte verbunden, die uns an die ersten kindlichen Märtyrer erinnert: der Tag der „Unschuldigen Kinder". Aus Angst vor dem Messias, von dessen Geburt die Heiligen Drei Könige berichteten, ließ König Herodes alle Neugeborenen hinrichten. Lediglich Johannes, der spätere Täufer, den seine Mutter Elisabeth in den Bergen versteckte, überlebte und Jesus von Nazareth, der mit Josef und Maria auf der Flucht nach Ägypten war.

„Frisch und gsund, frisch und gsund, gsundbleiben und lang leben", mit diesem Spruch erinnern im Lungau Kinder an diese grausame Tat. Dabei gehen sie von Haus zu Haus und wünschen durch zarte Schläge mit einer Birkenrute oder mit der Hand Glück und Segen. „Pisnagehen" heißt dieser Brauch, der aus Kärnten und dem benachbarten Murtal in den Lungau kam und heimisch wurde.

29. Dezember

Im uralten Volksglauben steht nun die Sonne zwischen der Wintersonnenwende und dem 6. Jänner still. In diese Zeit fallen die Rauhnächte, die sogenannten „heiligen Zwölften", vom Weihnachtstag bis zu Dreikönig. In diesen „Zwölften" durfte man keine Wäsche aufhängen, da sonst im Haus ein Todesfall zu beklagen sei. In manchen Gegenden behauptete man auch, daß die über Nacht aufgehängten Wäschestücke, die durch den Winterfrost erstarren und dann Kuhhäuten ähnlich sind, Unreim im Stall bedeuten. Die Zeit der „Zwölften" galt aber auch als wetterbestimmend für das kommende Jahr: „Die zwölf Nächte hell und klar, deuten an ein fruchtbar Jahr!" Nach diesem Grundsatz erstellte so mancher Naturbeobachter seinen eigenen „Wetterbericht", indem er zwölf kleine Kreise oder Nullen mit Kreide an den Türrahmen schrieb. War das Wetter den ganzen Tag schön, ließ er den Ring unausgefüllt; war ein Teil des Tages oder der ganze Tag schlecht, wurde der Ring zu einem Viertel bzw. halb oder ganz ausgefüllt. Jeder Kreis bedeutete einen Monat, und so hatte man die Wettervorhersage für das ganze Jahr.

30. Dezember

Felix I. teilt sich mit Hermine, Sabinius und Lothar das Namensfest. „Nimm das Kind und seine Mutter, und flieh nach Ägypten!" So steht es im Bauernkalender, mit dem Hinweis auf die Heilige Familie und den legendären Aufenthalt in Ägypten. Papst Leo XIII. förderte die Erinnerung an Jesus, Maria und Josef mit dem Fest der Heiligen Familie, das als bildhaftes Ereignis seit dem 15. Jahrhundert bei uns gefeiert wird. Der schreckhafte Ausspruch „Jesus, Maria und Josef" ist auch heute noch bekannt.

Als Wetterprognose für das kommende Jahr verwendete man früher auch noch den sogenannten „Zwieflkalender". Dafür schnitt man eine Zwiebel in zwei Hälften, löste aus jeder Hälfte sechs Schalen (jede Schale bedeutete einen Monat), bestreute diese mit Salz und reihte sie auf dem Fensterbrett aneinander. Dann wurde beobachtet: Die naß gewordenen Schalen (durch Auflösung des Salzes) waren die Regenmonate und die trocken gebliebenen zeigten die Sonnenmonate an!

31. Dezember

„In Gottes Namen fangen wir an, ein neues Jahr zu singen, ein neues Jahr, eine fröhliche Zeit, die uns Gott vom Himmel geit. Es ist heut erst der achte Tag, seitdem das Kind geboren ward, geboren von einer Jungfrau rein. Das soll auch unser Erlöser sein!" So wollen wir nun mit den Sternsingern das alte Jahr beschließen und vom heiligen Silvester ein gutes Geleit ins neue Jahr erbitten.

In den Bauernstuben vergangener Zeiten mußten am Silvestertag die Spinnräder stillstehen, da sie bei ihren Umdrehungen Wind erzeugten.

Wir aber wollen uns dem heiligen Silvester anvertrauen und mit dem Neujahrsgruß der Böllerschützen um Frieden, Schutz und Segen bitten. Der hl. Silvester wurde anno 314 in Rom zum Papst erhoben und hat Constantin, den ersten Christenkaiser, getauft. Ein Wetterspruch zum Jahreswechsel meint: „Wenn's jetzt nicht wintert, sommert's auch nicht!"

„Von Herzen, Kreuzen und Kugeln"
Die Tage zwischen Weihnachten und Neujahr werden wohl auch heute noch für Besuche bei Verwandten und Bekannten genutzt, verbinden Glück- und Segenswünsche, wecken alte Erinnerungen und Gepflogenheiten. „Kripperlschauen", „Frisch- und Gsundschlagen", „Kletzenbrotfahren" und „Aperschnalzen" – alte Bräuche, die menschliche Bindungen beleben und den tiefen Sinn der Gemeinschaft ausdrücken. Gegenseitige Hilfe und Anteilnahme, geselliges Unterhalten und wohl auch Schutz vor übernatürlichen unbegreifbaren Mächten. Die Geborgenheit der Stube, der Ofen als wärmender Mittelpunkt, die gastfreundliche Herberge, Köstlichkeiten aus Küche und Keller – all das hat eine zusätzliche symbolische Bedeutung, die in alten Schriften und Zeichen zum Ausdruck

kommt. Wie auch immer der Christbaum geschmückt ist, beeinflußt vom Geschmack der Hausbewohner und der jeweiligen Zeit, finden wir allemal hellglänzende Kugeln. Sie sind ein uraltes Fruchtbarkeitssymbol, erinnern an die lichtspendende Sonne und vermitteln mit den Sternen die himmlische Kraft. Dazu finden wir im Weihnachtsgebäck Pyramiden und Monde, Ringe, Rauten, Tiergestalten und Herzen. Lauter Symbole, die dem aufmerksamen Betrachter alter Bauernhäuser immer wieder begegnen. Allein schon der Griff zur Türklinke und der Schritt über die Schwelle verbinden gediegene Handwerkskunst mit altem Abwehrzauber. Meist finden wir im Bereich um den Türgriff kunstvolle Ornamente, und auch das Schlüsselloch weist besondere Motive auf. Ein musischer Schmiedemeister in Pfarrwerfen hat sich diesen alten Formen wieder verschrieben. So finden wir auch heute wieder Meisterwerke, die neben den allgemeingültigen Symbolen dem Haus ein persönliches Merkmal geben und den Beweis des fachlichen Könnens hinterlassen. Aber auch die Bauern selber haben ihre handwerklichen Fähigkeiten dazu benutzt und unter Hinzufügung persönlicher Schöpfungen Wertvolles geschaffen.

Freilich sind mit den alten „Kunstwerken" auch Zauber verbunden, die in unserer Zeit keine Gültigkeit haben und die uns vielfach nur Verwunderung entlocken. Die sorgfältige Behandlung, die z. B. dem Türschmuck zuteil wurde, hängt mit einem alten Aberglauben zusammen. Die Schwelle ist ja nicht nur in praktischer Hinsicht ein Übergangsraum, sondern auch symbolisch. Demnach schlagen die Geister, die Dämonen und Hexen stets diesen Weg ein, um in das Haus zu gelangen. Gerade die „Rauhnächte" sind mit vielen dieser Geschichten verbunden. Im Laufe der Jahrtausende haben sich heidnische und christliche Formen vereinigt, wobei Kugel, Herz und Kreuz immer wieder in Erscheinung treten. So finden wir häufig an den Türschlössern ein Herz, aus dem ein Kreuz herauswächst, das Symbol des Lebensbaumes, Pentagramme oder Hexenbesen. So wie im Christbaumschmuck und im Weihnachtsgebäck immer wieder das Herz zu finden ist, so war es auch eine beliebte Symbolfigur in ländlichen Bauten. Man findet es an allen nur möglichen Stellen des Hauses, aus den verschiedensten Materialien, auf dem Dach, an der Mauer und auf dem Holzwerk der Fenster und Türen. Immer aber ist das Herz ein Zeichen der Treue zu Haus und Hof und ein glückbringendes Symbol.

So möchte auch ich der geschätzten Leserschar am Ende des Jahres „herzlich" für die freundliche Aufnahme danken und mit einem bäuerlichen Neujahrslied Glück und Segen wünschen:

„Tret ma aft ins neue Jahr! Schick viel Flachs und Schafihaar,
Woad und Troad solln guat gedeihn und viel Hennei in da Steign.

Koan Unreim net bei Küah und Kalm, koan grobs Wetta auf da Alm,
a Kindl schick mit krauste Haar, aft hätt ma halt a guats neus Jahr!"

Original-Holzschnitt von Waltraud Weißenbach

Neujahr-Anschießen der Prangerstutzenschützen

Inhalt

Der Alltag macht 's Jahr
5

Ein neues Jahr tritt uns herein
11

Jänner
15

Februar
37

März
59

April
77

Mai
101

Juni
125

Juli
149

August
167

September
185

Oktober
201

November
217

Dezember
225

BILD- UND TEXTNACHWEIS

Bilder

Umschlag: aus Hildegard von Bingen – Liber divinorum operum.Biblioteca statale di Lucca, Ms. 1942, fol.28v

Farbholzschnitte: aus der Schedelschen Weltchronik von 1493

Kräuterabbildungen: aus Heilende Natur, Werner Dausien Verlag, Hanau

Notenblätter: Georg Windhofer, St. Johann im Pongau

Universal-Kalender 1023/27

Fotos: Stefan Andriska SN (17, 95, 104, 121, 205, 240, 248); Heinz Bayer SN (87u); cut SN (173); Martin Hammerschmied SN (171); Franz Mayr SN (104u, 193); Robert Ratzer SN (15, 21u, 37, 59, 77, 80, 85, 101, 125, 149, 167, 185, 188, 201, 217, 221, 224u, 235, 241, 244); Walter Schweinöster SN (19u, 30, 41, 73, 81, 82, 92, 139, 140, 161, 205u, 26, 224o, 229); Bernhard Strobl SN (87o); Wolfgang A. Walkner SN (21o, 61); Helmut Sager (23); Salzburger Volkskultur (17u, 19o, 21o, 46, 48, 52, 91, 132, 143, 144, 157, 162, 219); Salzburger Heimatwerk: Oskar Anrather (254), Carl Pospesch (250), Peter Schlager (251); Landespressebüro (33, 238); alle übrigen privat

Texte

Mundartgedichte

16: August Rettenbacher „Lippei steh auf", Verlag der Salzburger Druckerei; 35: Otto Pfanzl „Das kleine Otto Pfanzl Buch", Verlag Bergland-Buch; 54, 78, 105, 115: Pert Peternell „Bauernfeierabend", Verlag Bergland-Buch; 66, 102: Walter Kraus „A Lebm oiszamm a Handvoi Zeit", Moserbauer Druck; 72: Cilli Pichler „Da Hausbrunn gluggatzt", Verlag Welsermühl; 123, 203: Hans W. Moser persönlicher Nachlaß; 189, 211: Erwin Rutzinger „Salzachkiesel", Verlag der Salzburger Druckerei; 192: Erwin Baurek „All Tag wieder kimmt d'Sunn", Moserbauer Druck; 195: Andreas Winding „Hoamatl mei", Verlag der Salzburger Druckerei; 209: August Rettenbacher „Ba ins in der Taugl", Burgfriedverlag Hallein; 232: unbekannt; 233: Elisabeth Beyer „Auf da Sunnseitn", Verlag Welsermühl; 246: August Rettenbacher „Hiatz is Advent", Verlag der Salzburger Druckerei.

Quellen

Helga Maria, Das Brauchbuch
Wolf Herder & Co Wien 1992

Helga Föger, Mit dem Mond leben 2001
W. Ludwig Buchverlag in der Econ Ullstein List Verlag GmbH & Co. KG, München

Karl Zinnburg, Salzburger Volksbräuche
Verlag der Salzburger Druckerei

Sepp Walter, Der steirische Mandlkalender
Leykam Alpina GmbH., Graz

Kölbls Kräuterfibel
Verlag Konrad Kölbl

(besonderer Dank an Frau Mag. Beatrix Koll, Universitätsbibliothek Salzburg)